© Strehler, Eva
4., überarbeitete und aktualisierte Auflage, 2025
ISBN: 978-3-7693-5600-7
auch als eBook erhältlich

Verlag: BoD · Books on Demand GmbH, Überseering 33, 22297 Hamburg, bod@bod.de
Druck: Libri Plureos GmbH, Friedensallee 273, 22763 Hamburg

Lektorat: Katja Ernst, Hamburg
Umschlag: Büro94 | die Glüxschmiede
Karte: cartomedia
Autorenfoto: © Dieter Borchert Fotografie, sonstige Fotos: © Eva Strehler
Zitate aus: Ted Simon »Jupiters Travels« und Andreas Altmann »Einmal rundherum«.

Die Autorin hat alle Anstrengungen bei der Recherche und Produktion des Buches unternommen. Dennoch kann keine Garantie auf Richtigkeit und Vollständigkeit des Inhalts gegeben werden. Für eventuell entstehende Schäden wird keine Haftung übernommen. Quellen stehen auf Anfrage zur Verfügung.

Bibliografische Information der Deutschen Nationalbibliothek:
Die Deutsche Nationalbibliothek verzeichnet diese Publikation in der Deutschen Nationalbibliografie; detaillierte bibliografische Daten sind im Internet über https://portal.dnb.de/opac.htm abrufbar.,

Eva Strehler

Hin und weg

Als Motorrad-Vagabundin durch die USA

Dieses Buch ist für ...

... all die wunderbaren Menschen,
die mir ihr Heim und ihr Herz geöffnet haben.
Ihr seid diese Reise.

... Bernd.
Du machst jeden meiner Träume schöner.

... Lucy und Klaus.
Auf die Träume, die ihr gelebt habt.

... Bruce.
Beim nächsten Mal schaffen wir es.

Von ganzem Herzen danke ich ...

... diesen Institutionen und Firmen für ihre großzügige
Unterstützung, mit der dieses Buch möglich wurde:

BERGMANN & SÖHNE

Von ganzem Herzen danke ich ...

... den Menschen, die meine Reise und dieses Buch
mit ihrem Vertrauensvorschuss und ihrem Geld ermöglicht haben:

Andreas Daudert · Andreas Hilbert
Andreas Mörtenkötter-Steinhoff · Anika Ballies · Anja Beutler
Annabelle Engel · Annette Peters · Bernd Karde
BERND KRAUSE
Bettina Freitag · Birger Schwarz · Björn Vahjen · Christian Jahns
Christian Karstedt · Christopher Lentes
Claudia & Werner Hädrich · Diane Brandt · Dieter Borchert
Dominik Wiemuth · Dorothea & Siegbert Krause · Esther S.
FRANKLIN TUMMESCHEIT · Gabriele Gersdorf
Gabriele Lott-Pohlandt · Germar Gonschorek · Hajo Rebers
HARALD KLOCKENHOFF · Heike Burch · Hinrich Krützfeldt
Jan Schiffer · Jenny Mädel · Jens Higgen · Johannes Bühlbecker
JOUMANA KUBIAK · Jürgen Klöckler · Jutta & Christoph Strehler
Kai P. Strehler · Karl Voget · KARSTEN ZOLKE
Kathrin Kahlcke-Beall · Kirsten Jürs · Kirsten Offermanns
Klaus-Dieter Sprung · Kristina Martin · Laila Sommer
Lucia Lentes · Lutz Köhler · Lutz Woitas · Maik Meid
Maike Fethke · Mathias Wendeler · Michael Busch
Michael Krumhoff · Michael Schulze · Michael Tölk
Oliver Nagel · Ortrud Guntermann · Patrick Kleinschmidt
Peter & Evi Blohm · Roland Merkt · Roswitha Thieke
Sabrina Tiedtke · Stefan Blohm · Steffen Jeschke
Susanne Heller · Tanja Lämmermann · Thomas Bartke
Thomas Elvers · Thomas Kreuzer · Tim D. · Tin-Kai Chan
Tom Wolter · Ulrich Hauck
Uschka Sendler-Steer & Hans Steer · Uwe Bunk · Uwe Conradt
Uwe Madsen · Wolfgang Mainz · Yvonne Hoffmann
&
allen anonymen Unterstützerinnen und Unterstützern.

EVA STREHLER

Hin und weg

ALS MOTORRAD-VAGABUNDIN

DURCH DIE USA

Vancouver

Forks
Seattle

WASHINGTON

Portland

Newport

Highway No 1

OREGON

KANADA

Missouri

MONTANA

Helena

NORTH DAKOTA

Missouri

USA

Yellowstone NP

IDAHO

Boise

Grand Teton NP   Dubois

Rapid
City

SOUTH DAKOTA

Badlands NP

Redwoods NP

Trinidad

Buhl   Twin Falls

WYOMING

Newcastle

Rockerville

Interior

Kyle
Wounded Knee

Caspar

Rushville

Valentine

Split Rock

Johnstown

Gualala

San Francisco

Pescadero
Salinas

Sacramento

NEVADA

Salt Lake City

Ogden

Baggs

Cheyenne

NEBRASKA

Lincoln

New Castle

Independence Pass

Denver

Arches NP   Colorado

UTAH

Green River

Aspen

Buena Vista

KANSAS

Carmel-by-the-Sea

Big Sur State Park

Greenfield

Bryce Canyon
NP

Zion NP

Moab

Fruita

Gateway

Blanding

COLORADO

Arkansas

KALIFORNIEN

Los Alamos

Las Vegas

Boulder City

Amboy

Kanab

Monument Valley

Four Corners Point

Page

Santa Barbara

Oatman

Grand
Canyon NP

Kingman

Flagstaff

Jemez Springs

Santa Fe

Albuquerque

Moriarty

Tucumcari

Glenrio

OKLAHOMA

Oklahoma City

Los Angeles

Palm Springs

Joshua Tree
NP

ARIZONA

Colorado

Phoenix

Cuervo   Friona

San Diego

Lakeside

Tijuana

NEW MEXICO

Rio Grande

Dallas

Eden

El Paso

Ciudad
Juárez

Blanco

TEXAS

Pazifischer Ozean

MEXIKO

Rio Grande

Flatonia

N

0   200 mi
0   200 km

©www.cartomedia-karlsruhe.de

Nach Amerika

Davor 15
Über den Atlantik 18

An der Ostküste

Stop… and go! 29
Von Brücken, Äpfeln und Musik 37
Engel, State Parks und der Chevy 53
Leben, wie es sein sollte 74
Politisches 87
Durch die Appalachen 93

Nach Westen

Country, Stürme und Verfall 109
Von Wundern, Wunden und Waffen 130
Zwischen Vergangenheit und Gegenwart 146
Dead End – Sackgasse 162
Ganz oben und ganz unten 177
»Not a Republican there to save your soul!« 202

An der Westküste

Zu zweit 208
Schön mit Spuren von schrecklich 209

Nach Osten

Wüstenwelten 234
Grenzpunkte und Zeitenwenden 246
Wasserwelten 269
Alles hat seinen Preis 276
Abschied 291

Mehr 295

Nach Amerika

Davor

Einatmen, ausatmen. Alles ist gut.

Ich stehe im Containerterminal von Bremerhaven, verloren zwischen den Schiffen, Kränen, Containern und Gabelstaplern.

»Keine Sorge, wir bringen sie gut rüber!« Kurz und etwas angestrengt lächle ich dem Hafenarbeiter an meiner Seite zu, drehe mich schnell um und werfe einen letzten Blick auf Josi, bevor Tränen und verschmierte Wimperntusche dies erschweren. Mein Motorrad steht sicher und befreit von allem Gepäck in einer Halle. Nie hätte ich gedacht, dass ich mich ohne Josi so schnell so einsam fühlen würde. Vor kurzem habe ich mich von meinem Liebsten, von Freunden und Familie verabschiedet: Das war leichter. Ich beschließe, mein emotionales Durcheinander auf Packstress und Reisefieber zu schieben.

Seit ich 15 war, wollte ich Motorrad fahren – irgendwann auch durch die Staaten, am besten natürlich mit meiner eigenen Maschine. Bis aber Geld und Zeit für Führerschein und Motorrad zusammenkamen, war ich 37. Ich kaufte Josi, meine gelb-schwarze BMW F650GS, eine perfekte, robuste und natürlich wunderschöne Reisemaschine. Auf ihr werde ich nun – endlich! – durch die USA fahren.

Gerade habe ich Josi dem Zoll übergeben, ein Containerschiff wird sie von Bremerhaven über den Atlantik nach Baltimore an die US-Ostküste bringen. Mein Gepäck und ich haben nun drei Tage Zeit, um nach Antwerpen zu kommen. Von dort läuft mein Schiff, die INDEPENDENT SPIRIT, nach Chester aus, einer Hafenstadt in der Nähe von Philadelphia. Klingt umständlich, ist es auch. Aber auf Josis Schiff sind keine Passagiere erlaubt, und der Frachter, den ich eigentlich ebenfalls von Bremerhaven nach Baltimore nehmen wollte, wurde zwei Wochen vor der Abfahrt ins Mittelmeer verlegt. Nur von Antwerpen aus ist die Atlantiküberquerung in meinem Wunschzeitraum möglich, und irgendwie werde ich Josi da drüben schon wiederfinden – und dann warten 30.000 Kilometer Freiheit auf uns.

Meine Route ist ein Puzzle aus Sehnsuchtsorten. Ich will die Neuenglandstaaten entdecken, die Musik von Nashville hören und durch die weite Leere von Nebraska fahren, will mich von Wyoming begeistern und von Montana überwältigen lassen, vielleicht sogar eine Woche auf einer Ranch bleiben und nach über 20 Jahren mal wieder lässig in einem Westernsattel reiten. Ich will im Crater Lake in Oregon schwimmen, meinen Liebsten in Seattle treffen und mit ihm zwei Wochen lang den Highway 1 an der Westküste hinuntercruisen, die Ozeanorgel in San Francisco hören, die Felsen im Bryce Canyon Nationalpark in Utah bestaunen, die schwüle Luft von Louisiana atmen und ohne Helm über die 42 Brücken fahren, die die Florida Keys miteinander verbinden. Außerdem will ich im warmen Pazifikwasser schnorcheln, an einem selbst gebauten Lagerfeuer sitzen und unter freiem Himmel schlafen, möglichst mit wenig Licht um mich herum und einem gigantischen Sternenhimmel über mir. Und ich will in einem coolen US-Oldtimer fahren, am liebsten natürlich am Steuer. Das klingt vermessen, aber schließlich habe ich ein paar Monate Zeit. Da müsste doch was gehen!

Ob ich Angst habe? Nein. Vielleicht bin ich naiv, aber ich glaube, dass mir auf dieser Reise nichts passieren kann, was nicht auch zu Hause passieren könnte. Ich fahre durch die USA, nicht durch die Wüsten Afrikas, nicht in den Dschungel Südamerikas. Verglichen mit diesen Optionen dürfte meine Tour beinahe unspektakulär werden.

Natürlich kann es passieren, dass ich alles blöd finde, dass ich trotz meines frechen Bärenbegleiters Gynsburgh vor Einsamkeit vergehe, dass ich die Lust am Motorradfahren, am Zelten und am ständigen Unterwegssein verliere oder dass ich mit den Amerikanern nicht klarkomme. Es kann passieren, dass ich einfach nur nach Hause will. Und dann werde ich eben nach Hause fahren – weil es meine Reise ist. Auf keinen Fall werde ich diese Tour als »die Reise meines Lebens« bezeichnen. Ich will nicht in dem Bewusstsein unterwegs sein, dass die beste Reise meines Lebens unter Josis Reifen in die Vergangenheit fliegt. Was »die Reise meines Lebens« wirklich ist, werde ich erst am Ende meines Lebens beurteilen können. Und dann gibt es davon hoffentlich mehrere.

Wenn ich anderen davon erzähle, dass ich meinen großen Traum wahr mache, geschieht oft etwas Spannendes: Sie richten sich ein wenig auf, ein Leuchten schleicht sich in ihre Augen, und sie sagen: »Ich wollte ja schon immer mal ... « Oder: »Ich träume seit Jahren davon, mal nach ... zu fahren!« Ganz kurz kann ich dann in unbekannte Länder blicken, in die Träume der anderen. Und weil ich diese Momente so mag, will ich unterwegs Träume »sammeln«. Ich will Menschen nach ihren großen Träumen fragen, nicht jeden, aber doch diejenigen, die mir in besonderer Weise begegnen. Wenn das klappt, bekomme ich viele unbekannte Länder zum Preis von einem.

Über den Atlantik

Obwohl es erst früher Nachmittag und Josi in guten Händen ist, will ich heute nicht mehr nach Antwerpen aufbrechen. Josis Spediteur hat mir das »Havenhostel« empfohlen, da werde ich eine Nacht verbringen. Ein Zollbeamter ruft mir ein Taxi, und prompt werde ich mit Taxifahrer Ted belohnt. Eigentlich ist mir nicht nach Reden zumute, aber Ted ist so ein fröhlich-verrückter Kerl, dass ich ihn spontan nach seinem größten Traum frage. »Ich hab keine Träume mehr«, antwortet er mit strahlenden Augen. »Ich hab mir alles erfüllt, was ich wollte. Ich war siebenmal auf Jamaika, meiner Trauminsel. Die Reggae-Musik da macht total gute Laune, das Leben ist dann einfach besser.«

Ted holt sein Handy heraus und zeigt mir stolz das Startbild: »Das ist T Bone Burnett – der ist einfach Reggae! Wir sind Freunde geworden, und ich hab ihn sogar einmal für ein Konzert nach Deutschland geholt!« Jetzt reicht das Bild nicht mehr, nun hören wir auch die Musik. Sie ist nicht ganz mein Fall, aber doch recht groovig. Teds Begeisterung ist jedenfalls so ansteckend, dass ich breit grinsen muss.

Inzwischen sind wir nicht nur am Hostel angekommen, sondern stehen auch schon eine ganze Weile vor dem überraschend schönen Gebäude. Wir hören noch ein Lied, und noch eins und noch eins. Ich weiß nicht, wie spät es ist, aber es ist auch egal, denn ich habe alle Zeit der Welt. Immer noch singend holt Ted schließlich meine Sachen aus dem Kofferraum. Zum Abschied muss ich versprechen, mir den Meister des Reggae noch einmal in Ruhe anzuhören. Versprochen!

Am nächsten Tag schleppe ich mein Gepäck zur Bushaltestelle – eine Taxifahrt zum Bahnhof ist finanziell nicht vertretbar. Schon nach zehn Schritten bin ich erschöpft und wünschte, ich hätte mein Gepäck zu Angeberzwecken gewogen. Zwar habe ich nur das Allernötigste dabei, aber mit zwei Koffertaschen, dem Tankrucksack, einer Tasche für Zelt und Schlafsack, einem Rucksack und einem Helm kommt doch einiges zusammen. Da fällt der dicke Gynsburgh kaum noch ins Gewicht.

ANTWERPEN

Zwei Tage dauert es, bis ich mit Bus und Bahn und nach sechsmal Umsteigen endlich in Antwerpen ankomme. Jeder Muskel schmerzt, und ich fühle mich 30 Jahre älter. Wer hat behauptet, Reisen halte jung?

BY THE WAY — ANTWERPEN CENTRAL STATION
Der Antwerpener Bahnhof ist wunderschön, die Zeitschrift »Newsweek« hält ihn für den viertschönsten Bahnhof der Welt. Das Hauptgebäude stammt aus dem 19. Jahrhundert, und sein Herzstück ist eine weitläufige, hohe Marmorhalle. Wegen der 75 Meter hohen Kuppel bezeichnen die Antwerpener den Bahnhof auch als ihre »Eisenbahnkathedrale«.

Bevor ich mich zum Hostel aufmache, schenke ich mir noch zwei gepäckschleppfreie Stunden im Starbucks des Bahnhofs. Man kann über die Kette sagen, was man will – das offene WLAN, die leckeren (allerdings viel zu teuren) Sandwiches und die frischen Smoothies (ebenso) machen es zu einem guten Ort.

Gestärkt mache ich mich auf ins Hostel. Dort lässt mich die Antwort auf meine Frage nach dem günstigsten Bett schwer schlucken: 21 Euro für ein Bett in einem 16-Bett-Damen-Zimmer. Ich atme tief ein und denke an meine Prioritäten für die Reise: Ich will gut essen und genug Geld für Sprit haben, schlafen kann ich überall. Okay, also das 16-Bett-Zimmer. Zum Glück ist nur ein weiteres Bett vergeben. Die Herrenräume hingegen scheinen voll belegt mit dunkelhäutigen jungen Männern zu sein. Ob das Flüchtlinge sind? Ich bin zu müde für ein erhellendes und wahrscheinlich politisch erwünschtes Gespräch, suche mir ein schönes Doppelstockbett am Fenster aus und beziehe mein Bett. Die gummibezogene Matratze scheint typisch für Hostels zu sein, über die Gründe für ihre Existenz will ich nicht nachdenken. Hauptsache, ich kann liegen.

BY THE WAY — DAS LIEBE GELD

Natürlich ist Geld bei einer Reise wie dieser ein Thema. Die größten Posten bisher waren natürlich meine Überfahrt und Josis Transport. Neue Ausrüstung habe ich kaum gekauft, das meiste hatte ich schon. In den kommenden Monaten werde ich Geld für Sprit, Essen, Übernachtungen, für Eintritte und Ähnliches sowie für Josi (Inspektionen, Reifen und gegebenenfalls Reparaturen) brauchen.

Nein, ich habe nicht viel angespart, mein finanzielles Polster ist eher klein. Deshalb bin ich auch dankbar für einen monatlichen Zuverdienst durch eine Teilzeittätigkeit. Ich kann online arbeiten, bin offiziell angestellt und somit auch sozialversichert. Das ist natürlich ein gutes Gefühl. Zu Hause habe ich die laufenden Kosten so weit wie möglich reduziert: Für meine Wohnung habe ich Zwischenmieter gefunden, und vom Konto gehen nur die notwendigsten Daueraufträge ab. Außerdem weiß ich, dass mein Liebster und meine Eltern mir jederzeit Geld überweisen würden, doch das will ich natürlich nur im Notfall in Anspruch nehmen.

Sicher, ich hätte mit der Tour warten können, bis ich mehr gespart habe – aber dann wäre ich wahrscheinlich nie losgefahren. Ich habe fast immer im gemeinnützigen Bereich gearbeitet, da sind die Gehälter nicht hoch. Und ich bin nicht gut darin, Geld beiseitezulegen. Das ist nicht schön, aber wahr. Dafür kann ich mit sehr wenig Geld auskommen, wenn es sein muss; das fühlt sich fast wie eine kreative Herausforderung an. Und das ist mir meine Reise allemal wert.

Am Morgen lasse ich mich von einem Taxi zum Hafenzoll bringen, denn ich kann kein Gramm mehr tragen. Während der Fahrt erreicht mich eine Nachricht meines Reisebüros: Das Schiff wird erst am nächsten Tag ablegen. Allerdings darf ich mich schon jetzt an Bord einrichten, dort essen und schlafen. Was für ein toller Start in dieses Abenteuer!

Wer wohl die anderen Passagiere sind? Offenbar können bis zu fünf Gäste auf der INDEPENDENT SPIRIT mitfahren, aber ehrlich gesagt habe ich nicht viel Lust auf Menschen, mit denen ich vielleicht regelmäßig reden muss. Doch selbst wenn: Diese zwei Wochen werden eine wertvolle Pause zwischen meinem Alltag und der Weite meiner bevorstehenden Reise sein.

Das Zollprozedere ist aufregend unaufgeregt: Ich betrete das kühle Gebäude, übergebe mein Gepäck an einen Beamten, sehe, wie meine Dokumente abgestempelt werden, und erhalte sie umgehend wieder zurück, dann mein Gepäck. Danach trete ich auf der Hafenseite der Station wieder in die Sonne. Das war's? Das war's. Puh.

Um meine Erleichterung zu verstehen, muss man um die große Plastiktüte voller Tabletten in meinem Gepäck wissen. Vor einigen Jahren hatte ich immer wieder Depressionen, doch dank der Medikamente ist mein Hirnstoffwechsel endlich im Gleichgewicht. Da es mir aber zu umständlich ist, in den Staaten die richtigen Medikamente zu finden und mich wegen der Blutwerte und der Rezepte mit Ärzten herumschlagen zu müssen, nehme ich das Risiko in Kauf, mit meinem Sechsmonatsvorrat wie eine Drogendealerin zu wirken. Ich kann ja alles erklären – muss es hier aber nicht einmal.

Allein darf ich mich nicht auf dem Gelände von Europas zweitgrößtem Hafen bewegen, ein Shuttle bringt mich zum Schiff. Und dann sehe ich sie: meine INDEPENDENT SPIRIT! Der Name klingt vielversprechend, aber ein bisschen schraddelig sieht sie schon aus. Trotzig-unschön und robust – sie ist eben keine Kreuzfahrerin, sondern ein Arbeitsschiff.

Das Shuttle setzt mich am Schiff ab. Während Kräne neben mir einen Container nach dem anderen vom Schiff herunterhieven, klettere ich mehr oder weniger elegant die Tauleiter hinauf. An Bord begrüßt mich Ryan, und zwar auf Englisch, das wegen der unterschiedlichen Nationalitäten der Besatzungsmitglieder weltweit Schiffssprache ist. Ryan kommt von den Philippinen und ist ein ordinary seaman, ein »einfacher Matrose«. Gewissenhaft registriert er, wer das Schiff betritt oder verlässt.

Ein weiterer Seemann bringt mich über eine schmale Treppe mehrere Stockwerke hinauf zu meiner Kajüte, die direkt unter der Brücke liegt. Ich habe mir die Eigner-Suite mit freiem Blick nach hinten und zur Seite gegönnt, es gibt ein großes Bett, eine gemütliche Sitzecke, einen riesigen Fernseher (Wie bringe ich Gynsburgh bei, dass der auf See nicht funktioniert?) und dazu ein kleines, aber vollkommen ausreichendes Bad mit Dusche und einem Aschenbecher neben der Toilette.

Ich schaue auf der Brücke vorbei, stelle mich dem captain und dem chief engineer vor und erfahre, dass ich tatsächlich der einzige Gast auf dem Schiff bin. Wenig später falle ich glücklich und erledigt in mein Eignerbett. Wir legen erst morgen Vormittag ab, das werde ich ganz sicher nicht verschlafen.

Vor dem Auslaufen, das für irgendwann zwischen 10 und 12 Uhr angesetzt ist, plaudere ich ein wenig mit Ryan. Als er hört, dass ich aus Kiel komme, strahlt er: »Oh, so you know the Kiel-Kanal? It's so amazing!« Bei früheren Fahrten habe er immer von 4 bis 8 Uhr Wache gehabt und sich jedes Mal an der Fahrt durch den Nord-Ostsee-Kanal erfreut. Wie schön, so unerwartet Heimatlob zu hören!

Die Crew der INDEPENDENT SPIRIT besteht zum großen Teil aus Filipinos, die 17 ordinary seamen stammen allesamt von dort. Der captain, der chief officer und der second officer sind Kroaten, während der chief engineer aus der Ukraine kommt. Der third officer ist der einzige Filipino auf der Brücke.

Alle sind offen und entspannt – und ich fühle mich jedes Mal in ein »Drei-Fragezeichen«-Hörspiel versetzt, wenn sich die Offiziere mit »Erster«, »Zweiter« und »Dritter« ansprechen. Die Wachhabenden wechseln alle vier Stunden und sind meist auf Messungen, Berichte und Beobachtungen konzentriert. Man darf sie natürlich trotzdem jederzeit mit Fragen löchern.

BY THE WAY — MATROSEN VON DEN PHILIPPINEN

Die Wirtschaft der Philippinen liegt am Boden, Schul- und Berufsbildung haben niedrige Standards, Jobs gibt es viel zu wenige. Deshalb geht nahezu jeder zehnte Filipino ins Ausland – nach Schätzungen der Migrationsbehörde verlassen täglich etwa 4.300 Menschen ihre Heimat. Im Ausland arbeiten sie in Haushalten, als Reinigungskräfte, Handwerker, Erntehelfer, Pflegekräfte oder eben als Matrosen, natürlich meist unter prekären Bedingungen.

In der Regel heuern die Matrosen für sechs bis zehn Monate an, Offiziere und Ingenieure für drei bis vier. Dazwischen können sie zwar bei ihren Familien sein, verdienen in Jobs zuhause aber nur ein Drittel des Schiffslohns. Die Alternative sind Anschlussverträge – und damit wieder einige Monate Trennung von der Familie. Das muss extrem belastend sein, zumal es längst nicht auf allen Schiffen Internet gibt. In Küstennähe rutscht immer noch mal eine WhatsApp- oder eine Facebook-Nachricht durch, aber darauf kann man sich nicht verlassen – auf dem offenen Meer ist es dann vorbei. Hier soll Abhilfe geschaffen werden: Die Reederei wird in den kommenden Monaten satellitengestütztes Internet installieren.

Doch auch der dann mögliche Echtzeitkontakt bringt ebenfalls Herausforderungen mit sich: Die Seeleute erleben die Probleme und Sorgen von zuhause mit, können vom Schiff aus jedoch nur wenig tun. Auf diese psychische Belastung ist kaum jemand eingestellt, doch immerhin bieten einige Gewerkschaften inzwischen unterstützende Hotlines an.

Endlich legen wir ab. Nun bin ich nicht mehr aufgeregt, alles fühlt sich stimmig und richtig an. Mal sehen, ob ich seekrank werde und dann immer noch alles stimmig und richtig finde.

Auf dem Atlantik

Die nächsten zwei Wochen werden wohl vor allem eines: wunderbar ruhig. Und das ist auch gut so, denn ich brauche eine Zäsur zwischen dem normalen Alltagswahnsinn und meinem großen Abenteuer. Per Flugzeug innerhalb weniger Stunden vom normalen Leben ins andere transportiert zu werden, hätte für mich keinen Reiz gehabt. Aber natürlich weiß ich auch, dass es Luxus ist, sich so viel Zeit nehmen zu können.

An Bord gibt es ein riesiges Unterhaltungsprogramm: den unendlich weiten Atlantik mit seinen traumhaften Sonnenuntergängen, auf die wir offenbar eine Garantie haben. Sonst gibt es nichts. Gut, ich könnte den etwas provisorisch wirkenden Fitnessraum nutzen. Das nehme ich mir auch vor, aber gute Vorsätze scheinen auf dem Meer das gleiche Schicksal zu erleiden wie an Land. Dafür entwickle ich ebenso schnell wie unmerklich eine wohltuende Routine aus Ausschlafen, Frühstücken, Auf-der-Brücke-Sein, Mittagessen, Mittagsschläfchen, Auf-der-Brücke-Sein, Abendbrot, Auf-der-Brücke-Sein und Schlafen. Zwischendurch gehe ich mit meiner Kamera in der Hand auf dem Schiff spazieren, es gibt unerwartet viele lohnende Motive.

Auf der Brücke sind Passagiere ausdrücklich willkommen: Extra für sie gibt es eine Sitzecke mit festgeschraubtem, aber drehbarem Tisch und weitem Blick über Ladung und Meer. Hier zu sitzen, zu lesen und mit den Offizieren zu plaudern, ist schon Urlaub. Wie schön, dass ich das ganz für mich allein habe!

Joseph stammt von den Philippinen. Er hat sich über die Jahre vom ordinary seaman zum third officer hochgearbeitet. Und obwohl er seine Arbeit liebt und obwohl die Philippinen ihre Bewohner als

»Weltklasse-Migranten« anpreisen und förmlich exportieren, träumt Joseph davon, zu seiner Familie und dem Haus, das er gebaut hat, zurückzukehren. Das Kompass-Tattoo auf seinem Arm steht für seine Heimkehr – und vielleicht führt der Kompass ihn auch zu der Frau, mit der er Haus und Leben teilen kann.

Als einzige Frau an Bord werde ich von allen sehr zuvorkommend behandelt. Die Jungs passen auf mich auf, versorgen mich mit Schokolade und bewundern meine Reisepläne, wie es sich gehört. Und meistens steht am Abend die Tür der Kapitänskajüte offen: eine Einladung an die Offiziere und mich, auf eine Runde Seemannsgarn hereinzukommen.

Ich habe Vollpension gebucht, was auf dem Schiff mittags und abends warmes Essen bedeutet – Arbeiteressen für Seeleute. Für unser leibliches Wohl sind zwei Filipinos zuständig, der cookie und der messie. Während ich Ersteres noch relativ leicht von cook herleiten kann, brauche ich bei messie ein wenig, bis ich messman als Erklärung habe: Er ist der Mann zwischen Kombüse und Messe, die wiederum eine Mischung aus Ess- und Aufenthaltsraum ist. Der messie deckt ein, füllt nach, sorgt dafür, dass alle satt werden, und räumt ab. Seine Präsenz soll wohl auch verhindern, dass jeder, der etwas will, einfach die Kombüse betritt. Unser messman Samuel ist eine zarte Gestalt, die mit schnellem Blick die Bedürfnisse in der Messe prüft und dann ebenso schnell wieder hinter dem Türrahmen verschwindet.

BY THE WAY — AUF FRACHTSCHIFFEN REISEN

Das Prinzip »Hand gegen Koje«, nach dem vor Jahrzehnten Abenteurer kostenlos und arbeitend auf Frachtschiffen mitgefahren sind, gibt es kaum noch. Vielleicht aus versicherungstechnischen Gründen, vielleicht war es den Besatzungen auch zu mühsam, auf jeder Fahrt neue und unterschiedlich begabte und willige Touristen einzuarbeiten.

Diverse Reedereien bieten Kabinen auf Frachtern an – ich habe meine Fahrt bei der »Frachtschifftouristik Zylmann« im schleswig-holsteinischen Kappeln gebucht.

Mir ist übel. Zum Glück ist es aber nicht die Seekrankheit, sondern pure Aufregung, die mich umtreibt. In den nächsten zwei Stunden soll Amerika am Horizont erscheinen! Während wir in den letzten Tagen gefühlt vollkommen allein auf dem Atlantik waren, sehe ich nun die ersten Frachter am Horizont entlangfahren. In den Funksprüchen, die auch in meiner Gästeecke zu hören sind, tauchen immer öfter die Worte »to Rhode Island« oder »direction Delaware Bay« auf, und so langsam fühlt sich mein Traum real an: Bald werde ich in Amerika sein!

Der Kapitän gibt mir meinen Pass und die Papiere für den Zoll und das Homeland Department zurück. Chief officer Vjeko fragt mich, ob ich gleich nach der Ankunft losfahren werde, und ich habe entschieden: nein. Erstmal will ich auch innerlich auf dem Festland ankommen, bevor die Motorradreise beginnt.

Als die Dämmerung einsetzt, taucht am Horizont der erste schmale Streifen Land auf. Mein Herz klopft und ich ahne, wie Seefahrer vergangener Jahrhunderte sich gefühlt haben müssen, wenn sie nach langer Zeit auf dem Meer endlich wieder Land erblickten. Wir folgen den rot schimmernden Resten der untergehenden Sonne, und irgendwann erkenne ich die Lichter der Delaware Bay. Bis wir schließlich in Chester, Pennsylvania, einlaufen, ist es weit nach Mitternacht, und ich schlafe tief und fest, während die Jungs das Schiff entladen. Um 6 Uhr wache ich auf – pünktlich zu meinem ersten amerikanischen Sonnenaufgang.

AN DER OSTKÜSTE

Stop ... and go!

Natürlich sind Formalitäten fällig, um ins »Land of the Free« einreisen zu dürfen, und da ist mir gleich doppelt mulmig zumute. Zum einen wegen der Aufenthaltserlaubnis. Zwar habe ich das Visum schon, aber in den zurückliegenden Monaten konnte ich mir Trump-kritische Beiträge auf Facebook einfach nicht verkneifen. Werden die eine Rolle spielen? Entsprechende Gerüchte gibt es, aber ich kann einfach nicht glauben, dass die Überwachung wirklich schon so weit geht. Zum anderen bereitet mir meine Großladung Antidepressiva Sorgen. Hoffentlich kann ich mit Arztbrief, Verpackungen und Beipackzetteln glaubhaft belegen, dass es sich nicht um Drogen handelt.

Mein Schicksal wird noch an Bord entschieden, und zwar ganz klassisch von einem good cop, einem stämmigen Schwarzen, breit lächelnd und plaudernd, und dem dazugehörigen bad cop, einem dürren Weißen, freud- und regungslos, den starren Blick auf seine Papiere gerichtet. Als der good cop in meinem Pass als Geburtsort Leipzig entdeckt, kann er sich vor Begeisterung kaum halten. Aufgeregt holt er sein Portemonnaie heraus und zeigt mir, ich traue meinen Augen kaum, Fotos seines neuen Porsche Cayenne. Der wird in Leipzig gebaut. Und schon – als hätte das eine etwas mit dem anderen zu tun – habe ich die Aufenthaltserlaubnis für sechs Monate in meinem Pass. Und meine Drogentüte? Wird keines Blickes gewürdigt.

Der Abschied vom Schiff und seiner Crew fällt mir schwer. Es war eine besondere Zeit mit überraschend vielen persönlichen Gesprächen. Zum Glück versüßt Tony mir den Trennungsschmerz. Der 82jährige Seemannsmissionar besucht eingelaufene Schiffe, um die

Besatzungen mit Zeitschriften oder Zigaretten zu versorgen und vielerlei Unterstützung anzubieten.

Dieses Mal profitiere ich davon: Im Kleinbus der Mission fährt er mich zum Bahnhof von Philadelphia; von dort aus will ich einen Bus ins etwa 200 Kilometer entfernte Baltimore nehmen. Nach nicht einmal zwei Minuten Fahrt outet Tony sich als Biker. Er zeigt mir Bilder von seiner Harley namens Bird, ich zeige ihm Bilder von Josi – grinsend denke ich an Eltern, die einander Fotos ihrer Kinder zeigen. Bird ist eine Schönheit, und manchmal ist Tony noch auf ihr unterwegs. Seine Frau fühlt sich zu alt, um noch als Sozia mitzufahren. Das können wir nicht verstehen – 80 ist doch kein Alter!

MARYLAND

Leider bringt der Bus mich nur bis zu einem großen Parkplatz am Rand von Baltimore. Ich ärgere mich ein wenig, weil eine Taxifahrt nach downtown Baltimore nicht in meinem Budget eingeplant war, aber Aladdin ist es allemal wert. Jemanden wie diesen Taxifahrer habe ich noch nicht erlebt. Der Filipino redet ohnehin schon sehr viel, schnell und voller Enthusiasmus, aber als er mitbekommt, dass ich Deutsche bin, gibt es kein Halten mehr. Mit Anlauf springt er in seine Vergangenheit und erzählt mir, wie er als 20jähriger Jüngling auf den Philippinen der deutschen Touristin Carola verfällt – und ihren strahlend blauen Augen. Zum Glück geht es ihr ebenso, sie besucht ihn zwei- oder dreimal. Aladdin hat kein Geld für Gegenbesuche, will aber schnell seine Ausbildung abschließen, dann nach Deutschland kommen und seine Carola heiraten. Es kommt nicht dazu – Aladdin findet die Welt im Allgemeinen und andere Frauen im Speziellen zu spannend. Seit einigen Jahren aber sucht er nach seiner Carola und ihren strahlend blauen Augen, seit Neuestem sogar über Facebook. Wenn also jemand eine Carola (damals: Bürger) kennen sollte …

Aladdin fährt mich zum Hostel. Das mehrstöckige Gebäude wirkt wie nachträglich in die Häuserzeile hinein gequetscht, und die laute

Straße trägt wenig zu seinem Charme bei. Egal, ich will ja nur kurz bleiben, um die Formalitäten für Josi zu erledigen. Sie ist schon seit ein paar Tagen in Baltimore, und ich hätte die Unterlagen online fertigstellen können, wenn es auf dem Schiff Internet gegeben hätte. So schnell wie möglich will ich sie nun aus dem Zoll holen und losfahren, aber ich habe die Rechnung ohne die US-Bürokratie gemacht. Drei Tage lang spiele ich per Email Dokumenten-Ping-Pong mit Zollbehörden und Agenten. Irgendwann drucke und fülle ich alles nur noch mechanisch aus, setze meine Unterschriften und maile es, auf baldige Erlösung hoffend, zurück.

Das Hostel ist ein Sammelsurium unterschiedlichster Menschen: Da ist die obligatorische deutsche Blondine, die nach dem Abitur durch die USA reist, um dann nach Australien und Neuseeland weiterzufliegen; die mal extrovertierte, mal vollkommen in sich ge-kehrte junge Frau, die das Haus ihres plötzlich verstorbenen Bruders ausräumen muss; der Mann, der aus New York wegziehen will, weil die Mieten und die Lebenshaltungskosten dort ins Unermessliche steigen, und der nun in Baltimore ein Haus sucht; der Immobilien-makler, der seine Lizenzen erneuern muss; und schließlich der Lehrer, der zwei Tage pro Woche in Baltimore und drei Tage im 300 Kilo-meter entfernten New York arbeitet und der dafür je drei Stunden Fahrt sowie das Wohnen im Hostel auf sich nimmt, weil er hofft, dass Baltimore sich irgendwann zu einer Vollzeitstelle entwickelt.

Wenn ich schon in Baltimore festsitze, will ich es wenigstens ein bisschen erkunden, und obwohl ich kein Großstadtmensch bin, stelle ich fest: Ich mag Baltimore. Es ist dreckig, verkommen (außer in den wenigen Touristenbereichen), schief, fußgänger-unfreundlich und laut – also all das, was mich sonst an großen Städten anstrengt und nervt. Dabei ist es auf rotzige Weise charmant, es hat sich sogar den Beinamen »Charm City« gegeben.

Das passt, überall spürt man eine lässige »Ja, ich bin abgerockt und verfalle, aber hey, ich steh dazu«-Atmosphäre. Die großen Buslinien bringen ihre Passagiere kostenlos an die wichtigsten Orte der Stadt. Beerdigungskorsos dürfen bei Rot über Kreuzungen fahren – auf die Idee muss man erst einmal kommen! Es geht dabei weniger darum, dass sie schnell durchkommen, als darum, dass solch ein Korso nicht von einer roten Ampel oder kreuzendem Verkehr geteilt wird. Das erste Auto kündigt den Tross mit einer Sirene an, unbeteiligte Autos und Fußgänger warten, bis die gesamte Kolonne die Kreuzung überquert hat.

Die Bewohner einer Seniorenresidenz, an der ich vorbeigehe, sitzen plaudernd auf dem Bürgersteig, betrachten die Passanten und nicken ihnen bei Wohlgefallen zu. Einer nutzt einen Laternenpfahl als Sandsackersatz und trippelt boxend um ihn herum. Mit seinen bestimmt 80 Jahren wirkt er fitter, als ich mich gerade fühle.

Und überall ist Musik: Wenn man von einer Ampel zur nächsten an den wartenden Autos vorbeigeht, hört man Musik aus allen Genres – außer Klassik. Bisher. An jeder Ecke gibt es Galerien, daneben kleine Restaurants mit allen denkbaren Küchen. Ich gehe türkisch essen und äthiopisch. Letzteres werde ich ab jetzt nur noch löwenhungrig tun; in einem äthiopischen Restaurant nicht aufzuessen, fühlt sich nicht gut an.

Übrigens finde ich es (noch) total entzückend, im Restaurant mit »dear«, »darling« und »honey« angesprochen zu werden. Bisher hatte ich allerdings nur weibliche Bedienungen – was die männlichen wohl zu Frauen sagen?

BY THE WAY — BALTIMORE

Baltimore ist mit 565.239 Einwohnern (Stand 2023) die größte Stadt des US-Bundesstaates Maryland und einer der wichtigsten Seehäfen der Vereinigten Staaten. Für amerikanische Begriffe ist die Stadt uralt: Immerhin wurde sie schon 1729 gegründet.

Baltimore ist die »City of Firsts«, hier gab es das erste Postamt, den ersten Regenschirm, die erste Sonntagszeitung, die erste Ballonfahrt, den ersten Kühlschrank und viele erste Dinge mehr.

Wer als Einheimischer durchgehen will, sollte von der Stadt nur ganz lässig als »B'more« sprechen – es könnte klappen. A propos lässig: Frank Zappa wurde hier geboren, ebenso die Schwimmlegende Michael Phelps. Edgar Allan Poe hingegen starb in Baltimore – unter Umständen, die bis heute nicht geklärt sind.

Leider hat Baltimore immense Kriminalitätsprobleme und brachte es damit zum Schauplatz zweier Serien, in denen Gewalt eine der Hauptrollen spielt: »Homicide« und »The Wire«. In Letzterer wird der offizielle Stadtname »Baltimore, Maryland« umgewandelt zu »'body more, Murderland« (etwa: »Noch 'ne Leiche, Mordland«). Zu Corona-Zeiten rief Baltimores Bürgermeister eindringlich dazu auf, die täglichen Schießereien zu unterlassen, da die Krankenhausbetten für Corona-Patienten gebraucht würden.

Und es gibt das Lied »Baltimore«, das die Probleme der Stadt besingt und betrauert – im Original von Randy Newman, gecovert von Nina Simone und auf Deutsch von unserem Udo Lindenberg.

Das Schicksal der Obdachlosen, die man in Baltimore wirklich überall sieht, geht mir nahe, und immer wieder frage ich mich, warum das so ist. Vielleicht, weil ich mich, als ich vor einigen Jahren am Tiefpunkt meiner Depressionen war, ebenso enden sah. Damals erschien es mir undenkbar, dass ich wieder am normalen Leben teilnehmen würde, unvorstellbar, dass ich wieder klar denken, arbeiten, reisen, lieben und lachen würde. Deshalb fühle ich mich diesen Menschen verbunden. Zwischen ihnen und mir liegen keine Welten, sondern nur eine falsche Entscheidung, eine Krankheit, fehlende Hilfe oder Pech. Nachdenklich gehe ich an ihnen vorbei, wünsche einem von ihnen spontan einen schönen Abend. Sofort habe ich Angst, es könnte spöttisch gewirkt haben – aber er strahlt mich an.

Endlich glaube ich, Josis Papiere so weit zusammenzuhaben, dass ich die Fahrt zum Customs & Borders Office im Flughafen wagen kann; dort werden auch die Seefrachten bearbeitet. Das Büro ist erfüllt von der Autorität einer kleinen, füllligen schwarzen Dame, welche die Rolle des bad cops so gut ausfüllt, dass sie keinen good cop braucht. Scharf befiehlt sie mir: »Sit down over theeeeeere! We'll spend a looooong time together, young ladyyyy! Hope you have your papers readyyyyy!«

Ihre Aussprache ist so breit, dass ich mir ein sicher kontraproduktives Grinsen nur mit Mühe verkneifen kann. Also setze ich mich und beobachte das Gespräch mit der jungen Frau, die vor mir an der Reihe ist. Sie wirkt eingeschüchtert, in unbeobachteten Momenten tauschen wir ratlos-ungläubige Blicke aus. Nach einer Weile wird sie lebend entlassen und ich bin dran:

»Come heeeeere, young ladyyyy! Do you have your papeeeeers?«

Natürlich – und die drei Tage Papierkrieg scheinen sich gelohnt zu haben. Wir arbeiten uns schnell durch die Dokumente und fangen dann sogar an zu plaudern, bad cop-Geplauder:

»You reeeeaaaally wanna ride your biiiiike?«

»Yes.«

»Aloooone?«

»Yes.«

»What's the rooouuuute?« Ich beschreibe sie ihr.

»Do you have kiiiids?«

»No.«

»Reallyyyyy?«

»Yes!« Als ob ich diese Frau anlügen würde!

»Goooood. Do your parents know you're heeeere?«

»Yes.«

»Reallyyyyy?«

»Yes, really.« Ich sollte in Baltimore bleiben, für die Leute hier scheine ich Jahre jünger auszusehen!

Nach all den Fragen, die sie mir gestellt hat, traue ich mich einfach und frage sie nach ihrem größten Wunsch. Ich bin mir nicht sicher, ob sie antworten wird, aber sie tut es: »Ich will an einem Herzinfarkt sterben, an nichts anderem. Wissen Sie, meine Schwester ist vor kurzem an Krebs gestorben, und es war die Hölle auf Erden. Deshalb ist das mein größter Wunsch. Und eigentlich auch mein einziger, sonst habe ich alles, was ich will.« Puh, so viel Offenheit muss ich erst einmal verdauen.

Mit dem Stempel von ihr habe ich endlich alles, um Josi aus den Fängen des Zolls zu holen. Wieder gönne ich mir ein Taxi; der Frachthafen ist ein Stück außerhalb, und ich will die kleinen Zeitfenster, in denen der Zoll geöffnet ist, nicht verpassen.

Entweder sind in den Staaten alle Taxifahrer Unikate oder ich habe ein Händchen dafür, mir die originellsten auszusuchen. Amin stammt aus Pakistan, wanderte als junger Mann nach Australien aus, lebte dort einige Jahre lang und kam schließlich in die USA. Hier lernte er seine Frau kennen und gründete mit ihr eine Familie. Sein größter Traum? Mit seiner Frau und seinen drei Kindern durch Australien zu reisen, um ihnen die Orte zu zeigen, die er so liebt.

Zwischen Lastern, Autotransportern und Megatrucks fährt Amin mich aufs Hafengelände – ein Heidenspaß für uns beide. An keinem einzigen Checkpoint weiß man, wie weit Taxis hineindürfen; offenbar hat das vor uns noch niemand versucht. Jeder Posten schickt uns – in dubio pro Taxi – zum nächsten Kontrollpunkt. Wir fühlen uns wie Outlaws und genießen jede Minute, bis wir das Gelände dann doch verlassen müssen: Weder Taxis noch unbegleitete Fußgänger sind hier erlaubt.

Ein escort service (!) bringt mich schließlich zu Josi. Sie ist noch auf ihrer Palette festgezurrt, etwas schmutzig, aber absolut unversehrt. Mit Tränen in den Augen betrachte ich sie von allen Seiten, steige auf und bin so glücklich wie nur eine 13jährige auf ihrem Lieblingspferd sein kann. Irgendwann, mein escort guy wird schon unruhig, löse ich die Riemen, lasse Josi von der Palette rollen und fahre vom Gelände. Endlich fühle ich mich wieder vollständig, endlich bin ich wieder unabhängig!

Ein paar Stunden lang lasse ich mich durch Baltimore treiben und genieße die Freiheit, die ich so nur auf einem Motorrad besonders spüre. Kurz überlege ich, eine Werkstatt zu suchen, um Kettenöl für Josi zu kaufen. Sie hat ein sogenanntes ScottOiler-System, das die Kette regelmäßig ölt, und das ist auch aufgefüllt. Ein paar hundert Kilometer weiter werde ich Nachschub brauchen, aber bis dahin ist noch jede Menge Zeit. Außerdem hab ich gerade keine Lust auf Dinge, die ich tun müsste – ich will genießen. Ein kurzer Besuch in der George Peabody Library hilft mir, nach diesem aufregenden Tag ein wenig herunterzukommen. Die Bibliothek ist öffentlich, ruhig und wunderschön – ein echtes Kleinod.

Es ist Samstagmorgen, und ich gönne mir ein entspanntes Frühstück. Sicher wäre es schlau gewesen, am Vorabend zu packen, früh ins Bett zu gehen, früh aufzustehen und früh loszufahren, weil die Straßen dann noch leer und die Temperaturen noch unter 30 Grad gewesen wären. Aber schlau ist das eine, mein Bedürfnis, den Tag entspannt anzugehen, das andere. Und das ist okay, denn es ist meine Reise – die jetzt endlich richtig losgeht.

Von Brücken, Äpfeln und Musik

Obwohl ich die Ostküste bis nach Maine hinauf entdecken will, fahre ich zunächst nach Süden. Etwa 200 Kilometer von hier quert der Chesapeake Bay Bridge Tunnel (CBBT) die Mündung der Chesapeake-Bucht. Diese 37 Kilometer lange Kombination aus Brücken und Tunneln will ich mir nicht entgehen lassen, schon gar nicht auf dem Motorrad.

Auf der US 97 gerate ich in dichtesten Wochenendverkehr. Nichts bewegt sich, am liebsten würde ich umdrehen und den Highway sofort wieder verlassen. Bei 30 Grad heizen sich mein schwarzer Helm und meine schwarzen Stiefel schnell auf, während der laufende Motor und der heiße Asphalt ihr Bestes geben, mich auch von unten zu grillen. Leider sind die Autos und Trucks so breit, dass ich mit meinem bekofferten Motorrad keine Chance habe, zwischen den Spuren zu fahren. Schade, etwas Fahrtwind täte mir und vor allem Josis Motor gut. In unregelmäßigen Abständen kommt Schwung in die Sache, allgemeine Raserei setzt ein. Dabei ist das Konzept des Sicherheitsabstandes hier offenbar unbekannt: Tut sich einmal so viel Platz auf, dass er diese Funktion erfüllen könnte, schiebt sich umgehend ein Auto in die Lücke. Oft werden die spontanen und selbstverständlich blinksignalfreien Spurwechsel gern zu sportlichen Slaloms ausgebaut. Dass bestimmt die Hälfte der Menschen am Steuer ein Smartphone zwischen Hand und Lenkrad hält, macht die Sache nicht besser.

Ich beschließe, mich wie zu Hause zu fühlen, und fahre auf dem Seitenstreifen weiter. Hier kann ich durchatmen, bis ich den Highway bei der nächsten Gelegenheit verlasse und auf einer kleineren Straße weiterfahre. Sofort beruhigt sich mein Puls, ich klappe mein Visier hoch und atme durch. Besser, viel besser.

Eine rote Ampel lässt mich halten. Vor mir verläuft die US 50 von Ost nach West und führt damit gleich zu zwei spannenden Zielen. Im

Westen ist am Horizont das Capitol zu erkennen. Ich ringe mit mir: Washington ist nur 35 Kilometer entfernt – müsste ich nicht hinfahren? Darf man die Hauptstadt einfach so rechts liegenlassen? Aber sie wird jetzt am Wochenende höllisch voll sein, und darauf habe ich überhaupt keine Lust, schon gar nicht bei dieser Hitze. In östlicher Richtung führt die US 50 zu einer anderen berühmten Brücke.

BY THE WAY — DIE CHESAPEAKE BAY BRIDGE

Mit sieben Kilometern Länge überspannt sie den nördlichen Teil der Chesapeake-Bucht. Das US-Magazin »Travel + Leisure« zählt sie zu den beängstigendsten Brücken der Welt. Und tatsächlich scheint es unter denen, die regelmäßig die Bucht überqueren müssen, tausende Gephyrophobiker, also Menschen mit Brückenangst, zu geben: Drei professionelle Fahrdienste bieten an, sie für stolze 25 Dollar pro Strecke auf die andere Seite der Bucht zu fahren – natürlich rund um die Uhr.

Ich biege weder nach links noch nach rechts ab, sondern fahre nach Süden zu meinem persönlichen architektonischen Wunder.

VIRGINIA

In einem kleinen Städtchen finde ich meinen ersten diner – und alles, was dazugehört, ist da: die festgeschraubten Drehhocker an der Bar, der karierte Marmorfußboden, die nette Bedienung (»Hi, my name is Jill, I'm your waitress for this evening!«) und der free refill für Kaffee und Eiswürfelwasser. Ich bin selig.

In den kommenden Monaten will ich oft in dinern essen. Ich bin keine gute Köchin, nicht in einer ausgestatteten Küche und schon gar nicht am Campingkocher. Gut, Pasta ginge, aber dafür schleppe ich kein Kochgeschirr mit. Wenn ich von den üppigen Portionen immer nur eine Hälfte esse und die andere als nächste Mahlzeit mitnehme, sollten Portemonnaie und Magen gleichermaßen zufrieden sein.

Inzwischen ist es später Nachmittag – Zeit, einen Schlafplatz zu finden. Es soll meine erste Nacht allein und draußen sein, und ich bin aufgeregt. Ich biege in eine Seitenstraße ab, dann in einen kleinen Nebenweg und von dort auf einen Trampelpfad. Links befindet sich ein Maisfeld, rechts Wald. Am Ende des Pfades warten viel Grün, viel Ruhe und ein Tümpel auf mich. Hierhin dürfte sich an einem Samstagabend niemand verirren. Weil es noch immer warm ist, beschließe ich, das Zelt nicht aufzubauen, sondern unter freiem Himmel zu schlafen. Wenn schon Natur, dann richtig.

Zur Natur gehören unzählige Glühwürmchen, die zwischen den Bäumen und Sträuchern umherfliegen. Sie teilen sich den Platz mit Grillen, die ein Konzert in bester Heavy-Metal-Lautstärke abhalten. Bei jedem knackenden Geräusch fürchte ich, dass jemand kommt – und die Glühwürmchen eigentlich Taschenlampen von Polizisten auf der Suche nach Landstreichern sind. Vorsichtshalber lasse ich meine Kontaktlinsen drin. Und weil das Zirpen der Grillen und unzählige andere Geräusche, die gewiss natürlich, mir aber unbekannt sind, mich vom Schlafen abhalten, kommen meine Ohrenstöpsel zum Einsatz. Ein positiver Nebeneffekt: Wenn mich jemand überfallen will, schlafe ich selig bis zur letzten Minute.

Ohrenstöpsel helfen auch gegen Mücken. Nein, nicht gegen die Stiche, aber man hört die Mistviecher nicht und schläft ruhig. So bin ich am nächsten Morgen erholt genug, um die Stichverwüstungen im Gesicht und an den Armen zu ertragen. Neun Stiche auf der linken Wange, das Auge darüber schwillt gerade zu. Aber sonst war meine Nacht im Freien super – ich bin stolz auf mich und darauf, dass ich es gewagt habe. Schließlich will ich noch oft wild und kostenlos übernachten.

Durch kleine Orte geht es gemütlich weiter nach Süden, vorbei an Bildern und Situationen, mit denen die Staaten mich willkommen heißen: ein Depot voller gelber Schulbusse (Es gibt sie wirklich!); drei

Bauarbeiter, die mit Hingabe und Spaß einen Hydranten knallbunt anmalen; leerstehende Häuser, die entweder zum Verkauf stehen oder traurig vor sich hin verfallen; und immer wieder garage oder yard sales, private Flohmärkte in Garagen, Einfahrten oder Vorgärten. Manchmal halte ich, weil ich es liebe, auf diesen Mini-Flohmärkten herumzustöbern – und bin doch immer wieder froh, dass auf Josi kein Platz ist, um etwas mitzunehmen.

Endlich erreiche ich den CBBT und muss mich erstmal orientieren. Wohin führt er? Da, am Horizont, ist er das immer noch? Und die vier Knubbelchen? Ach ja, das sind die kleinen Inseln mit den Ein- und Ausfahrten der beiden Tunnelpassagen.

BY THE WAY — DER CHESAPEAKE BAY BRIDGE TUNNEL (CBBT)
Das Bauwerk aus Brücke-Tunnel-Brücke-Tunnel-Brücke (14 km Brücke – 2 km Tunnel – 5 km Brücke – 2 km Tunnel – 1 km Brücke) wurde 1965 vom amerikanischen Berufsverband der Bauingenieure zu einem »Architektonischen Weltwunder der Moderne« ernannt. Die Schiffe fahren nicht unter Brücken hindurch, sondern über die Tunnelteile hinweg.

Ich lasse mir Zeit für die Überfahrt, halte am Aussichtspunkt in der Mitte an und genieße den weiten Blick auf Wasser, Schiffe und die untergehende Sonne. Jemand beschrieb Motorradfahren einmal als »Fliegen ohne Flügel« – und das ist es auch. Hier ganz besonders.

Der CBBT führt auf die Halbinsel Delmarva. Drei Bundesstaaten teilen sich dieses 300 Kilometer lange Paradies: Das nordöstliche Viertel gehört zu Delaware, die Mitte zu Maryland und die untere Spitze zu Virginia. Daher auch der seltsame Name: Del-Mar-Va.

BY THE WAY — GRENZEN
Anfang des 18. Jahrhunderts stand die Frage der Grenzziehung zwischen den Staaten Maryland und Pennsylvania im Raum. Über

Jahrzehnte wurden Zusagen aus Gründungsverträgen gebrochen; es gab Verhandlungen, Versprechen, Drohungen, sogar Unruhen, weil die Bevölkerung endlich Klärung wollte. Baltimore bestand auf einer Grenze entlang des 40. Breitengrades, aber das hätte Pennsylvania vom Meer abgeschnitten und seine neu gegründete Hauptstadt Philadelphia in Maryland liegen lassen. 1751 wurde die Halbinsel Delmarva in ihre heutigen Bestandteile aufgeteilt, die übrigen Positionen blieben zunächst unvereinbar.

Der Astronom Mason und der Vermesser Dixon legten 15 Jahre später in fünfjähriger Arbeit die bis heute gültige Grenze zwischen Pennsylvania und Maryland fest: die nach ihnen benannte Mason-Dixon-Linie. Sie verläuft zumeist in Ost-West-Richtung und bildet in ihrer Verlängerung die traditionelle Grenze zwischen den Nord- und den Südstaaten der USA.

Übrigens: Im Film »Rocky Balboa« heißt Rockys Gegner Mason the Line Dixon. Zudem gibt es Theorien, dass sich die Begriffe Dixie und Dixieland, beides Spitznamen für die Südstaaten, auf die Mason-Dixon-Linie beziehen.

MARYLAND

Im letzten Licht des Tages fahre ich durch die dünn besiedelte Landschaft der südlichen Halbinsel. Sie ist geprägt von Wasser, Lagunen und unzähligen Wasservögeln – alles wirkt so friedlich, dass sich fast schon kitschige Paradiesvorstellungen in meinem Kopf breit machen. Breiter als mein glückliches Grinsen darüber, dass ich hier durchfahre, können sie allerdings gar nicht werden.

Gegen 23 Uhr finde ich den Ort, den ich mir am Morgen als Ziel rausgesucht habe: den Assateague State Park. Er liegt auf der Halbinsel Assateague Island, die nur wenige hundert Meter schmal, dafür aber drei Kilometer lang ist. Nach Westen wird sie von einer Bucht, nach Osten vom Atlantik begrenzt, und am Strand gibt es einen Campingplatz. Da will ich übernachten.

Ich finde eine Stelle für mein Zelt und mache mich an den Aufbau. Im Dunkeln ist das eine echte Herausforderung, aber es geht. Kurz bin ich irritiert, als vom Nebenplatz Pferdegeräusche zu mir dringen. Pferde? Hier?! Oder habe ich mir das nur eingebildet?

Am Morgen wache ich mit Meeresrauschen im Ohr auf. Nach ein paar Schritten durch den noch kühlen Sand stehe ich am Atlantik – und kann es immer noch nicht glauben: Ich bin in Amerika! Letzte Zweifel daran beseitigt der Blick auf die Cowboys, die entspannt auf einen morgendlichen Fang warten.

Auf dem Rückweg finde ich zu meiner Erleichterung einen Haufen Pferdeäpfel – und die Information, die das Mysterium erklärt.

BY THE WAY — DIE PFERDE VON ASSATEAGUE

Seit dem 17. Jahrhundert leben die Wildpferde auf der Halbinsel. Man vermutet, dass ein spanisches Schiff mit Pferden vor der Küste gesunken ist und einige der Tiere sich an Land retten konnten. Derzeit gibt es auf der Halbinsel etwa 300 wilde Pferde. Ein Zaun trennt sie entlang der Staatengrenze in eine Maryland- und eine Virginia-Herde.

Die Pferde erinnern mich an die heilige Kühe Indiens: In Gruppen von fünf bis zehn Tieren streifen sie umher, kommen allem nahe, schnüffeln an allem herum und fressen bestimmt auch alles. Aber sie sind so schön, dass man ihnen all das gern verzeiht.

Inzwischen ist es höchste Zeit für Kaffee und Frühstück, beides will ich mir in Berlin gönnen. Also fahre ich die 15 Kilometer in das 3.500 Einwohner zählende Städtchen. Es ist so entzückend, dass schnell klar ist: Hier werde ich einen Tag bleiben. Jedes Schaufenster ist eine Retro-Welt für sich, in den Buchläden duftet es nach alten Büchern, und im »Antiques Shop« muss ich abwechselnd lachen und den Kopf schütteln. Unglaublich, was es alles gibt! Eine Golf-Ausrüstung aus himmelblauem Leder, einen Reiseplattenspieler mit

Mickey-Maus-Arm, üppig verzierte Porzellanschälchen in Cello-Form und unzählige Kostbarkeiten mehr. Und die Inhaber haben Humor: »Wir kaufen Schrott und verkaufen Antiquitäten« steht auf einer – selbstredend antiken – Spieluhr.

Ich finde auch zwei Tankstellen und eine Werkstatt, in denen ich nach Öl für Josis Kette frage. Letztere hat zwar das Öl, aber weder Schlauch noch Aufsatz, mit denen ich das Öl in den kleinen Vorratsbehälter am Motorrad füllen könnte. In Deutschland ist all das ein Paket, aber nun gut. Ich kaufe das Öl und freue mich, wenigstens einen Schritt weiter zu sein.

Berlin bezeichnet sich als »America's Coolest Small Town«, und ich kann bestätigen, dass es selbst bei den aktuellen 30 Grad sehr cool ist. Ich verbringe den Tag links und rechts der Main Street, entdecke ein kleines Café mit WLAN, in dem ich sitzen, arbeiten und meinen Blog schreiben kann. Als das Café schließt, versuche ich mein Glück im nobel wirkenden Hotel »Atlantic«. Ich frage, ob ich mich auf die Terrasse setzen und das WLAN nutzen darf – ich darf. Etwas später ertönt Klaviermusik aus dem Inneren, und nun steht auch fest, wo ich meinen Abend verbringen werde.

Mein Entschluss wird belohnt. Nach und nach trudeln Gäste ein, offenbar sämtlich locals, denn jeder begrüßt jeden mit großem Hallo. An meinem strategisch günstig gewählten Ecktisch werde ich von Steve angesprochen. Der gemütliche ältere Herr ist jeden Montagabend hier, so auch heute. Bis zum letzten Jahr hat er die Apotheke von Berlin geführt, über 40 Jahre lang. Die Arbeit hat ihm auch über den Tod seiner Frau hinweggeholfen. Jetzt, da er die Apotheke nicht mehr hat, wünscht er sich nichts sehnlicher, als eine neue Partnerin zu finden: »Es ist schöner, das Leben gemeinsam zu genießen, als allein zu sein.« Nun, mit der richtigen Person ist das allemal wahr.

Steve erklärt mir, dass es im »Atlantic« jeden Montagabend offene Live-Musik gibt: Jeder, der mag, kann ein Lied singen oder ein Stück spielen. Ich bin gespannt. Eine Weile unterhält uns der piano man des Hotels, singt sogar zu seinem Spiel. Der rüstige Herr bemüht sich spürbar, aber neben dem Klavier ist seine Stimme zu schwach. Meine Muschelsuppe und ein kühler Weißwein helfen mir darüber hinweg.

Dann kommt, langsam und zittrig, ein altes Paar in den Saal. Sie stützt sich auf ihn, er stützt sich auf einen dreifüßigen Gehstock. Das Lebendigste an ihnen sind ihre knalligen Blumenhemden – und die Aufmerksamkeit, mit der sie von allen Seiten begrüßt werden. Sie nehmen Platz, bestellen, hören dem glücklosen Sänger zu. Dann kann Mr. Gehstock sich nicht mehr halten. Er schnappt sich das Mikro und gibt alles, singt drei, vier, fünf Lieder – sein geschluchztes »Do You Know What It Means to Miss New Orleans« ist großer Kitsch und Gänsehautgarant zugleich. Der Höhepunkt der Performance ist ein Lied für seine Frau. Die hat das Ganze aber offenbar schon so oft gehört, dass sie gelangweilt in ihrer Tasche wühlt und den Gatten keines Blickes würdigt. Kurz vor dem letzten Refrain ruft er ihr daher ein verzweifeltes »Look at me, darling!« zu, damit sein Schmachten ein Ziel bekommt. Sie erhört ihn eher beiläufig – und ich könnte nicht sagen, ob der mit Lachen durchsetzte Applaus des Publikums dem Sänger gilt oder seiner Frau.

NEW JERSEY

Am nächsten Morgen geht es weiter in Richtung Norden. Ich überquere die Grenze zu Delaware, ein paar Stunden später die zu New Jersey. Die Grenze verläuft längs durch die Delaware Bay – die Bucht, in die ich erst vor wenigen Tagen mit der INDEPENDENT SPIRIT eingefahren bin. Es fühlt sich verrückt an: Der erste Kreis voller Erlebnisse schließt sich, dabei bin ich doch erst am Anfang!

In New Jersey will ich zwei Dinge finden: einen schönen Zeltplatz und Bruce Springsteen. Der hat nämlich angeblich ein Haus in Middletown, und es wäre doch gelacht, wenn ich ihm nicht zufällig über den Weg fahren könnte.

Die Fahrt ist schön, die Straße mäßig, aber dafür bin ich fast allein unterwegs. Nicht einmal die auf einem Straßenschild angekündigten

Schildkröten sind zu sehen, dabei könnten sie die Straße jetzt gefahrlos überqueren.

Auf der Suche nach einem Schlafplatz halte ich bei einer süßen Holzkirche an. Leider sind alle Flächen, die sich für das Zelt eignen würden, beleuchtet. Ob hier schon andere übernachten wollten? Hinter der Kirche steht ein Büro-Container, und weil es langsam richtig kalt wird, schaue ich, ob nicht vielleicht eine der beschilderten Türen unverschlossen ist. Office: zu – Mist. Storage: zu – wieder Mist. Library: Moment mal, was soll dieser Draht da? Gehört der vielleicht zu einer Alarmanlage? Das gefällt mir – die Bibliothek wird geschützt, der Rest nicht. Vorsichtig löse ich die Finger vom Türknauf und versuche mein Glück hinter dem Container, da wäre auch Josi aus dem Blick. Ich richte mich auf dem oberen Absatz einer Holztreppe ein und versuche zu schlafen. Nach einigen Stunden Frieren und Fluchen gebe ich auf. Es sind nicht einmal 10 Grad, die Luftfeuchtigkeit liegt gefühlt bei 90 Prozent, sie kriecht überall hinein, ich friere jämmerlich. Gegen 3 Uhr packe ich meine Sachen und fahre hundemüde in Richtung Keyport. Hoffentlich gibt es dort ein Fleckchen zum Schlafen oder ganz viel Kaffee zum Aufwärmen!

Der menschenleere Stadtpark von Keyport bietet Ruhe und ein geschütztes Plätzchen, an dem ich diese Nacht zu Ende bringen könnte. Leider wohnen hier Myriaden von Mücken, die über die Blutration auf zwei Beinen ganz aus dem Häuschen sind. Das war also nichts – nun müssen ein bis drei Kaffee her. Dringend.

Keyport stimmt mich mit einem geöffneten Starbucks milde. Gerade will ich mir mit dem ersehnten Kaffee in der Hand einen Tisch suchen, als Richard mich anspricht und mir seine »Starbucks-Gang« vorstellt: Herren um die sechzig, die sich jeden Morgen um 6 Uhr für ein paar Stunden hier treffen, um zu quatschen und (ich zitiere) »die Probleme der Welt zu lösen«. Die Gang hat ihren Stammtisch am Eingang, von dort hat sie den perfekten Blick auf die Menschen im Laden und auf dem Parkplatz.

Josi und ich sind ihnen natürlich nicht entgangen, es wird ein charmantes Gespräch. Fast jedes Gangmitglied spricht ein wenig Deutsch und will es an mir ausprobieren, und natürlich reden wir über meine Tour. Als herauskommt, dass ich zum Umfallen müde bin, bietet Richard mir spontan sein Gästezimmer an, und das, obwohl er selbst den ganzen Tag unterwegs sein wird. Das ist natürlich der Knaller und mir nur recht, ich bin ohnehin nicht gesellschaftsfähig. Gesagt, getan: Kurz nach zehn (am Vormittag!) liege ich in Richards Gästebett und schlafe selig. Erst am späten Nachmittag werde ich wach und wanke in die Küche. Ich bin tatsächlich allein im Haus und von Richards Vertrauen gerührt. Hätte ich ähnlich gehandelt? Ich hoffe es. Richard hat an mein leibliches Wohl gedacht und mir einen XXL-Burrito (der Mann versteht die Frauen) für die Mikrowelle hingelegt. Langsam erwachen meine Lebensgeister wieder, aber bevor sie zu wach werden, gehe ich schnell wieder ins Bett.

Gegen 8 Uhr am nächsten Morgen habe ich endlich ausgeschlafen – natürlich ist Richard da schon längst bei Starbucks. Ich dusche schnell (Das kann ich mir unmöglich entgehen lassen!), packe meine Sachen und bin gerade dabei, mir meine Motorradstiefel anzuziehen, als Richard die Haustür aufschließt und mich mit den Worten: »Wir haben uns Sorgen gemacht … « begrüßt. Wann er wohl das letzte Mal so lange geschlafen hat? Zusammen fahren wir zu Starbucks zurück – und für einen Vormittag bin ich Gang-Mitglied. Ein tolles Gefühl! Später kommt auch Spring dazu, eine sympathische Sängerin, die immer mit ihrer Plüschbärin Happy auf Tour geht. Ich glaube, mein kleiner Gynsburgh ist ein wenig verliebt.

Am späten Vormittag werde ich unruhig, schließlich ist da noch das Projekt »Bruce finden«. Beiläufig frage ich die Jungs, ob sie etwas darüber wüssten, dass Bruce Springsteen im 15 Kilometer entfernten Middletown lebt. Und während ich geglaubt habe, Richard könnte mich nach seinem Übernachtungsangebot nicht mehr überraschen, tut er es nun mit Leichtigkeit: »Ich kann dir die Adresse seines Hauses geben – oder die seines Fitnessstudios, da ist er ja oft. Welche möchtest du haben?«

Richard ist in Keyport aufgewachsen, und Bruce ist mit einer seiner ersten Bands auch in Richards Schule aufgetreten – man kennt sich. Natürlich hätte ich zur Chancenmaximierung gern beide Adressen, aber nach beiden zu fragen scheint mir doch dreist. Nach schneller Analyse der alles entscheidenden Frage »Wo verbringt Bruce wohl mehr Zeit?« nehme ich die private Adresse. Ich werde ein paar Mal wie zufällig am Haus vorbeifahren, er wird zufällig aus dem Küchenfenster schauen und mich auf einen Kaffee einladen. Vielleicht fahren wir ja noch eine Runde Motorrad zusammen. So wird es sein.

Natürlich wird es nicht so. Bruces Küchenfenster scheint nach hinten rauszugehen, denn ich bekomme ihn nicht zu Gesicht. Das muss ich jetzt erst einmal verdauen. Als Trost und weil in der Dämmerung erste Regentropfen fallen, will ich mir eine Nacht im Hotel gönnen. Aber offenbar geht heute alles schief: Als ich einchecken will, streikt meine Kreditkarte, und natürlich habe ich nur die eine dabei. Ich fahre zum nächsten Automaten – auch da tut sich nichts. Scheiße. Inzwischen ist es nach 20 Uhr, dunkel und immer noch regnerisch. Ich fahre zurück zum Hotel, gehe um das Gebäude und den Parkplatz herum, finde aber keine Stelle, an der ich mit oder ohne Zelt trocken bleiben würde. Auf einmal fühle ich mich allein, müde und unfähig. Ich frage die Concièrge, ob ich mich kurz in der Lobby ausruhen und sortieren dürfe. Ich darf – und bekomme sogar Kekse und heißen Tee. Noch so ein Engel auf Erden!

Irgendwann gebe ich mir einen Ruck, bleiben kann ich ja doch nicht. Ich werde nach Norden fahren, bis sich eine Lösung findet. Gesagt, getan – und gleich wieder Hunger bekommen. Ich hole mir eine Kleinigkeit beim nahen McDonald's, und plötzlich habe ich die Lösung: New York! Ich bin kein Großstadtmensch, die Kombination aus Menschenmengen, unzähligen Eindrücken und Geräuschen strengen mich schnell an. Genau deshalb wollte ich eigentlich nur durch den Big Apple hindurchfahren, vielleicht sogar daran vorbei.

Bei Nacht aber, mit weniger Menschen und weniger Verkehr, könnte die Stadt nicht nur erträglich, sondern sogar reizvoll sein. Schließlich ist New York »the city that never sleeps« – gibt es einen besseren Ort, um die Nacht durchzumachen?

NEW YORK CITY

Es ist fast Mitternacht, als ich in New York einfahre, und ich könnte wetten, die Stadt hat extra für mich alle Lichter eingeschaltet – es sieht einfach toll aus. Der Verkehr ist so spärlich und entspannt, dass ich auf der Verrazano-Narrows Bridge auf eine – natürlich ebenfalls extra für mich – gesperrte Spur fahren und den Motor abstellen kann. Was für ein Gefühl! Um mich herum ist es fast ruhig, der Himmel ist pechschwarz, nur die Stadt leuchtet. Sogar die Lady mit der Fackel grüßt aus der Ferne! Schon jetzt macht New York etwas mit mir; das habe ich nicht erwartet. In meinem Kopf singt Alicia Keys ihre New York-Hymne »Empire State of Mind«, und das ist es: The Big Apple schenkt ein erhabenes Gefühl. Aber warum eigentlich Big Apple?

BY THE WAY — THE BIG APPLE

Eine Theorie ist, dass die Wendung auf E. S. Martins Roman »Der Reisende in New York« zurückgeht. Martin beschreibt die Stadt als Frucht eines Baumes, dessen Wurzeln bis hinunter ins Mississippi-Delta reichen, während die Äste sich vom Atlantik bis zum Pazifik erstrecken. In diesem Bild steckt die grundlegende Kritik, dass der Norden der USA, insbesondere der Nordosten, vom Süden lebe, ihn ausbeute und alle Früchte ernte. New York wäre demnach der größte Apfel dieses Baumes.

Eine andere Theorie lautet: Unter den vor allem schwarzen Jazz-Musikern der 1920er Jahre bedeutete der Begriff, »das große Los ziehen«. New York galt als Mekka des Jazz, und wer es schaffte, im Big Apple zu spielen, holte den großen Apfel vom Baum, hatte also durchschlagenden Erfolg.

49

Die Brücke führt nach Brooklyn, das ich auf dem Weg nach Norden fast vollständig durchquere. Ich halte nirgends, bin jetzt richtig müde und will möglichst bald in Manhattan ankommen, um mir dort den Grand Central Terminal anzuschauen und um ein Café zu finden, in dem ich die Zeit bis zum Morgen verbringen kann. Im Herzen von New York angekommen, cruise ich eine Weile durch die Straßen. Inzwischen ist es weit nach Mitternacht, doch ruhige Bereiche gibt es kaum. Aus irgendeiner Ecke kommt immer Musik, Verkehrsgeräusche sowieso. Die Müllabfuhr arbeitet sich an riesigen Haufen schwarzer Müllsäcke ab, die am Straßenrand liegen, dazwischen suchen Jogger, Gassigeher und Obdachlose ihren Weg. Eine Frau hat ihren Schlafplatz unter einem Baugerüst eingerichtet. Sie liegt, eingekuschelt in ihren Schlafsack und liest im Schaufensterlicht ein Buch – unbehelligt und unbeeindruckt von der Welt.

Ich mache mich auf die Suche nach dem Grand Central. Diesen Bahnhof wollte ich schon immer sehen, allein der Name verspricht Großartiges. Nach einer Weile finde ich ihn, aber eines habe ich nicht bedacht: Wo lasse ich Josi mit dem Gepäck, während ich mir den Bahnhof anschaue? Ich bin zwar gutgläubig, aber im nächtlichen New York stoße selbst ich an meine Vertrauensgrenzen. In den umliegenden Straßen finde ich nichts Geeignetes und lande schließlich oberhalb des Terminals, wo ein paar Bauarbeiter mit Straßenarbeiten beschäftigt sind. Einen von ihnen frage ich, wo ich sicher parken könnte. Und was macht er? Zeigt auf eine Ecke wenige Meter entfernt, bietet an, ein Auge auf Josi und Gepäck zu haben, und stellt schließlich noch einige Pylone um sie herum. Jetzt, da Josi ihr offiziell gesichertes Plätzchen hat, ist es an der Zeit, dass wir zumindest die Namen austauschen: Mein charmanter Helfer heißt Frankie. Selig grinse ich ihn an und laufe mit gezückter Kamera in den Bahnhof.

BY THE WAY — GRAND CENTRAL TERMINAL, NEW YORK CITY
750.000 Pendler und Reisende nutzen den 1913 erbauten Bahnhof täglich, in den Ferien sogar bis zu einer Million. Man sollte

meinen, diese vielen Reisenden könnten alle 67 Gleise nutzen, die auf vier unterirdische Etagen verteilt sind. Tatsächlich stehen dem gemeinen Passagier aber nur 66 Gleise zur Verfügung – Gleis 61 ist geheim und nirgends öffentlich verzeichnet. Seit 1938 ist es durch einen Lift mit dem Hotel »Waldorf Astoria« verbunden und wurde vor allem von Präsident Franklin D. Roosevelt genutzt, der infolge einer Polio-Infektion gelähmt war.

Der Grand Central ist nicht nur der größte Bahnhof der Welt, er beherbergt auch die teuerste Bahnhofsuhr. Das goldene Stück auf dem Informationsschalter in der Haupthalle hat Ziffernblätter aus Opal, ist 17 Millionen Dollar wert und unbewacht. Die Uhren der Anzeigetafeln haben einen anderen Wert: Sie gehen eine Minute vor und schenken Reisenden einen Puffer.

Im Untergeschoss gibt es eine Whispering Gallery, eine »Flüstergalerie«: Die Struktur des Kreuzgewölbes überträgt geflüsterte Botschaften von einer Ecke in die andere.

Die vierte Etage des Bahnhofs beherbergt einen Tennisplatz. Donald Trump ließ ihn einrichten, als er das benachbarte Hotel »Grand Hyatt« baute. Vor dem Bau des Tennisplatzes befanden sich in dieser Etage ein Fernsehsender, eine Kunstgalerie und sogar eine Skipiste – alles natürlich zur rein privaten Nutzung.

Ich bin von der riesigen Halle und den vielen Details des Bahnhofs begeistert, zwinge mich jedoch bald, zu Josi und Frankie zurückzukehren. Wir plaudern ein wenig. Frankie ist Anfang 30 und nur in Teilzeit als ground worker im Straßenbau tätig. Eigentlich ist er mit Leib und Seele Musiker. Frankie beginnt zu strahlen, wenn er davon erzählt: »Mein Traum ist es, mein Leben lang Musik zu machen. Und Menschen mit meiner Musik zu berühren, ihnen etwas zu schenken – ein Lächeln oder einen Traum. Nächstes Jahr fahre ich auf Tournee nach Portugal, ich war noch nie in Europa!«

Wir verabschieden uns mit dem Versprechen, über Facebook in Kontakt zu bleiben. Beeindruckend autoritär hält Frankie dann Autos an, damit ich noch Fotos von der Bahnhofsfassade machen kann, und will mir am Ende sogar ein Hotelzimmer bezahlen, weil er sich Sorgen um mich macht. Da ich das aber nicht tue, lehne ich dankend ab und suche mir ein 24/7-Café mit WLAN. Letzteres wäre nicht nötig gewesen, denn wie ich zufällig erfahre, bietet die Stadt New York WLAN flächendeckend kostenfrei an.

Ich finde Frankie im Internet. Er macht wirklich gute Musik, und bewegen kann er sich – meine Güte! Weltweit hat mein ground worker alias »Frankie Fernandez, the King of Romance« beziehungsweise als »el Rey de el Sentimiento« eine Fangemeinde, die offenbar ausschließlich weiblich und bestimmt 25 Jahre jünger ist als ich. Egal, ich habe ihn in Arbeitsklamotten kennengelernt, und das ist eindeutig cooler.

In den folgenden Stunden trinke ich Kaffee, schreibe an meinem Blog und beobachte die Menschen draußen und drinnen. An einem der Tische schläft ein Obdachloser, zwei Jugendliche zeigen sich etwas auf ihren Handys, und ein Anzugträger mit Aktenkoffer scheint um diese Zeit tatsächlich zu arbeiten.

Gegen 5 Uhr wird es hell. Ich packe meine Sachen und fahre gleich zweimal staunend um den Central Park. Er ist wirklich unglaublich groß: Etwas über vier Kilometer lang, wird er an manchen Tagen von über 500.000 Menschen besucht. Die ersten sehe ich schon jetzt Sport machen – unfassbar. Bei einem Snack am Parkeingang beobachte ich einen älteren Herrn, der vor meinen Augen seine Tasche in den Sträuchern versteckt und sein Sportprogramm beginnt. Seine Disziplin scheint ebenso groß zu sein wie sein Vertrauen in die Welt. Als die Parkwege sich mit Joggern und die Straßen sich mit Autos füllen, ist es Zeit für mich, den Big Apple zu verlassen.

Engel, State Parks und der Chevy

Ich bin sicher nicht die Einzige, auf die das Wort »Neuengland« eine magische Wirkung ausübt. Sofort tauchen Bilder vor meinem inneren Auge auf: weiße Holzkirchen unter üppigen Bäumen; kleine Straßen, die sich durch die leuchtend bunten Wälder des Indian Summer schlängeln; bezaubernde Häuschen vor irgendeinem Gewässer und über allem natürlich strahlend blauer Himmel. Architektur und Essen sind europäisch genug, um sich wohlzufühlen, und zugleich fremd genug, um Entdeckerlust zu wecken. Außerdem warten an jeder Ecke Meeresfrüchte, vor allem Muscheln und Hummer ... Wobei ich noch nicht sicher bin, ob Hummer mich so begeistern wird wie den Rest der Welt.

Ich will Neuengland an der Küste entlang hinauf- und dann im Inland wieder hinunterfahren und alle sechs Staaten – Connecticut, Rhode Island, Massachusetts, New Hampshire, Vermont und Maine – durchqueren. So kann ich noch einige Tage am Meer bleiben. Wenn ich an die Zeit auf dem Atlantik zurückdenke, fühle ich die Weite und Ruhe in mir und bin im Nachhinein doch sehr froh, dass wir keinen Sturm hatten.

CONNECTICUT

New York liegt hinter mir. Auf der Küstenstraße fahre ich nach Osten, wobei ich immer wieder auf die New Yorker Halbinsel Long Island blicke, die 190 Kilometer weit in den Atlantik ragt. An ihrer Ostspitze liegen die Hamptons, ein Gebiet, in dem zahlreiche Milliardäre ihre Sommerresidenzen haben.

Die durchgemachte Nacht steckt mir mehr in den Knochen, als ich erwartet habe – früher habe ich das leichter weggesteckt. Irgendwann am späten Nachmittag bin ich zu müde zum Fahren. Nach vielen riesigen Grundstücken mit fast schon obszön prächtigen Villen komme ich zu einem abweisend wirkenden Haus. Fenster und Türen sind fest verschlossen, aber das Grundstück lädt mich förmlich zum Übernachten ein. Ich baue mein Zelt hinter blühenden Sträuchern auf – home, sweet home! – und schlummere zufrieden ein.

Doch was soll ich sagen: Die Polizei macht ihren Job. Mitten in der Nacht werde ich von Taschenlampenkreisen auf dem Zelt und deutlichen Aufforderungen, selbiges zu verlassen, geweckt. Die reden bestimmt schon länger mit mir, aber meine Ohrenstöpsel … Geduldig warten die cops, bis ich polizeigerecht angezogen bin und ihnen meine Papiere gegeben habe. Offenbar haben sie die einsame Josi doch von der Straße aus gesehen.

»Is that your bike?«

»Yep.«

»You're traveling?«

»Yep.«

»You're from Germany?«

»Yep.«

»Alone?!«

»Yep.«

»How far?«

»Across the US and back.«

»Really?!«

»Yep.«

»Cool!«

»I know!«

Das Eis ist gebrochen. Und zum Glück haben sie mir nur Fragen gestellt haben, die ich ohne Kaffee beantworten konnte! Gegen eine Übernachtung hier spreche nichts, weil das Haus nur eine Messstation sei und ich niemanden bedrohe. Puh! Die cops verabschieden sich mit fast elterlichen Ermahnungen – »be careful… bad guys… woman alone… dangerous… « – und fahren davon. Es ist erst 3 Uhr, ein paar Stündchen dauert die Nacht noch, also ab zurück in den Schlafsack!

Am Nachmittag des nächsten Tages halte ich nach traumhaften Stunden auf der Straße vor dem gemütlich wirkenden »Rustic Café« bei East Lyme an. Auf dem Parkplatz stehen neben den üblichen Pick-ups auch eine Handvoll Harleys. Wunderschöne, schwere Maschinen, hier wird Josi sich wohlfühlen.

Auch ich fühle mich sofort wohl. Das Restaurant ist klein, fast kuschelig, und komplett mit Holz verkleidet. Ein uriger Zweiertisch in einer schummrigen Ecke lacht mich an, und als ein Angestellter meine Gretchenfrage nach WLAN mit einem freundlichen »Yeah, sure!« beantwortet, ist klar, dass ich die kommenden Stunden hier verbringen werde. Ich mache es mir auf der lederbezogenen Eckbank gemütlich und hoffe, dass ich die vier Ladys am relativ nahe stehenden Nebentisch nicht mit meinem Kram bedränge; Helm, Jacke, Laptoptasche und Tankrucksack müssen schließlich irgendwohin. Doch ich habe Gynsburghs Charme vergessen – über ihn entsteht schon nach wenigen Momenten ein herzliches Gespräch. Etwa eine Stunde lang plaudere ich mit Lisa, ihrer Schwester Bonnie, Freundin Tina und Lisas Tochter Catherine über Gott und die Welt und natürlich auch über meine Tour. Dann machen die vier sich zum Aufbruch fertig. Beim Abschied legt Lisa mir einen Zettel mit ihrer Telefonnummer auf den Tisch. Sie lädt mich ein, bei ihr in Niantic zu übernachten. Es sei nicht weit weg und ihr Angebot ohne jeden Zwang; wenn mir danach sei, solle ich einfach vorbeikommen. Die vier gehen, und ich fühle mich beschenkt: Wie wunderbar, solch ein Angebot zu haben und gleichzeitig absolut frei zu sein, es anzunehmen oder auch nicht!

Ich bleibe noch zwei Stunden im Café, arbeite etwas und fahre dann zu Lisa. Wir werfen den Amerikanern ja gern Oberflächlichkeit und vollmundige Zusagen ohne Verbindlichkeit vor. Meine Erfahrungen sind vollkommen andere. Lisa und die Frauenbande freuen sich aufrichtig, nur ihr kleines Köterchen mag mich nicht besonders. Das passt, mir sind große Hunde lieber. Lisa führt mich in ein Schlafzimmer des Ferienhauses – mein Reich, das Tochter Catherine extra für mich geräumt hat. Eine Weile stehe ich einfach so im Zimmer und freue mich über die Situation, die Ladys und mein Glück, dann gehe ich barfuß den kurzen Weg zum Meer. Welch ein Privileg, diese Momente genießen zu dürfen!

Zufrieden mit mir und der Welt schlendere ich zum Haus zurück. Später gibt es Wraps mit Chips und Wein, es ist ein Abend mit Freunden. Und wie so oft, wenn man sich kaum kennt, sprechen wir plötzlich über sehr persönliche Dinge. Lisa hat vor kurzem unerwartet ihren Mann verloren. Sie erzählt, wie schwer es ist, auf der einen Seite für ihre beiden Töchter stark zu sein und sich auf der anderen Seite immer wieder Raum für Trauer zu erlauben. Ich kann nicht viel dazu sagen, muss ich wohl auch nicht. Doch ich bewundere Lisa dafür, wie sie durch jeden einzelnen Tag kommt, und hoffe, dass ich in einer ähnlichen Situation auch nur halb so stark und zugleich so rücksichtsvoll mit mir selbst wäre.

Irgendwann falle ich in mein traumhaft großes Bett und schlafe bis 9 Uhr. Wie gut, dass mir das nicht peinlich sein muss, schließlich machen hier alle Ferien. Zum Frühstück gibt es Kaffee und Quiche im Garten – und ich spiele mit dem Gedanken, mich Lisa zur Adoption anzubieten. Josi hat sie schon ins Herz geschlossen, ein guter Anfang!

Ich frage die beiden nach ihren Träumen. Lisa steigen Tränen in die Augen – ich bin aber auch zu blöd. Zum Glück ist sie nicht böse. Bonnie malt ihren Traum mit sehnsuchtsvollen Worten: »Ich möchte in einem transparenten Boot tauchen, sodass ich alles um mich herum, unter und über mir sehen kann. Ich will nicht tauchen, das macht mir Angst. Aber ich würde so gern mal in die Wasserwelt eintauchen.«

Gegen Mittag reiße ich mich los, obwohl ich eingeladen werde, eine weitere Nacht zu bleiben. Aber dann käme ich hier gar nicht mehr weg. Ich reise gern allein und unabhängig, doch hier merke ich zum ersten Mal, dass mir Inselorte guttun. Orte, an denen Körper und Seele für ein paar Tage vor Anker gehen können. Mal sehen, wie ich diese Erkenntnis in den kommenden Monaten umsetzen kann.

Bonnie schenkt mir zum Abschied spontan eines ihrer Armbänder, und sofort habe ich Tränen in den Augen. Ich bin eigentlich nicht so der Typ für Klimbim und schon gar nicht für Armbänder, aber dieses liebe ich schon jetzt.

Kurz vor der Grenze zu Rhode Island komme ich durch Mystic, ein restauriertes Kolonialdorf am Mystic River. Laut Werbung ist es das Tor zu den schönsten Inseln Neuenglands. Der Name des Ortes begeistert mich, er verleiht Geschäften und Gewerben einen – man ahnt es – mystischen Zauber: »Mystic Pizza« oder »Mystic Lawyers«, das hat doch was! Als ich am Bestattungsinstitut »Mystic Funerals« vorbeifahre, das dazu noch einen Stephen M. King als Direktor ausweist, kann ich nicht anders als mir die Beerdigungen vorzustellen – Stephen King und Kuscheltiere inklusive.

Leider hat das Ganze einen weniger mystischen Hintergrund, als ich dachte. Die Mystic River Historical Society will herausgefunden haben, dass der Name Mystic nichts mit »mystisch« zu tun hat, sondern sich von »missi-tuk« aus der Sprache des Pequot-Stammes ableitet. Es beschreibt einen großen Fluss, dessen Wasser durch Wind oder Gezeiten zu Wellen wird. Sehr schade.

Die Stadt kann dafür aber mit dem »Mystic Seaport Museum« punkten, in dem über 60 historische Fischer- und Seemannshäuser sowie Arbeitsgebäude aufgebaut sind. Außerdem findet man hier die CHARLES W. MORGAN, das letzte hölzerne US-Walfangschiff. Und das ist ja auch irgendwie mystisch.

RHODE ISLAND

Über diesen Bundesstaat wird oft gelästert, meist wegen seiner Größe, die dieses Wort kaum verdient: Er ist kleiner als London.

BY THE WAY — KLEIN, KLEINER, RHODE ISLAND
Rhode Island hat als kleinster Bundesstaat der USA den längsten Namen: State of Rhode Island and Providence Plantations. Es gibt

eine Insel, die den Namen Rhode Island rechtfertigt, sie ist immerhin 24 Kilometer lang und acht Kilometer breit. Die Insel und ihre rote Erde inspirierten einen niederländischen Forscher zum Namen »Rote Insel«, Rhode Eylandt. Der wurde zu Rhode Island und galt bald für den ganzen Bundesstaat, der bei einer Fläche von lediglich 65x50 Kilometern unglaubliche 800 Kilometer Küste vorzuweisen hat – die vielen Inseln machen es möglich.

Den Bewohnern von Rhode Island werden übermäßiger Reichtum, ausufernder Snobismus, eine weit verbreitete und allseits akzeptierte Korruption sowie der höchste Marihuana-Konsum der USA unterstellt. Ich kann dazu wenig sagen, ich habe gerade andere Sorgen. Die Ostküste ist extrem dicht besiedelt und verfügt deshalb über eine fast flächendeckend ausgebaute Infrastruktur. Außerdem ist sie quasi ein einziges Urlaubsgebiet – und jetzt ist Urlaubszeit. Kurz: Es ist mir gerade alles zu eng, zu laut, zu voll. Sicher, ich kann nicht nur ruhige Landschaften erwarten, aber mehr Natur, Weite und Ruhe wären fein. Außerdem ist es schwer, in dem dicht besiedelten Staat kostenfreie, sichere und trockene Schlafplätze zu finden. Mein Respekt für Obdachlose wächst: Sie stehen täglich vor dieser Herausforderung.

Manchmal halte ich mehrere Stunden lang Ausschau nach einem geeigneten Übernachtungsplatz. Meist beginne ich am späten Nachmittag damit, im Vorbeifahren die Gegebenheiten links und rechts der Straße zu prüfen. Vor allem will ich mich nachts sicher fühlen und nicht vor Angst wachliegen. Bisher hatte ich Glück: Bis auf einige wenige Polizeikontrollen, die ausnahmslos wohlwollend endeten, konnte ich ungestört und ungefährdet durchschlafen.

Heute aber ist der Wurm drin, es ist nichts zu finden. Ich fahre an zahllosen leerstehenden Häusern vorbei, die wie eine Mahnung an den Reichtum der Gegend wirken. Jedes zweite wäre als Nachtlager geeignet, allerdings ist links und rechts und gegenüber alles bewohnt, und so traue ich mich doch nicht. Ich allein könnte mich verstecken, aber Josi würde auffallen.

Auch viele Gewerbegebiete stehen leer. Das »Welcome«-Schild an der Eingangstür zu einem Verkaufsraum wird verdeckt von den inzwischen einen Meter hoch wachsenden Unkrautstauden, während der Paketschein, den ein UPS-Bote zuversichtlich oder trotzig an die Scheibe geklebt hat, schon verwittert ist. Auf dem großen Schreibtisch hinter der dreckigen Scheibe liegt ein aufgeschlagener Aktenordner, der Stuhl ist leicht gedreht. Man könnte meinen, der Mitarbeiter habe den Raum erst vor kurzem verlassen – wenn über alledem nicht drei Millimeter Staub lägen. Ich wundere mich darüber, dass es an den verlassenen Häusern und in den Industriegebieten kaum Spuren von Vandalismus gibt. Vielleicht steht inzwischen einfach zu viel leer und der Reiz ist weg? Ich fahre weiter. Obwohl ich ungestört wäre, sind mir diese Gebäude zum Übernachten zu unheimlich, auch wenn ich nicht erklären kann, woran es liegt.

Schließlich gebe ich auf und finde mich mit dem Gedanken an einen Campingplatz ab. Mein Handy zeigt drei camp grounds in meiner Nähe und Fahrtrichtung an. Platz 1 scheidet aus, bevor ich ihn überhaupt befahre – er liegt an einem Highway und unter einer stark befahrenen Brücke, außerdem dröhnt Musik über den Platz. Nein, danke! Am Pförtnerhaus von Platz 2 erfahre ich: keine Zelte, nur Caravans. Ach ja, und Motorräder auch nicht, die machen so viel Lärm. Klar. Ich versuche, nicht an die Musik zu denken, die den Lärm des Highways auf Platz 1 fast übertönt hat. War ich zu anspruchsvoll? Weiter zu Platz 3, der muss jetzt aber passen. Und tatsächlich, endlich kann ich ankommen: Es ist ein state park camp ground für 20 Dollar, weitläufig, jeder Platz eine Lichtung mit Tisch, Bank und Feuerstelle. Erleichtert baue ich mein Zelt auf, ein paar Mücken gehören dazu. Die Toiletten sind toll: sauber und mit ausreichend Klopapier ausgestattet. Wieder einmal sind es die kleinen Dinge, die Freude bereiten.

Die Nacht ist gut, endet aber gegen 8 Uhr mit brutalem Lärm. Ich schaue aus dem Zelt und traue meinen Augen nicht: Arbeiter mit Laubpustern, Sitzrasenmähern und Rasenkantenschneidern. In einem state park – unfassbar! Der Lärm lockt eine Horde Kids an, die nun umhertoben und wegen der Maschinen natürlich nur schreiend miteinander kommunizieren können.

Weil beides zusammen kaum auszuhalten ist, stehe ich auf um zu duschen. Beide Kabinen sind besetzt, also putze ich mir die Zähne und setze meine Kontaktlinsen ein. Irgendwann sind beide Duschen frei. Weil beim Duschen jede Sekunde zählt, vergleiche ich: Ha, bei Dusche 1 bekomme ich für einen Quarter drei Minuten, bei Dusche 2 ganze vier! Also einen Quarter in die Box an Dusche 2 – nichts passiert. Offenbar ist das die Strafe für meine »Geiz ist geil«-Haltung. Ich werfe einen Quarter in Dusche 1 – auch nichts. Jetzt schaue ich mir die Duschen genauer an. Nichts, kein Knopf, den ich übersehen hätte. Dafür eine Nacktschnecke – egal, die ertrage ich jetzt auch noch. Obwohl … wieso hat die Beine? Und wieso bewegt die sich viel schneller als eine Nacktschnecke?! Innere Notiz: Nie wieder mit Kontaktlinsen in Campingplatzwaschräume gehen, manche Dinge muss man einfach nicht sehen. Ich gebe meinen Duschversuch auf – ohne Kaffee bin ich wohl doch schwächer als gedacht. Beim Hinausgehen erfahre ich von einer Camperin, dass man mindestens drei Quarter einwerfen muss, damit überhaupt Wasser fließt. Dass die Boxen für Dusche 1 und 2 vertauscht sind. Dass all das aber nirgendwo steht. Ich drehe mich um und suche nach der versteckten Kamera. Frustriert, ungeduscht und dekoffeiniert packe ich meinen Kram zusammen, auch der Dicke will nur noch weg von hier.

Jetzt fängt es auch noch an zu regnen, meine Laune ist am Tiefpunkt, ich habe meinen Reiserhythmus noch nicht gefunden. Ein motorradreiseerfahrener Freund sagte, bei ihm habe es fünf Wochen gedauert. Gut, dann bin ich noch in der Zeit, ich bin ja erst vor knapp zehn Tagen in Baltimore losgefahren. Verrückt, mit all den Erlebnissen und Begegnungen kommt es mir vor wie ein Monat.

Als ich den Platz gegen 11 Uhr verlasse, bearbeiten die lärmenden Maschinen den Platz noch immer. Na, wenigstens etwas: Es hätte auch nichts genutzt, im Schlafsack auszuhalten.

Lustlos durchquere ich Rhode Island. Ich bin genervt, weiß aber nicht, woran es liegt. Dabei ist es hier richtig schön mit den prachtvollen Villen, verschlungenen Küstenwegen und den vielen Leuchttürmen. Egal, auch solche Tage gehören zu einer Reise. Immerhin wird das Wetter langsam besser: Nach der Hitze in Baltimore war es ständig kühler geworden, bis hin zu regnerischen 16 Grad in den letzten Tagen. Nun sind es wieder trockene 23 Grad – perfekt zum Fahren und perfekt, um den nächsten Bundesstaat zu erkunden.

MASSACHUSETTS

Ab Einbruch der Dämmerung suche ich nach einer Kirche, von dort dürfte mich niemand vertreiben. Im Örtchen Hixville finde ich eine wunderschöne weiße Holzkirche – neuenglandtypischer geht es kaum. Der Grünstreifen am Parkplatzrand ist breit genug für mein Zelt, sodass ich Josi quasi vor der Haustür parken kann.

Es wird noch besser: Ein schmaler, weißhaariger Herr kommt aus dem benachbarten Haus, stellt sich als Pastor Edward vor und bietet mir an, in einem der Gemeinderäume zu schlafen. Natürlich nehme ich sein Angebot an, danke ihm, stammle etwas von verrückten Zufällen, woraufhin er mich augenzwinkernd fragt: »Maybe Jesus brought you here?« Ich will Pastor Edward nicht mit meinem Unglauben vor den Kopf stoßen und antworte ebenfalls augenzwinkernd: »Well, this guy ... «

Der Pastor ist ein warmherziger Mann, der in dieser kleinen, eher armen Gemeinde sicher keinen leichten Job hat. Die erste Bibel seines Lebens war übrigens eine deutsche, er hat, wie etwa jeder sechste Amerikaner, deutsche Vorfahren. Nachdem ich meinen Schlafsack auf dem weichen Samtsofa des Spiel- und Bücherzimmers ausgebreitet habe, mache ich mich auf den Weg zu den Toiletten. Als ich zurückkomme, liegt etwas vor meiner Tür: Pastor Edwards deutsche Bibel – in Leder gebunden, in Frakturschrift, herrlich alt duftend. Was für eine rührende Geste!

Den nächsten Morgen habe ich für mich allein – mit Kaffee aus der Gemeindeküche und in einem plüschigen Ohrensessel versunken. Einfach göttlich, ich gebe es ja zu. Pastor Edward und ich nehmen so herzlich Abschied voneinander, als wären wir uns schon vor langer Zeit begegnet.

Die Sonne scheint mir ins Gesicht, alles ist heute besser als gestern. Unter dem Helm lächelnd, fahre ich weiter auf hübschen, kleinen Straßen, wo ich mit meinen 80 Stundenkilometern und spontanen Fotostopps niemanden behindere.

Mein erstes Ziel in Massachusetts ist die Halbinsel Cape Cod mit der vorgelagerten Insel Martha's Vineyard. Beide waren für mich schon immer der Inbegriff des Wohlstands, des Noblen und des Abgehobenen – ich denke sogar die Namen nasal. Nun will ich mir zumindest Cape Cod ansehen, schließlich wohnen die Reichen und Schönen nicht an den hässlichsten Orten der Welt. Martha's Vineyard muss warten – ich habe mein Flugzeug gerade an Freunde verliehen.

BY THE WAY — CAPE COD

Henry D. Thoreau (der Mann, der zwei Jahre lang allein in einem Weiler namens Walden lebte und darüber das gleichnamige Buch schrieb) hat Cape Cod als »den nackten, angewinkelten Arm von Massachusetts« beschrieben. Wer auf die Karte schaut, kann im Norden eine leicht geöffnete Hand ausmachen: die Hauptstadt Provincetown. In ihrem perfekt geformten Naturhafen legte im Jahr 1620 die MAYFLOWER mit den ersten englischen Siedlern an. Sie betraten kein namenloses Land, denn schon einige Jahre zuvor war der englische Entdecker Gosnold dermaßen entzückt über die Unmengen an Kabeljau (cod) vor Ort gewesen, dass er die Halbinsel Cape Cod nannte.

Cape Cod macht das Unmögliche möglich: Die Halbinsel, die halb so groß ist wie das Saarland, hat 901 Kilometer Küstenlinie und über 16 Leuchttürme.

Es ist dunkel, als ich Cape Cod erreiche. Ich fahre an großen Grundstücken vorbei, auf denen – angemessen zurückgesetzt – prächtige Villen stehen. In Barnstable kann ich einem romantisch beleuchteten Lokal nicht widerstehen; nach der Fahrt auf dämmrigen, kleinen Straßen habe ich eine Stärkung verdient. Eine freundliche Kellnerin bringt mir die Karte, und wie so oft bin ich erleichtert, auch als erschöpfter, ungeduschter und robust gekleideter Gast willkommen zu sein. Angesichts der Preise muss ich mich allerdings zwischen einem Essen und einem Getränk entscheiden. Zum Glück habe ich noch Reste vom Mittag, die ich nachher essen kann. Ich gönne mir also einen Gin Tonic, der ungehindert in meine Blutbahn gelangt, weshalb ich noch eine ganze Weile im Lokal bleibe, an meinem Blog schreibe und Fotos sortiere. Wie gut, dass auch mein unausgewogenes Verhältnis von Verzehr und Verweildauer niemanden stört!

Leider sind die Zimmerpreise des angegliederten Hotels horrend, und so ist einmal mehr die Vagabundenlösung dran: Übernachten unter freiem Himmel. In einer friedlichen und sichtlich teuren Wohnsiedlung in Barnstable finde ich am Ende einer ruhigen Straße einen noch ruhigeren Wendehammer, knapp außer Sichtweite des letzten Hauses. Weil ich inzwischen zu müde bin, um mein Zelt aufzubauen, lege ich mich einfach auf meine Matte und decke mich mit dem Schlafsack zu. Wow, ist das schön. Es ist ganz still und so dunkel, dass ich endlich mal wieder Sternbilder suchen kann.

Gegen halb zwei werde ich von einem nachdrücklichen »Ma'am! Wake up, please! Ma'am!« geweckt. Die zwei Polizisten auf ihrer allnächtlichen Wohlstandsschutzrunde wollen sicherstellen, dass ich nichts Böses im Schilde führe. Nachdem diese Frage eindeutig geklärt ist, lassen sie mich mit einem wohlmeinenden »Be safe!« weiterschlafen. So soll das sein, nur über die Uhrzeit müssen wir dringend reden, Jungs. Der Rest der Nacht ist ruhig, und ich bin einmal mehr froh darüber, fast überall schlafen zu können. Dass auch die Mücken von Barnstable von diesem Umstand profitiert haben, steht auf einem anderen Blatt.

Natürlich brauche ich am Morgen meinen Kaffee, finde nach ein paar Minuten die »Happy Fish Bakery« und bin, noch bevor ich den ersten Schluck getrunken habe, absolut entzückt. Es gibt leckere Croissants, ein Glöckchen über der Tür und andere liebevolle Details in französischem Design, dazu ruhige Jazzmusik in perfekter Lautstärke. Hier könnte ich den ganzen Tag bleiben, aber ich habe Hummeln im Hintern und breche nach einer Stunde wieder auf.

Bald stoße ich auf ein schönes, weißes Gebäude – die library. Kaum bin ich vorgefahren, hält hinter mir ein Pick-up, dessen Fahrer fast irre grinsend herausspringt. John fährt selbst Motorrad und ist ganz aus dem Häuschen angesichts meines Gepäcks und der Tour, auf die es schließen lässt. Er erzählt, dass er Rentner ist, zu Hause kein Internet hat und immer das offene WLAN der Bibliothek nutzt – das werde ich bei anderen Bibliotheken testen. Offenbar hat John jetzt aber keine Lust mehr auf Internet, denn er bietet an, mir sein Cape Cod zu zeigen. Großartig!

Vorher müssen wir noch zu ihm nach Hause, weil er auch aufs Motorrad umsteigen will. Schnell befrage ich meinen Bauch, ob das okay ist – ist es. Zum Glück! Denn so kann ich sein Haus sehen, und solche Besichtigungen liebe ich. Johns Haus ist ein echter Lecker- bissen, der gelebte Motorradfahrer-Junggesellentraum. In jedem Zimmer stehen Motorräder, mal zum Anschauen aufgebockt, mal von Werkzeug umgeben und in offensichtlich liebevoller Behandlung. Und egal, wie sorgfältig ich mich auch umschaue: Ich finde kaum ein Accessoire, das nicht mit Motorrädern zu tun hat.

Unsere anschließende Tour ist ein Traum. Wir fahren am Wasser entlang, an riesigen Dünen vorbei und durch eine Weite, die mich an unsere Nordseeinseln denken lässt. Geschmackvolle, gepflegte Villen lassen mich immer wieder mit offenem Mund anhalten. Ich gebe zu, dass ich es mag, wenn Geld und Stil zusammenkommen, und das passiert hier oft.

John zeigt mir Ecken, die ich allein nie entdeckt hätte. Hält an seinem liebsten diner, der aber Ruhetag hat. Und verrät mir, dass die

Frau, die mich in der »Happy Fish Bakery« bedient hat, mit einem amerikanischen Astronauten verheiratet ist. Nach zwei großartigen Stunden, es ist später Nachmittag, will ich weiter nach Provincetown am nördlichen Zipfel der Insel, um mit der Fähre nach Boston überzusetzen. John bietet mir an, bei ihm zu übernachten, aber diesmal sagt mein Bauch »Nein.« Ich glaube nicht eine Sekunde, dass John mir etwas antun würde, aber er wirkt, als würde er sich über Nähe freuen – und damit mag ich mich nicht auseinandersetzen. Also, John: »Bye, and thank you!«

Auf dem Weg nach Norden wird Cape Cod schmaler und schmaler. Die Straße ist bald nur noch von Dünen gesäumt. Dahinter liegen flache Gewässer und dann auf der rechten Seite offenes Meer, auf der linken Seite die Bucht und das Festland. Feiner Sand weht mir vor die Reifen. Es ist schön, hier zu fahren.

Provincetown ist ein zauberhaftes Städtchen, welches seine touristischen Besucher braucht und zugleich von ihnen überfordert ist: Im Sommer kommen auf jeden Bewohner drei Touristen. Das scheint die überraschende Freizügigkeit zu fördern, der ich hier begegne: Rosafarbene Shirts, die »Legalize gay cupcakes« fordern, gibt es ebenso wie Cocktails mit Namen wie »Mermaid's Orgasm«. Darf alles offener sein, wenn man es kulinarisch tarnt?

Für die Überfahrt nach Boston wäre Planung vorteilhaft gewesen: Die Fähre für motorisierte Fahrzeuge wurde schon vor Jahren eingestellt. Schade. Also fahre ich den ganzen Weg zurück. Was nicht schlimm ist, es ist ja keine große Entfernung. Außerdem fahre ich in der Abenddämmerung, die durch das Wasser auf allen Seiten eine ganz besondere Atmosphäre erhält.

Schlimm hingegen ist es, mit leerem Magen durch den Ort Sandwich zu fahren. Nicht nur, dass ich mir sofort üppig belegte Leckereien vorstelle, ich ertappe mich auch immer wieder dabei, an garantiert sandwichfreien Orten wie dem »Sandwich Inn«, dem »Sandwich Museum«, beim »Sandwich Surfin'« oder dem »Sandwich

Flea Market« anhalten zu wollen – so muss Tantalus sich in seinen Hungerqualen gefühlt haben. Irgendwann stille ich meinen Hunger sandwich- und stillos in einem Burger King.

Boston trägt den Beinamen »Tor zu Neuengland«, was Connecticut und Rhode Island, die ja bereits hinter mir liegen und durchaus zu Neuengland gehören, nonchalant ignoriert. Seine Skyline gefällt mir besser als die von New York; sie ist niedriger und kompakter, ist eher eine selbstbewusste und bodenständige Einheit. New York wirkte durch die Wolkenkratzer eher wie eine Ansammlung leuchtender Zahnstocher, ein wenig arrogant, dabei natürlich trotzdem cool. Und während ich in New York nur umständehalber mitten in der Nacht angekommen bin, mache ich es jetzt in Boston bewusst so. Ich denke, ich werde das für die großen Städte beibehalten, denn die Straßen sind leer, die Autofahrer weniger gestresst, alles atmet aus.

Nach einer Nacht im Hostel erkunde ich die Stadt zu Fuß: Es gibt Backsteinbauten ohne Ende, sehr viel Grün und zauberhafte Häuser mit vielen liebevollen Details. Ungewöhnlich viele Kids flitzen über die weiten Rasenflächen, während die Eltern in Sichtweite plaudern. Überall fällt der Mix aus Geschichte und Moderne auf, der einen Großteil des Bostoner Flairs ausmacht. Hier hätte Jane Austen ihren USA-Urlaub verbracht.

In dieser Stadt begann nicht nur mit der Boston Tea Party die Loslösung der Kolonien vom Vereinigten Königreich, im Großraum Boston befinden sich auch die Eliteuniversität Harvard und das MIT (Massachusetts Institute of Technology). Kurz überlege ich, ob ich Harvard besuchen sollte. Sollte ich wohl, möchte ich aber nicht. Ich war in Oxford, und nichts kann schöner sein.

Immerhin gehe ich in die berühmte National Library – und bin enttäuscht. Sicher, die Marmorgänge und -säle sind eindrucksvoll, aber auch protzig. Vieles scheint nur um seiner Wirkung Willen errichtet und nicht, weil es schön ist. Und vielleicht bin ich spießig, aber eine riesige, vollkommen in Marmor gehaltene Lesehalle, in der die Arbeitenden laut reden und nur eine Person ein Buch vor sich hat, während Touristen die Szenerie als Selfie-Hintergrund nutzen, spricht mich nicht an.

Überhaupt finden die Stadt und ich nicht zueinander. Es gibt bestimmt vieles, das zu entdecken sich lohnen würde, aber ich habe weder die Energie noch die Lust, das zu tun. Und das Schöne ist: Ich muss es auch nicht. Den universaltouristischen Imperativ »Das muss man gesehen haben!« fand ich schon immer unsinnig. Andreas Altmann, einer meiner liebsten Reisejournalisten, versteht mich:

> *»Jeder erfahrene Reisende weiß das: Es gibt Orte, an denen springt man nicht an. Kein Funke blitzt. Wie bei Männern und Frauen. So gut sie auch aussehen mögen, man steht davor und gähnt vor Überdruss.«*

Dafür werde ich im Hostel mit zwei skurrilen Szenen beschenkt. Die erste ist ein kurzes Gespräch mit einer Chinesin:
»Where are you from?«
»From Germany.«
»Oh! Like from Berlin or from the suburbs?«
Genau: Deutschland = Berlin + Vororte. Mehr nicht.

Die zweite Szene spielt sich am Abend ab: Am Einlass zur Hostelparty muss ich mir mit meinen 41 Jahren ein »Over 21«-Band ums Handgelenk legen lassen, um mich als alkoholberechtigt auszuweisen. Reisen hält offenbar doch jung. Sehr jung.

Ich verlasse Boston in Richtung Norden auf der US 1, wechsle aber bald auf die parallel verlaufende, kleinere und schönere US 1A. Beide führen bis hinauf nach Kanada. Ich freue mich jetzt auf ein kleines Stück New Hampshire und auf Maine, auf mehr Weite und mehr wilde Schlafgelegenheiten als in den dicht besiedelten Regionen. Während einer Pause erlebe ich den ersten Kulturschock dieser Tour: Obwohl ich darauf vorbereitet war, dass die Doughnuts bei Dunkin'

Donuts unerträglich süß und klebrig sein würden, wäre ich nicht im Traum auf die Idee gekommen, dass sogar der normale Filterkaffee vorgesüßt ist. Ob Zucker Bestandteil jedes US-Lebensmittels ist?

Auf der US 127 fahre ich weiter, halte in Manchester-by-the-Sea und gönne mir einen echten Kaffee. Neben mir sitzen Kim und Bob, ein junges Paar, das ich auf die Dreharbeiten zu dem nach der Stadt benannten Kinofilm anspreche. Grinsend antworten sie: »Natürlich haben wir etwas davon mitbekommen! Das meiste wurde zwar ein paar Meilen weiter in Gloucester gedreht, aber für die Szenen hier in Manchester war die halbe Stadt abgesperrt. Und in unserer Auffahrt haben Michelle und Casey in den Drehpausen ihre Joints geraucht!« Ob Michelle Williams und Casey Affleck, die beiden Hauptdarsteller, dieser Darstellung wohl zustimmen würden? Charme hat sie allemal.

Weniger Charme hat heute die Suche nach einem Schlafplatz. Es ist wie verhext – ich finde einfach nichts. Nach den Hostelkosten von Boston will ich aber für diese Nacht kein Geld ausgeben. Ich fahre weiter nach Gloucester, wo ich an der Promenade immerhin die berührende Skulptur einer Mutter mit ihren Kindern entdecke, die darauf hoffen, dass das Meer Mann und Vater lebend an Land zurückkehren lässt. Wer sich dem Meer anvertraut, erlebt Angst und Hoffnung besonders intensiv.

Es ist kurz vor halb zehn und schon dunkel, als ich im Städtchen Rockport endlich fündig werde: eine grasbewachsene Einfahrt, die ausreichend Platz für Zelt und Motorrad bietet. Im zugehörigen Haus brennt Licht, aber auf mein Klopfen an der Eingangstür gibt es keine Reaktion. Inzwischen bin ich wirklich müde, es muss hier einfach klappen! Inständig hoffend, dass mich niemand für einen Einbrecher hält, gehe ich zur Rückseite des Hauses. Durch die große Glasfront sehe ich eine junge Frau, die versucht, ihr sichtlich übermüdetes Kleinkind zu beruhigen. Werde ich sie nicht zu Tode erschrecken, wenn ich aus der Dunkelheit an die Scheibe klopfe? Vielleicht ruft sie sogar die Polizei?! Weit gefehlt. Sie öffnet, hört sich meine Bitte an, stellt sich als Karen vor und erlaubt mir sofort, in der Auffahrt zu zelten. Im gleichen Atemzug entschuldigt sie sich dafür, dass das Gästezimmer noch nicht fertig ist. Ist das zu fassen?

In diesem Augenblick kommt Karens Mann Bryan mit Pizza nach Hause, und die beiden laden mich noch auf ein Glas Wein ein. So viel Glück muss man erst einmal haben! Ich sage zu, baue aber zuerst mein Zelt auf – es gibt Dinge, die mit Wein im Blut nicht leichter werden.

Wunderbar leicht und wohltuend wird dafür der Tagesausklang mit den beiden. Sohn Bryce ist inzwischen eingeschlafen, Hund Hanna und ich haben uns ineinander verliebt, Bryan und Karen erzählen mir von sich. Nach unsteten Jahren mit vielen Umzügen sind die beiden in Rockport gelandet. Hier bauen sie seit zwei Jahren an ihrem Traumhaus, machen alles selbst. Erst am nächsten Morgen erkenne ich die traumhafte Lage des Hauses: Die drei blicken direkt auf Dünen, Strand und den Atlantik. Ich frage sie nach ihrem größten Traum. Für Karen ist es das Leben im neuen Haus. Das kann ich gut nachvollziehen, denn schöner kann ein Haus kaum liegen. Außerdem verwenden sie viel Holz, sodass es in allen Räumen wunderbar duftet.

Bryan, der sich schon im Gespräch als umtriebig bezeichnet hat, lässt gerade einen neuen Traum wahr werden: eine Manufaktur für vom Meer inspirierte Kerzen. Er stellt sie in seiner Werkstatt her und verkauft sie seit einigen Monaten in einem kleinen Geschäft namens »Rockport Candle Company & Co«. Bryan zeigt mir einige Exemplare. Sie sind nicht nur hochwertig und liebevoll hergestellt, sondern in der Dosenvariante sogar transportfähig. Ich bin ein Glückskind: Zwei Kerzen bekomme ich geschenkt. Am Morgen darf ich bei den beiden duschen und frühstücken, und während ich mein Zelt abbaue, bringt Karen mir noch einen Kaffee raus. Ich bin sicher, ihr zweiter Vorname ist Angel.

Bryan und Karen lieben ihre Stadt und wollen mir ein wenig davon zeigen. Die steinige Küste ist wunderschön. Wir halten im Hafen, einem kleinen Juwel mitten in der Stadt. Die Morgensonne wärmt nicht nur uns, sondern auch ein knappes Dutzend Menschen, die ein rotes Lagerhäuschen fotografieren oder malen. Habe ich was verpasst? Ich frage Karen, was es mit der Holzhütte auf sich hat. »Nichts«, ist ihre Antwort. »Sie ist einfach hübsch, und irgendwann begannen die Leute, sie zu malen und zu fotografieren, viel mehr als andere Motive. Bald nannte man sie Motiv Nr. 1, und unter diesem Namen wurde sie dann immer berühmter.« Angeblich ist die rote Hütte inzwischen das am meisten fotografierte und gemalte Motiv Nordamerikas – verrückte Welt!

Wenige Meilen weiter wartet das nächste Geschenk auf mich: ein Oldtimer-Treffen direkt am Strand. Ich schlendere über den Platz und kann mich kaum sattsehen an den alten Lincolns, Chevrolets und Feuerwehrautos. Als ich mich nach einer Weile auf Josi setzen und losfahren will, höre ich die Frage: »You're from Europe?« Eine junge Frau und ihr Vater haben mein Nummernschild gesehen, und wir kommen ins Gespräch. Plötzlich verschwindet sie und kommt – ich traue meinen Augen kaum – in einem 1958er Chevy Bel Air zurück. Es muss mein offener Mund sein, der Papa Oliver fragen lässt: »You wanna sit in it?« Natürlich will ich! »Are you sure? 'cause if you are, I'll say yes!«

Und so sitze ich plötzlich, atemlos vor Glück, auf dem Fahrersitz dieses Schmuckstücks. Die Frage »You wanna drive it up the road?« passiert zwar mein Ohr, wird aber zunächst vor dem Gehirn geparkt – ich kann sie einfach nicht fassen. Oliver fragt noch einmal und endlich nicke ich. Ich lasse den Motor an. Dieses Auto hat Schiffsmaße! Das Lenkrad, die Federung, die Bremsen, Automatik, sogar das Gefühl beim Beschleunigen – alles ist anders und wundervoll. Oliver lacht aufgeregt wie ein kleines Kind, verhält sich aber gleichzeitig wie der schlimmste Beifahrer aller Zeiten: Er klammert sich an den Türgriff, bremst im Fußraum mit und ruft mir hysterisch Hinweise zu. Ich fahre etwa 15 Minuten, in denen wir sekündlich wechselnde Lach- und Panikanfälle durchleben, bis eine scharfe Linkskurve mein

71

Abenteuer beendet: Ich bekomme ihre Maße nicht mit dem Wende-
kreis und den Dimensionen des Chevys in Einklang und muss mitten
auf der Kreuzung stehenbleiben – oder durch einen Vorgarten fahren.
Der Verkehr ist jetzt in alle vier Richtungen so kunstvoll und nach-
haltig blockiert, dass Oliver und ich uns, noch immer lachend, mit
einem Blick auf einen Fahrerwechsel einigen. Souverän manövriert er
uns aus der Klemme und bringt mich zurück zu Josi.

Erst jetzt erfahre ich, dass er noch nie eine andere Person als seine
Tochter Catherine ans Steuer gelassen hat. Außerdem glaubte er, ich
sei nur Linksverkehr gewohnt und meine letzte Autofahrt liege über
20 Jahre zurück. Dabei gilt das doch nur für meine letzte Automatik-
fahrt! Dieses Missverständnis erklärt wohl die meisten seiner Schreie.
Was für ein Vertrauen, mich unter diesen Umständen fahren zu lassen!

Randvoll mit Staunen und ungläubigem Glück fahre ich weiter
nach Norden. Schon am Nachmittag klopfe ich an einem einladend
wirkenden Haus an, erhalte die Erlaubnis, mein Zelt auf dem Rasen
aufzubauen, und gehe schlafen. Glück macht auch müde.

Den nächsten Tag lasse ich ruhig angehen, ich will mal nichts erleben.
Vor der Grenze zu New Hampshire stoße ich auf ein Juwel: »Pat's
Diner«. Seit 1948 steht der diner dort, ich hätte ruhig mit dem Chevy
vorfahren können. Pat hat kein WLAN und akzeptiert keine Kredit-
karten – in Amerika! Dafür begrüßt sie jeden Gast persönlich, hat
von ihrem Platz am Tresen aus alles im Blick, lässt sich gern in einen
Plausch verwickeln und mit attraktiven Gästen auch fotografieren.

Hier bleibe ich einige Stunden und genieße das leckere Essen, das
in anständigen Portionen kommt. Es ist ein guter Ort, der sich sogar
auf der Liste der National Historic Diners findet.

BY THE WAY — DINER

Diner, die man vorrangig im Mittleren Westen, an der Ostküste
und im Nordosten der USA findet, stehen wie nur weniges sonst
für den American Way of Life.

Die ersten diner entstanden aus ausrangierten Speisewagen der Eisenbahn (= lunch bzw. dining cars). Ab dem späten 19. Jahrhundert wurden sie – ähnlich wie mobile homes – vorfabriziert und dann per Zug oder Truck an die gewünschte Stelle gesetzt. Das kleine und schmale Format der ursprünglichen Speisewagen wurde meist beibehalten, weil das ihren Transport und eventuelle Umzüge deutlich erleichterte. Außerdem können sie selbst an der kleinsten Ecke aufgestellt, unkompliziert an Strom und Wasser angeschlossen und in Betrieb genommen werden.

In Lincoln, Rhode Island, erzählt das American Diner Museum die Geschichte dieses Kulturguts. Und wer möchte, der kann dort sogar seinen eigenen diner kaufen – die Preise liegen im fünf- bis sechsstelligen Bereich.

Leben, wie es sein sollte

Auf der Küstenstraße nach Norden durchfahre ich zwar nur einen kleinen Teil von New Hampshire, verliebe mich aber sofort in diesen Bundesstaat. Das Wetter ist ein Traum, die Straße zauberhaft, die Städtchen entzückend und die Menschen grundlos nett. In Portsmouth lasse ich mich in einem kleinen Buchcafé nieder. Kurz danach betritt ein junger Mann das Café, schaut sich suchend um und kommt auf mich zu: »Ich habe gesehen, wie du dein Motorrad abgestellt hast, und dir mal ein Parkticket angeklemmt. Hier wird ziemlich häufig kontrolliert.« Es dauert ein wenig, bis ich verstehe, dass ich kein Ticket bekommen habe, sondern vor einem bewahrt wurde; aber bis ich so weit bin, ist mein Retter schon wieder verschwunden.

Wieder unterwegs, komme ich an blühenden Wiesen und überwucherten Friedhöfen vorbei. Aber auch an Strandpassagen, die so überfüllt sind, dass einige Sonnenanbeter ihre Liegestühle sogar auf der Parkplatzmauer platziert haben. Es ist schon eine Leistung, auf diese Weise Erholung zu finden.

Kurz vor der Grenze zu Maine beginne ich, nach einem Schlafplatz Ausschau zu halten. Ich fahre in den nächsten Ort und folge den Schildern zur Bibliothek. Sie führen mich an den Ortsrand, wo ich die library gleich neben der Polizeistation finde. Ein Wäldchen umgibt beides – sehr idyllisch. Leider gibt es um die Bibliothek herum nichts, wohinter ich mein Zelt verstecken könnte, es bleibt also nur das Wäldchen. Allerdings wird mir ein bisschen mulmig, als ich etwa 100 Meter hinter den Bäumen einen riesigen Shoppingkomplex entdecke. Aber es wird schon dunkel, und ich mag einfach nicht mehr weiterfahren. Also gehe ich zur Polizeistation und frage, ob ich im Waldstück übernachten dürfe. Auf verwundertes Schweigen folgt die

Antwort: »Nun, wir dürfen das nicht erlauben, aber wenn es niemand mitbekommt ... « Ich fühle mich gleich sicherer und kann mit der Gewissheit einschlafen, dass die netten cops zwar ein Auge auf mich haben, mich aber nicht wecken werden.

Weil es höchste Zeit wird, das Kettenölproblem zu lösen, klappere ich am Morgen sämtliche Werkstätten und Tankstellen im Shoppingkomplex ab – ohne Erfolg. Viele haben zwar das richtige Öl, einige auch Schläuche, aber niemand einen passenden Aufsatz. Meine letzte Chance ist der Supermarkt, in dem es zumindest auch Öle geben soll. Ich durchsuche alle Regale, hole sogar einen Angestellten zu Hilfe, aber auch hier bleibt mein Unterfangen erfolglos. Inzwischen habe ich die Nase voll; es kann doch nicht sein, dass so ein lächerlicher Aufsatz nicht zu finden sein soll! Oder etwas Ähnliches. Drei Gänge weiter entdecke ich ein kleines Metallstück, das perfekt für meine Zwecke geeignet ist: eine kleine Tülle, mit der Sahneverzierungen auf Torten gesetzt werden. Ich werde sie nicht auf einen Spritzbeutel setzen, sondern als Trichter benutzen. Josi dürfte es egal sein.

MAINE

Maine ist so einzigartig, wie ich es mir immer vorgestellt habe. Die 5.600 Kilometer lange Küste ist gesäumt von Leuchttürmen und lobster shacks – den berühmten »Hummer-Hütten«. Und dieser Hummer, der wie ein Hot Dog im langen Brötchen serviert wird, schmeckt so himmlisch gut, dass ich den Hype darum zum ersten Mal verstehe. Fast lässt er mich meine Enttäuschung darüber vergessen, dass der Großteil der Küste aus Felsen und steinigen Stränden besteht. Wenn also Namen wie Rockport, Rockbeach, Rockland und Rocky Beach auftauchen, sollte man sie durchaus wörtlich nehmen.

Als ich im Örtchen York doch einen Sandstrand entdecke, lasse ich mich dort nieder, schwimme ein bisschen und habe einmal mehr das Gefühl, mit meiner Reise alles richtig gemacht zu haben. Und weil das gefeiert werden will, miete ich mich in einem schnuckeligen weißen Hotel ein. Das Geld reicht für das Zimmer und ein Glas Wein, und mit Letzterem möchte ich vom gegenüberliegenden Park aus den Blick auf das Meer und den Sonnenuntergang genießen. Doch eine entsprechende Frage bei der Bedienung bestätigt meine Befürchtung: Draußen ist kein Alkohol erlaubt. Mist. Man sollte wohl nur Fragen stellen, deren Antworten man auch akzeptiert. Weil ich dieses »Nein« nicht hinnehmen möchte, schleiche ich mich mit dem Weinglas und den Resten meines Mittagessens in den Park und genieße den Sonnenuntergang so, wie ich es mir vorgestellt habe.

Das Leben in Maine scheint entspannter und langsamer zu sein als an der bisher durchfahrenen Ostküste, und das trotz der unzähligen Touristen, die aus den USA und dem Ausland vor allem zum Indian Summer hierherkommen. Für diese besondere Zeit im Herbst bin ich viel zu früh hier, die leuchtenden Bäume werde ich hoffentlich in Montana sehen.

Die folgenden Tage bestehen aus Fahren, Genießen, Arbeiten, Schlafen und immer wieder netten Begegnungen. Wie mit den beiden entzückenden alten Bibliothekarinnen von Kennebunkport: Nachdem ich einige Stunden in der Bibliothek gearbeitet habe, erlauben sie mir, im angrenzenden Garten zu übernachten und mich in der Bibliothek frischzumachen. Natürlich reden wir über meine Tour, woraufhin die eine grauhaarige, adrett gekleidete Lady sich zur anderen wendet und sehnsuchtsvoll seufzt: »Oh dear, we should have done that when we were young!«

Es ist großartig, auf den kleinen Straßen Maines die vielen Landzungen entlangzufahren – kein Wunder, dass die Küstenlinie dieses nördlichsten Neuenglandstaates so unendlich lang ist. An der Spitze der Landzungen wartet immer wieder das Meer. In Ocean Point, einem noblen Feriendorf, besteht keine Chance auf einen Schlafplatz mit Blick aufs Meer. Dafür kann ich etwas Neues zur Liste meiner Übernachtungsplätze hinzufügen: Der Sportplatz des Ortes wird für mich zum Feld der Träume.

Am Morgen entdecke ich auf meiner Landkarte das Örtchen Bremen – als Nordlicht muss ich da hin. Es liegt auf einer der kommenden Landzungen, viele der Grundstücke und Häuser wirken verlassen. Ich halte bei einem Haus, das Josi und meinem Zelt eine perfekte Fläche bieten würde. Aber ich bin mir nicht sicher, ob es bewohnt ist: Einerseits wirkt es reparaturbedürftig und sich selbst überlassen, andererseits flattert ein Shirt an der Leine. Während ich nach weiteren aufschlussreichen Zeichen suche, kommt ein Pick-up vorbei: Nachbarn. Ja, das Haus ist bewohnt. Nein, sonst fällt ihnen hier in der Umgebung nichts für mich ein. Sie raten mir, auf den Bewohner zu warten, »he's a very nice guy«, da darf ich bestimmt zelten. Na super, bis der nach Hause kommt, können Ewigkeiten vergehen. Da suche ich lieber weiter.

Schließlich übernachte ich neben der Bremen Town Library. Hier finde ich offenes WLAN und habe eine ruhige Nacht. Am Morgen sitzt ein junger Mann auf den Stufen zur Bibliothek, er scheint das WLAN zu nutzen. Ich frage ihn nach einem guten Ort für Kaffee und Frühstück. Die zwei, drei Vorschläge samt ausführlicher Wegbeschreibungen kann ich mir ohne Kaffee aber nicht merken. Der Fremde, ein Typ namens David, scheint das zu bemerken und lädt mich zu sich zum Frühstück ein. Ich zögere – so früh am Morgen unterhalte ich mich nicht gern. Arglos ergänzt er seine Einladung um eine Kajakfahrt an der Küste von Maine, und mein Widerstand löst sich in Luft auf.

Zuerst aber geht es zum Frühstück bei David, und natürlich ist er der very nice guy, dessen Haus ich am Vorabend ins Auge gefasst hatte. Seit zehn Jahren wohnt er hier, macht alles am Haus selbst und versucht, so wenig Neues wie möglich zu kaufen. Er hat sich ein gemütliches Heim geschaffen – und macht tolles Rührei mit Käse und Knoblauch auf selbst gebackenem Brot. Beim Essen erzählt mir David von seinem Lebenstraum: einem Leben im Einklang mit der Natur, in dem er von ihr nur so viel nimmt, wie er wirklich braucht, und in dem er immer etwas zurückgibt. Am liebsten würde er sein Haus ausschließlich aus natürlichen Materialien bauen, sodass es irgendwann später wieder Teil der Natur werden kann. Ich glaube, man kann hier in Maine gar nicht leben, ohne Respekt und Verantwortung für sie zu entwickeln – so schön und präsent ist sie.

Und dann fahren wir Kajak – in dieser die Seele streichelnden Landschaft, in dieser Weite, in dieser Ruhe. Seit meiner Ankunft in den Staaten habe ich auf solche Momente gehofft.

Von der kleinen Insel Deer Isle habe ich in John Steinbecks Reisebericht »Die Reise mit Charley: Auf der Suche nach Amerika« gelesen, und weil sie an meinem Weg in den angeblich wunderschönen Acadia Nationalpark liegt, will ich sie mir anschauen.

Einheimische rieten Steinbeck auf seiner Reise, niemals jemanden aus Maine oder gar von der Deer Isle nach dem Weg zu fragen: »Wir finden es irgendwie lustig, die Leute in die Irre zu schicken, und dabei lächeln wir nicht, aber wir lachen innerlich. Das ist unsere Natur.« Ich erlebe zwar nichts Derartiges, aber mit diesen Sätzen im Hinterkopf muss ich doch grinsen, als ich ein Schild mit der Aufschrift »You can't get there from here« sehe.

Während eines Abendessens im Restaurant »There's a Treat« frage ich den Besitzer Cory, ob ich mein Zelt hinter dem Gebäude aufbauen dürfe. Ich darf, was mir Wein zum Abendessen erlaubt. Außerdem kann das Zelt am Morgen in Ruhe trocknen, während ich frühstücke. Für guten Kaffee und einen Ort zum Arbeiten empfiehlt Cory mir das Kaffeehaus »44 North Coffee«. Vom ersten Moment an fühle ich mich hier wohl. Im Café hat man ein besonderes Projekt ins Leben gerufen: Plastik, das vom Meer angespült wird, wird in Kunstwerke verwandelt und hier ausgestellt.

Die Isle wirkt verwunschen. Es sind angenehm wenige Touristen zu sehen – eine zwiespältige Empfindung angesichts der Tatsache, dass ich selbst Touristin bin. Hier gehen die Uhren langsamer, und überall blitzt das Meer durch. In Maine spielen Ebbe und Flut eine große Rolle – je nördlicher, umso stärker und mit einem Tidenhub von bis zu 15 Metern im äußersten Norden. Vor den Häusern am Wegesrand sehe ich immer wieder aufgestapelte Hummerfallen. Der Fang, »die Ernte« von Hummern ist die Lebensgrundlage der meisten Bewohner; fast alle Großstädte an der Ostküste werden aus dieser Region beliefert. Angesichts der kleinen, verfallenen Hafenanlagen und der vielen beschädigten Schiffe kann ich mir das nur schwer vorstellen, aber vielleicht sind das ja die Folgen eines Sturms. Die Straßen der Deer Isle sind schmal und in gutem Zustand. Es gibt nicht nur überraschend viele Kurven, sondern auch unerwartet viele Steigungen und Gefälle, die diese Namen verdienen. Ich bin im Motorradfahrerhimmel.

Weil Kopf und Herz randvoll sind mit den Eindrücken der vergangenen Tage, verwerfe ich den Plan, noch weiter nach Norden bis in den Acadia Nationalpark zu fahren; schöner als hier kann es dort kaum sein. Ich schlage die westliche Richtung nach New Hampshire ein und fahre durch Wälder, Wälder, Wälder. So können die bisherigen Bilder und Erinnerungen ein wenig sacken.

Obwohl etwas heruntergekommen, ist Shady Acres am Rand des Örtchens Carmel ein entzückender Campingplatz mit einem kleinen Teich, an dem ich mein Zelt aufbaue. An diesem friedlichen Ort erreicht mich die Nachricht, dass der Mann einer guten Freundin gestorben ist. Ihm blieben vier Monate von der Diagnose bis zu seinem Tod. Es ist unbegreiflich – vier Monate, das ist kürzer als meine ganze Tour, das ist von Weihnachten bis Ostern, das ist nichts! Ich kann es nicht erfassen, geschweige denn fühlen oder einordnen. Vor meiner Abfahrt hatte mir diese Freundin geschrieben, meine Reise solle auch ein wenig die Reise sein, die sie beide in diesem Jahr nicht würden antreten können, weil ihr Mann krank sei. Das klang trotz allem nach weiteren gemeinsamen Jahren. Auf einer Trauerkarte las ich einmal: »Und wir dachten, wir hätten noch so viel Zeit.« Ich glaube, das denken wir alle viel zu oft. Traurig und nachdenklich bleibe ich eine Nacht länger auf dem Shady Acres.

New Hampshire

Auf meinen Reisen versuche ich, Vergleiche zwischen Ländern und Orten zu vermeiden. Ich will nicht Dinge in Beziehung zueinander setzen, die nichts miteinander zu tun haben, will nichts abgleichen, sondern das würdigen, was ich gerade vor mir habe. Aber so wie New Hampshire stelle ich mir Kanada vor: Berge, Wälder, Weite, urige Häuser auf traumhaften Grundstücken und mit Ausblicken, die mir den Atem rauben. Gewöhnt man sich irgendwann daran? Der knapp 55 Kilometer lange Kancamagus Parkway, angeblich Neuenglands schönste Panoramastraße, bringt mich auf unzähligen Kurven durch die White Mountains – leider ohne mir die Elche an den Wegesrand zu stellen, denen man auch auf geführten Touren begegnen kann. Trotzdem ist es wunderschön, selbst bei grauem Wetter.

Es ist früher Samstagabend, mild, aber mit dunklen Regenwolken am Himmel. Höchste Zeit für die allabendliche Suche nach einem möglichst trockenen und kostenlosen Schlafplatz. Als ich an einer geschlossenen Autowerkstatt vorbeifahre, schleicht sich ein halblegaler Gedanke in meinen Kopf: Was, wenn eines der Autos auf dem Parkplatz der Werkstatt nicht abgeschlossen ist? Das will geprüft werden. Und tatsächlich: Ein Schulbus ist unverschlossen, müffelt aber. Ein Truck, den ich nur mit Mühe erklimmen kann, ist ebenfalls unverschlossen, müffelt aber nicht. Die Kabine ist riesig, und nachdem ich die Armaturen bewundert habe, entdecke ich, dass es im hinteren Bereich sogar ein Sofa gibt, auf dem ich mich ausstrecken kann. Also schlafe ich trocken, sicher und warm. Einzig die Lichter der Autos, die auf der anderen Straßenseite auf- und abfahren, irritieren mich.

Am Morgen schaue ich durch die große Frontscheibe vorsichtig nach draußen. Der erste Blick zeigt: Das Gelände gegenüber ist ein Friedhof! Verbringt die Jugend etwa hier ihre Nächte? Der zweite Blick geht zur Werkstatt, und jetzt zucke ich zusammen. Das Auto da vorn … das war gestern noch nicht da! Und jetzt steigt auch noch jemand aus! Es ist Sonntagmorgen – was macht der Kerl hier? Er schlendert auf und ab, scheint zu warten. Dann nähert er sich der Planierraupe neben meinem Truck; es ist nur eine Frage der Zeit, bis er Josi dahinter entdeckt. Ich entscheide, dass ein unschuldiger Angriff die beste Verteidigung ist, schnappe mir meine Zahnbürste und hüpfe aus dem Truck. Verwuschelt und zähneputzend gehe ich auf ihn zu, wünsche ihm einen guten Morgen und frage ganz nebenbei, ob er zur Werkstatt gehöre. »Nein, wir wollten uns nur für Straßenarbeiten hier treffen, aber bei den nassen Straßen wird das nichts. Hab einen schönen Tag!« Sagt's, geht zu seinem Auto und fährt davon. Leben und leben lassen – so muss es sein.

Die folgenden Stunden verbringe ich auf den kurvenreichen Straßen des White Forest. Inzwischen ist es dicht bewölkt und die Luft feucht, leichter Nebel schwebt über dem Boden. Das ist schön, kühlt aber auch ganz schön aus.

Ein Pub in Thornton wird zur wärmenden Zuflucht. Heiße Schokolade, Bratkartoffeln, ein Gin Tonic – so geht's. Ich arbeite zwei Stunden, bis mich eine im ganzen Raum spürbare Vorfreude unterbricht: Eine Drei-Mann-Band bereitet sich auf ihren Auftritt vor. Die Instrumente lassen auf Bluegrass-Musik schließen – ich liebe diesen bodenständigen und ehrlichen Stil.

Beim Blick auf die Lady hinter der Theke, die offenbar jeden Gast kennt, kommt mir eine Idee. Ich frage sie, ob sie unter den Gästen jemanden kennt, der in seinem Garten Platz für mich und mein Zelt haben könnte. Natürlich frage ich nicht ohne Hintergedanken: Als Frau wird sie mir niemanden empfehlen, bei dem ich nicht sicher bin. Sie zögert keine Sekunde und ruft laut nach einem Donny. Der gemütliche Ingenieur bietet mir ohne Zögern seine Couch an, die sich – nach einem perfekten Abend im Pub – als einfach himmlisch erweist. Diese Art der Schlafplatzbeschaffung werde ich mir merken.

Hier in New Hampshire stoße ich auf covered bridges, gedeckte Holzbrücken. Für mich sind sie ein sinnliches Erlebnis: Das Holz duftet, die Schattierungen sind vor allem bei schräg einfallendem

Licht zauberhaft, und das beim Drüberfahren entstehende Geräusch der Holzplanken ist richtiggehend heimelig. Einmal mehr bin ich froh, dass ich Motorrad fahre: Mit geöffnetem Visier kann ich die Brücken mit allen Sinnen genießen.

BY THE WAY — COVERED BRIDGES

In den Neuenglandstaaten findet man über 500 covered bridges, ungefähr 1.000 überdachte Holzbrücken gibt es insgesamt in den USA. Eine dieser Brücken wurde durch den Film »Die Brücken am Fluss« mit Meryl Streep und Clint Eastwood berühmt. Sie überspannt seit 1883 den Cedar Creek im gleichnamigen Örtchen in Madison County, Iowa.

In den Staaten entstanden die gedeckten Holzbrücken vor allem im 19. Jahrhundert. Ihre geschlossenen Seiten versperrten Kühen und Schafen den Blick auf fließende Bäche oder Flüsse, während das Dach sie an ihre Ställe zu erinnern schien und zusätzlich beruhigend wirkte. Außerdem verlangsamten die Dächer die Verwitterung der Brücken deutlich.

Viele covered bridges sind zweispurig, auf anderen müssen sich Autofahrer über die Vorfahrt einigen, wieder andere sind nur für Fußgänger passierbar. Manche Brücken führen, weil Flüsse oft als natürliche Grenzen festgelegt wurden, direkt von einem Bundesstaat in den nächsten.

Lange wurden die Brücken vernachlässigt und verwitterten entsprechend. Inzwischen werden viele wieder aufgebaut, sogar neue covered bridges entstehen. Wenn man bedenkt, dass es früher über 14.000 dieser Schmuckstücke gab, ist viel Luft nach oben.

Auch in Deutschland gibt es überdachte Holzbrücken, zum Beispiel in Hennersdorf (Erzgebirge), in Wünschendorf (Thüringen) und in Bad Säckingen. Letztere, 1272 zum ersten Mal erwähnt, verbindet mit beeindruckende 206,5 Metern das deutsche Bad Säckingen mit dem schweizerischen Stein.

VERMONT

Die Cornish-Windsor Bridge, die ich am späten Nachmittag überquere, verbindet mit den namengebenden Orten Cornish und Wind-
sor zugleich auch zwei Staaten: New Hampshire und Vermont. Ein
Schild verkündet stolz, dass die 1866 erbaute Brücke mit 137 Metern
die längste Holzbrücke der USA und die längste zweispurige covered
bridge der Welt sei.

Dass mein Staatenwechsel nicht nur ein ästhetisches Vergnügen ist,
sondern auch juristische Konsequenzen hat, zeigt sich am nächsten
Vormittag. Bei bestem Wetter fahre ich endlich einmal ohne Helm
durch das Örtchen Woodstock (nicht zu verwechseln mit dem
berühmten Woodstock im Staat New York), als mir ein Polizeiwagen
mit eingeschaltetem Blaulicht vorschlägt, rechts ranzufahren. Ob mein
fehlender Helm der Grund für diese Rendezvous-Anfrage ist? Wo ich
mir das doch endlich mal gönnen wollte! In New Hampshire hatte
ich es schlicht vergessen.

»Hi Madam, wie geht es Ihnen?«

»Gut, danke!«

»Was ist das für ein Nummernschild, woher kommen Sie?«

»Aus Deutschland.«

»Und Sie hatten nie Probleme mit diesem Schild?«

»Nein.«

»Okay.«

In dieser Sache bin ich vom Haken, aber das eigentliche Problem
kommt natürlich erst:

»Aber wo ist Ihr Helm?«

»Im Motelzimmer; ich dachte, ich brauche hier keinen.«

»Nun, in New Hampshire brauchen Sie keinen. In Vermont
schon.«

Ah, verstehe. Es gibt bestimmt extra Polizeistreifen, die Motorradfahrer an den Staatengrenzen im Blick haben.

BY THE WAY — HELMPFLICHT

Die Regelung der Helmpflicht für Motorradfahrer ist den Bundesstaaten überlassen. In etwa 20 Staaten besteht eine generelle
Helmpflicht, in lediglich dreien keine (Illinois, New Hampshire und
Iowa). In den übrigen Staaten variieren die Gesetze: Sie schreiben
einen Helm vor, wenn Fahrer oder Beifahrer unter 18, unter 19
oder unter 21 Jahre alt sind. Als wäre all das nicht kompliziert genug, werden die in einem Bundesstaat geltenden Regelungen gern
von neuen Regierungen geändert.

Manch einer mag sich wundern, dass etwas derart Restriktives
wie die Helmpflicht im land of the free überhaupt existiert. Tatsächlich ist sie umstritten, beschneidet sie doch die in Amerika so
hoch gehaltenen Freiheitsrechte des Einzelnen. Als Kontrapunkt
wird inzwischen die sogenannte Social Burden Theory angeführt,
die »Theorie der sozialen Last«: Demnach verursacht ein infolge
seines helmlosen Fahrens Schwerverletzter hohe Kosten für die
Steuerzahler und entzieht ihnen dadurch finanzielle Mittel. In einigen Staaten ist helmloses Fahren daher an eine entsprechende
Krankenversicherung und/oder Sicherheitstrainings gebunden, um
im Rahmen dieser Argumentation die mögliche Belastung für die
Allgemeinheit zu reduzieren.

Ich habe Glück, mein Polizist ist nett. Er nimmt mir das Versprechen
ab, auf dem kürzesten Weg zum Motel zu fahren, um den Helm zu
holen. Was ich auch tue, ich will mein Glück nicht überstrapazieren.

Nach einem entspannten Vormittag in Woodstock räume ich das
Motel, fahre einige Tage lang nach Südwesten und finde alles, was ich
zu meinem Glück brauche: duftende Wälder, kleine Straßen, entzückende Ortschaften, gutes Essen, nette Menschen und immer einen
Platz zum Übernachten.

So kann man sich auch in Städten gut hinter Kirchen verstecken,
zum Beispiel in Bennington: auf dem Grünstreifen in einer dunklen

Ecke des Parkplatzes, im Schatten der Müllcontainer – zum Glück stinken sie nicht. So unbehelligt die Nacht verläuft, so abrupt ist das Erwachen. Menschen und Autos sind in Hörweite, das ist nicht gut. Ein Blick aufs Handy verrät: 7:13 Uhr. Ist es gesund, um diese Zeit schon auf zu sein? Eilig packe ich meine Sachen und baue das Zelt ab, inzwischen sitzt jeder Handgriff. Die Menschen auf dem Parkplatz beachten mich jedoch kaum, vielleicht hätte ich sogar liegenbleiben können. Als ich vom Platz fahre, sehe ich ein Schild: »Services 8 am.«. Ich speichere: Katholische Kirchen meiden!

Seit einigen Tagen leuchtet mich aus Josis Display die Aufforderung zur Inspektion an. Zuhause habe ich meine treue Maschine zwar checken lassen, doch das liegt jetzt über 10.000 Kilometer zurück. Ich gebe zu, dass ich mich vor dem Service drücke – ich will das Geld nicht ausgeben. Als in Hoosick eine BMW-Motorrad-Niederlassung auftaucht, halte ich aber doch – zumal es seit Stunden wie aus Kübeln schüttet und ich dringend eine Pause brauche.

Tropfnass betrete ich den Ausstellungsraum und kann mir für den Moment keinen besseren Ort vorstellen. Beim Anblick der vielen BMW-Motorräder fühle ich mich wie zu Hause, und die humorvolle Freundlichkeit der Jungs hinter dem Tresen trägt ihren Teil zur entspannten Atmosphäre bei. Helfen können sie mir allerdings nicht: Sie verkaufen nur und haben keine Service-Werkstatt. Sie suchen mir einige Werkstätten entlang meines Weges heraus. Selbstverständlich – und blöderweise – befinden sich diese meist in Großstädten. Ich weiß nicht, ob ich mir das antun will, was bei mir meist »Ich weiß, dass ich mir das nicht antun will.« bedeutet. Es wird eine andere Lösung geben müssen. Auf jeden Fall war der Halt in Hoosick wohltuend, und auch der Regen lässt inzwischen nach. Geht doch.

Erst fünf Wochen bin ich unterwegs, aber in Maine und New Hampshire gibt es vieles, das ich schon jetzt vermisse: die Kombination aus Meer, Wäldern und Bergen, die meiner Seele rundum gutgetan hat, die besondere Atmosphäre auf der Deer Isle, die zugewandten Menschen. In den kommenden Tagen werde ich bewusst schneller, zum Teil auch auf Highways, fahren und absichtlich nicht schauen, was es an dieser Strecke Schönes geben könnte. Ich will zwischen Neuengland und den Appalachen eine mentale Pause einlegen, um dem Gebirgszug auf dem Blue Ridge Parkway mit freiem Kopf nach Süden folgen zu können.

Politisches

Es dämmert schon, als ich an einer Ampel halten muss und auf einem Verkehrsschild lese: »Washington 79«. Verdammt, ich kann doch die Hauptstadt nicht schon wieder links liegenlassen, dieses Mal sogar im wahrsten Sinne des Wortes! Nicht bei 80 Meilen Entfernung, nicht an einem Sonntagabend, an dem die Einheimischen und Pendler zu Hause vor dem Fernseher sitzen und die Touristen weg sind! Also: Blinker an, Spur wechseln, abbiegen und an der Vorfreude merken: Das ist die richtige Entscheidung. Zumal ich mit Großstädten bei Nacht bisher ja nur gute Erfahrungen gemacht habe.

Ich komme in einem Washington an, das nicht schläft, aber döst. Die Sehenswürdigkeiten sind beleuchtet, und wie in New York habe ich die Straßen für mich allein, kann ungestört langsam fahren und auch mal spontan am Straßenrand anhalten.

Immer wieder taucht das Capitol zwischen den Häusern auf, das will ich mir dann doch genauer ansehen. Ich kann der Versuchung nicht widerstehen, von der Straße auf den Bürgersteig zu fahren – es ist der perfekte Ort für das perfekte Foto. Im Touristenrummel wäre das unmöglich. Offenbar ist aber jemand wach, der meine Aktion missbilligt: Eine dicke Harley nähert sich, darauf ein dicker Polizist. In welcher Stimmung der wohl sein mag? Er nimmt seinen Helm ab und dröhnt: »Hey, I like your bike!« In guter Stimmung – puh.

»Thanks, so do I! I like yours, too – and yours definitely sounds better!«

Zufriedenes Grinsen seinerseits, ich alte Schmeichelbacke. Dann füge ich mich ins Unvermeidliche: »But that's not what you're here for, right?«

»Nope. Parking on the sideway – that's not allowed.«

»Sorry... I'm almost done taking pics, I'll be gone in a minute!«
»Pictures? Where are you from?«

Nach meiner Antwort ist das Eis endgültig gebrochen, er macht sogar ein Bild von mir und der Harley. Auf ihr sitzen darf ich nicht – state property. Egal, schon das war unendlich cool!

Ich kurve noch ein bisschen durch das nächtliche Washington. Das Weiße Haus ist von Baustellen umgeben, ich kann kaum einen Blick darauf werfen. Was ich nicht schlimm finde, die Anwesenheit von Donald Trump lässt das Ganze zu einer gruseligen Angelegenheit werden. Aber diese Anwesenheit hat auch ihr Gutes: Selbst um diese Uhrzeit sind etliche Polizisten unterwegs. Ich wage es also, Josi mit dem Gepäck zu parken, und schlendere zum Washington Monument. Viel verbinde ich nicht mit dem weißen Marmorobelisken, eigentlich nur den freudigen Ruf »Forreeeeeeeest!« aus dem Film *Forrest Gump*. Das Monument ist mit 169,04 Metern das höchste Steinbauwerk der Welt.

An seinem Fuß liegt der »German-American Friendship Garden«. Er erinnert an die ersten deutschen Einwanderer, 13 mennonitische Familien. Sie kamen 1683 aus Krefeld nach Amerika gründeten und den Ort Germantown, der heute ein Stadtteil von Philadelphia ist. Die Erklärungstafeln zeigen Helmut Kohl und Ronald Reagan bei einem Handschlag, mit dem sie angeblich die Bedeutung des Gartens betonten. Dass beide jedoch im Weißen Haus weilten, während Hannelore Kohl und irgendein US-Vertreter den Garten eröffneten, ist nirgendwo vermerkt. Leider sieht man dem Garten auch nicht an, dass er erst 2014 umfangreich renoviert wurde – er wirkt verwahrlost und passt so zum aktuellen Stand der deutsch-amerikanischen Beziehungen.

Ich verlasse die Hauptstadt kurz vor Mitternacht, zu müde, um noch zu meiner ursprünglichen Route zurückzukehren. Im Wind- und Sichtschutz einer kleinen Tankstelle baue ich mein Zelt auf und schlafe dann fast augenblicklich ein.

Ein Frühstück im Bistro der Tankstelle soll mich in den Tag bringen. Ich schnappe mir den einzigen Fensterplatz – besser einen Blick auf die Zapfsäulen und amerikanische Autos als auf eine Wand. Allmählich erledigen Würstchen, Brötchen und vor allem Kaffee ihre Aufgabe, aber ich bin zunehmend irritiert, weil eine Runde älterer Herren am Nebentisch mir immer wieder kritische Blicke zuwirft. Irgendwann wird es mir zu bunt, und ich frage sie, ob alles okay sei. »Ja, schon, aber das ist unser Tisch. Es ist das erste Mal seit 25 Jahren, dass wir nicht dort sitzen.« Wow, hier hat das Wort Stammtisch noch seine wahre Bedeutung! Mein Angebot, die Tische zu tauschen, lehnen sie dann doch – ganz Gentlemen – ab, dafür halten wir einen richtig schönen Frühstücksplausch.

VIRGINIA

Ich unterbreche meine Fahrt zum Blue Ridge Parkway ein weiteres Mal, als ich sehe, dass die Stadt Charlottesville auf meinem Weg liegt. Nur wenige Tage zuvor wurde hier eine junge Frau bei einer Kundgebung gegen Neonazis getötet. Ich kann nicht sagen, warum ich dorthin fahren will. Ist es Katastrophentourismus, will ich mir einfach mal den Schauplatz des Schreckens ansehen? Ich denke – hoffe – nicht. Vielmehr will ich mich der Atmosphäre aussetzen, will auf meiner Reise nicht nur die schönen Seiten der USA kennenlernen.

Tausende Rechtsradikale, die zum Teil schwere Waffen und Hitlerfotos trugen, demonstrierten unter dem Motto »Unite the Right« gegen Pläne der Stadt, eine Statue des Konföderiertengenerals Robert E. Lee abzureißen – ein Vorbild für unzählige amerikanischer Rechtsgesinnte, deren erklärtes Ziel die White Supremacy, die »Vorherrschaft der Weißen«, ist. Der Ku-Klux-Klan ist in Virginia tief verwurzelt, er existiert und wirkt hier bis heute. Charlottesville war die letzte Stadt der USA, die dem Verbot der Rassentrennung an Schulen Folge leistete. Doch es gibt eine Gegenbewegung, zu der auch die weiße Rechtsanwaltsgehilfin und Bürgerrechtsaktivistin

Heather Heyer gehörte. Sie wurde von einem Auto getötet, das ein Neonazi absichtlich in die Gruppe der Gegendemonstranten gelenkt hat.

Es ist halb acht am Morgen, als ich in Charlottesville ankomme. Die Straßen sind leer, das Zentrum wirkt verlassen. Uhrzeit Ferien mögen Erklärungen dafür sein, Schockstarre eine andere. Aber ganz menschenleer ist es doch nicht: Irgendwo wacht immer ein Polizist, patrouilliert immer eine Polizistin, steht immer ein Polizeiauto. Ich stelle Josi an der Bibliothek ab und gehe in die Fußgängerzone.

In zahlreichen Schaufenstern und an Häusern hängen Bilder von Heather Heyer, Bekenntnisse zu Frieden und Nächstenliebe, ein Café wirbt mit: »We serve coffee, not hate«, ein Kino zeigt den Film »Das Leben ist schön«. Und plötzlich stehe ich am Ort des Anschlags, in einer Nebenstraße, die jetzt für den Verkehr gesperrt ist. Ein Pärchen mit Hund hält inne, die Frau beginnt zu weinen. Eine Joggerin biegt in die Straße ein, wird langsamer, bleibt.

Nach einer Weile hole ich tief Luft und gehe langsam in die schmale Straße hinein. Auf dem Asphalt sehe ich Blumen, Bilder, Schilder, Kreidebotschaften – sie zeigen neben Trauer und Fassungslosigkeit über das Geschehene auch Wut auf die Rechtsextremisten und auf Donald Trump. Mir wird die Kehle eng. Der Rassismus lebt, war unterschwellig wohl immer da. Aber mit Donald Trump, der unter den Rechtsextremisten, Neonazis und Ku-Klux-Klan-Mitgliedern »feine Menschen« sieht, wird die Haltung fernseh- und alltagsfähig. Dass viele Bewohner von Charlottesville sich gegen ihn stellen, zeigt die durchgestrichene »45«, die mit Kreide auf den Boden geschrieben ist. Trump ist der 45. Präsident, und oft zeigen Amerikaner ihren Unmut ihm gegenüber, indem sie, seinen Namen vermeidend, nur die Zahl verwenden – und diese dann durchstreichen.

Ich weiß nicht, was ich davon halten soll; auf mich wirkt diese Wortvermeidung wie Aberglaube, fast kindlich. Als würde eine Person mächtiger, wenn man ihren Namen ausspricht. Ich denke, es ist umgekehrt – und sicher gibt es bessere Wege, Ablehnung auszudrücken.

Ich frühstücke in einem kleinen Café und versuche, dabei auch meine Eindrücke zu verdauen. Es ist unvorstellbar für mich, dass so ein Ereignis oder gar ein Anschlag in meiner Heimatstadt Kiel stattfinden könnte, dass Menschen sterben könnten, die ich kenne. So unvorstellbar, wie es für die Menschen in Charlottesville bis vor einigen Tagen war.

Als ich zu Josi zurückkomme, ist die Ruhe des Morgens aufgeregtem Trubel gewichen. Dass die Amerikaner ihre Bibliotheken intensiv nutzen, habe ich zwar schon bemerkt, aber hier liegt etwas anderes in der Luft. Ich betrete die Bücherhalle und verstehe die Aufregung: Die Great American Solar Eclipse, eine totale Sonnenfinsternis, die das ganze Land überquert, wird am Nachmittag hier zu sehen sein. Und weil es Amerika ist, wird alles groß gedacht und gemacht: Zwischen Bücherregalen wird eine Angestellte interviewt und stellt das Programm vor, das die library für alle Altersgruppen anbietet. Über einen laufenden Fernseher erfahre ich, dass Schutzbrillen ausverkauft sind, Restaurants, Hotels und Krankenhäuser entlang der Route der Sonnenfinsternis massenhaft zusätzliches Personal eingestellt haben, weil sie einen regelrechten Eclipse-Tourismus erwarten. Viele berufstätige Eltern haben sich freigenommen, Schulen ihren Schülern für einen family day freigegeben. Und auf einem Kreuzfahrtschiff, das den Weg der Finsternis kreuzt, singt Bonnie Tyler ihren Hit »Total Eclipse of the Heart« – und das wahrscheinlich nicht nur einmal.

Durch die Appalachen

Gegen Mittag verlasse ich Charlottesville. Nach den trüben Gedanken wegen des Anschlags tut das Fahren gut. Es ist angenehm warm, die Straßen sind frei, überall erstrecken sich sanfte Hügel, die einen weiten Blick erlauben. Ich habe das Gefühl, wieder atmen zu können. Bis zum Blue Ridge Parkway, der sich 755 Kilometer auf dem Kamm der Appalachen entlangschlängelt, sind es jetzt nur noch wenige Meilen. Die Panoramastraße ist für Trucks gesperrt, und unter der Woche scheinen nur wenige Autos unterwegs zu sein. Es ist, als hätte der Parkway mit seinen vielen Kurven nur auf Josi und mich gewartet.

Plötzlich verändert sich das Licht. Es bleibt hell, aber die Helligkeit verliert ihr Leuchten. Die Sonnenfinsternis! Erstmals verstehe ich das Wort »Zwielicht« richtig. Ich habe keine Schutzbrille, wage aber einen Blick durch die Kombination von Sonnenbrille und getöntem Visier des Helms und erkenne deutlich die Sonnensichel. Ein paar Minuten lang fahre ich bei diesem besonderen Licht und stelle fest: In der Natur fühlt sich ein solches Ereignis ganz anders an als in der Stadt – existenzieller, umfassender.

An einem Aussichtspunkt komme ich mit amerikanischen Touristen ins Gespräch, während Gynsburgh sich die wieder aufgetauchte Sonne auf sein Bäuchlein scheinen lässt. Wir plaudern nichtsahnend, als uns plötzlich das eigentliche Naturereignis des Tages heimsucht. Auf einer schweren Harley und mit der dazugehörigen Lautstärke trifft es auf den Aussichtspunkt. In Shirt, Shorts und Sneakers und mit einem Selbstbewusstsein, als könnte es die Sonne wieder hinter dem Mond verschwinden lassen. Es steigt ab, schaut auf Josi, schaut auf mich, und fragt mit dröhnender Stimme: »'s that your bike?« Auf mein stummes Nicken hin stellt es sich vor: »Hi, I'm Phil! Y're married?« Alle brechen in Lachen aus, und das ist erst der Anfang.

Der verrückt-sympathische Jeff Bridges-Verschnitt hat eine Stimme, in der Whisky und Zigaretten von 50 Jahren stecken. Und als habe er gerade seine Bühne betreten, gibt er nun innerhalb einer Viertelstunde Geschichte um Geschichte aus seinem Leben zum Besten – von Romanzen mit wunderschönen Ladys über seine drei Ehefrauen und wie er sich nach den Trennungen die jeweiligen Verlobungsringe von ihnen zurückholte bis hin zu verrückten Unfällen.

Da ist zum Beispiel die Geschichte vom Surfausflug. Phil ist auf seinem Brett unterwegs, als ein Hai ihm plötzlich ein Stück Fleisch aus der linken Wade herausreißt. Geistesgegenwärtig behält er das Tier, das das Surfbrett umrundet, im Auge. Als es seitlich auf der richtigen Höhe ist, sticht Phil ihm die Finger in die Augen und zieht es so festgehakt ans Ufer – und all das, obwohl er selbst noch immer aus seiner riesigen Beinwunde blutet. An Land wird Phil verarztet, das Tier untersucht, und siehe da: Es ist eine unbekannte Haiart! Phil wird angeboten, ihr einen Namen zu geben, er schlägt »Black Manifold« vor. Unsere Frage, was das denn für ein Name sei, antwortet Phil verschmitzt: »Naja, das bedeutet ›schwarzer Auspuffkrümmer‹, und an so einem Ding hab ich mir mein Bein tatsächlich versaut.«

Eine Anekdote ist haarsträubender als die andere, aber Phil erzählt so unwiderstehlich schnoddrig-witzig, dass wir ihm jedes Wort glauben wollen. Und so plötzlich, wie er begann, ist der Zauber auch wieder vorbei. Schnell und natürlich absolut überzeugend erklärt Phil zum Abschied, warum Nord gleich Süd ist und Süd gleich Nord, sinkt in den Krokodilledersitz seiner Harley und dröhnt zu lauter Musik davon. Wir schauen uns ungläubig an. Dann versuchen wir, alle Geschichten, die Phil in der kurzen Zeit erzählt hat, zusammenzubekommen – und scheitern kläglich. Nur die mit dem Bein, die bleibt.

Viel weiter fahre ich nicht, die Eindrücke der letzten Tage müssen erst sacken. Weil es auf dem Parkway so wunderschön ist, will ich mir hier einen Platz für die Nacht suchen. Ich habe kein Schild gesehen, das dies erlauben würde, aber auch keines, das es verbietet. An einem Aussichtspunkt liegen, abseits von den Parkflächen, einige riesige

Steine, hinter die mein Zelt perfekt passt. Kurz überlege ich, ob es wohl gefährlich ist, hier die Nacht zu verbringen, und entscheide, dass es das nicht ist – schließlich sind kaum Menschen unterwegs. Unter den wenigen, die es sind, ist wahrscheinlich kein Bösewicht. Und wenn doch, treibt er sich bestimmt nicht ausgerechnet an meinem Aussichtspunkt herum. Und die Bären? Ich sehe zu, dass mein Essen weit vom Zelt entfernt ist; mehr kann ich jetzt nicht tun.

Nachdem mein Zelt aufgebaut und eingerichtet ist, lehne ich mich an einen der noch sonnenwarmen Steine, genieße ein kleines Picknick und staune über den Ausblick: unendliche Weite, Berge, Bäume, Himmel, Ruhe. Genau richtig nach diesen intensiven Tagen. Ich fühle mich flau und ausgelaugt, hoffentlich geht das bald wieder vorbei.

Die Nacht ist ruhig, erst gegen halb acht werde ich von Schritten und Flüstern in nächster Nähe geweckt. Haben die Bösewichte mich gefunden? Ich zögere, bin unsicher, was ich tun soll. Wage ich mich hinaus, dann sehen sie, dass ich als Frau allein unterwegs bin. Sollten sie wirklich böse Absichten haben, wäre das ungünstig. Bleibe ich im Zelt, sitze ich in der Falle – immer noch allein als Frau und unwissend, was da draußen vor sich geht. Ich bevorzuge die erste Variante, öffne vorsichtig den Reißverschluss meines Zeltes und schaue mit klopfendem Herzen hinaus. Natürlich sind es keine Bösewichte, sondern zwei japanische Jugendliche, die mit ihren Handys über die Steine hüpfen, sich selbst und einander fotografieren und offenbar nur geflüstert haben, weil sie mich nicht wecken wollten. Wir lächeln uns an, ich krieche in mein Zelt zurück und döse noch ein bisschen.

Natürlich muss ich irgendwann aufstehen und alles zusammenpacken, ich brauche ohnehin dringend einen Kaffee. Kurz vor der Abfahrt werde ich für den Schrecken am Morgen entschädigt: Langsam biegt ein Wagen vom Parkway ab und hält auf dem Parkplatz. Beide Türen öffnen sich. Während die etwa 80jährige Beifahrerin aussteigt und sich ausgiebig streckt, stapft ihr Partner gebückt in die angrenzende

Wiese. Ich hoffe, dass er dort keinerlei Geschäfte erledigen will. Auch seine Frau wird misstrauisch, als sie ihn dort bemerkt, und ruft: »Honey, what are you doing?« Die zauberhafte Antwort fällt fast seinem Ächzen zum Opfer: »I wanna give you some flowers!« Langsam und gebückt geht er mit einer Handvoll Wiesenblumen zu ihr und küsst sie sanft auf die Wange. Wie einfach und zugleich groß Glück sein kann! Ich reise gern allein, aber in diesem Moment vermisse ich meinen Liebsten.

Kaum unterwegs, spüre ich Bauchweh und Übelkeit – ich muss mir etwas eingefangen haben. Irgendwann wird das Weiterfahren immer schwieriger. Ich verlasse den Parkway in westlicher Richtung und komme nach Lexington. Die Damen der Touristeninformation sind entzückend, suchen mögliche Unterkünfte heraus und fragen telefonisch nach freien Zimmern an, während ich mit einem Glas Wasser zitternd auf einem Stuhl kauere. Aber alles ist voll oder zu teuer. Zwei- oder dreimal frage ich sie nach dem günstigsten Hotel, aber sie umgehen die Frage mit einem liebevollen »You really don't want that, hon'!« Es geht mir immer schlechter, Kopf und Körper funktionieren nicht mehr richtig. Ich muss schleunigst irgendwo ankommen – es bleibt nur das Hotel, in das ich, glaubt man den netten Damen, wirklich nicht möchte.

Das Hotel ist ein Hochhaus und liegt auf einem Hügel mit unverstelltem Blick auf einen Highway. Die Fassade bröckelt, aber die Bauarbeiter, die sich mit lautem Gerät an ihr abarbeiten, rufen bei mir keine Freude hervor. Ich will nur noch schlafen. In der Lobby checkt gerade eine weitere Gruppe Bauarbeiter ein – ein kürzerer Weg zur Arbeit ist kaum vorstellbar. Und kein kürzerer zum Vergnügen: Der Vorarbeiter und eine der Damen an der Rezeption flirten so heftig miteinander, dass sie als Arbeitskraft ausfällt. Eigentlich beobachte ich so etwas wohlwollend und amüsiert, aber jetzt will ich so schnell wie möglich eine Tür hinter mir zumachen, mich hinlegen und ganz lange nicht wieder aufstehen.

Gegen 5 Uhr nachmittags habe ich endlich eingecheckt und meine Siebensachen in mein Zimmer gebracht. Dass Flure und Fahrstuhl genau so aussehen, wie es nach dem Durchzug diverser Bautrupps nach Feierabend zu erwarten ist, stört mich kaum noch, ebenso wenig wie die Tatsache, dass das Interieur meines Zimmers so schäbig ist wie die Außenfassade. Ich falle ins Bett und schlafe bis zum nächsten Morgen durch. An Aufstehen oder gar Essen ist jedoch noch immer nicht zu denken; in mir ist nicht ein Funken Energie. Dösend verbringe ich den Tag, sogar fernsehen ist zu anstrengend. Still ist es trotzdem nicht, schließlich wird an der Fassade weiter mit schwerem Gerät gearbeitet. Wie gut – übertönt der Lärm doch Gedanken wie: »Ist das jetzt was Ernstes? Muss ich zum Arzt? Ich schaffe es ja nicht einmal aus dem Bett! Und was müsste ich trotz Krankenversicherung wohl vorstrecken?« Ich gehe nicht zum Arzt – ich bin offenbar noch lebendig genug, um geizig zu sein.

Nach einer weiteren Nacht in der Luxusbleibe reichen Kraft und Appetit immerhin für ein Frühstück. Und danach auch für die Erkenntnis: Ich muss hier raus. Mein Budget verbietet eine weitere Übernachtung, ich brauche Luft ohne Lärm und Dreck, und ich muss endlich etwas Vernünftiges essen. Mich zu duschen (wer weiß, wann es wieder eine Gelegenheit dazu gibt) und Josi zu beladen dauert eine gefühlte Ewigkeit; es ist früher Nachmittag, als ich endlich das Hotel verlasse.

Zurück auf dem Blue Ridge Parkway fahre ich einige Meilen und bin froh, dass es einigermaßen geht. Allerdings nicht allzu lange. In einem Örtchen im Nirgendwo esse ich eine Kleinigkeit und frage bei der Feuerwehr an, ob ich mein Zelt hinter dem Fahrzeughaus aufbauen darf. Die Jungs sind tiefenentspannt: Natürlich darf ich. Kaum steht das Zelt, liege ich drin und schlafe.

Mitten in der Nacht treibt mich ein natürliches Bedürfnis aus meinem Zelt. Alles liegt im Dunkeln: Feuerwache, Parkplatz, Straße. Alles? Nein, ein Licht brennt – und beleuchtet die US-Flagge. Am

Morgen frage ich nach und erfahre, dass die Flagge immer beleuchtet wird, nie würde man sie in vollkommener Dunkelheit hängen lassen. Ein weiteres Indiz für die besondere Beziehung der Amerikaner zu etwas, das nie nur ein Stück Stoff sein wird.

BY THE WAY — DIE AMERIKANISCHE FLAGGE

Die Flagge besteht aus sieben roten und sechs weißen Streifen, jeder Streifen steht für einen der 13 Gründungsstaaten. Rot symbolisiert Tapferkeit und Widerstandsfähigkeit, Weiß Reinheit und Unschuld. Im blauen Feld symbolisieren 50 Sterne die 50 Bundesstaaten. Wenn sich ihre Anzahl ändert, wird die Flagge zum nächsten 4. Juli, dem Unabhängigkeitstag, angepasst.

Die US-Flagge hat mit dem 14. Juni ihren eigenen Feiertag, an dem sie besonders geehrt wird. Dieser Tag ist zwar ein Gedenktag, aber kein landesweit gesetzlicher Feiertag. Vor öffentlichen Gebäuden werden Flaggen gehisst, und viele Menschen schmücken Haus und Hof mit den Stars and Stripes.

Den Umgang mit der Flagge regelt das Flaggengesetz (United States Flag Code). Neben Anweisungen zum Hissen der Flagge enthält es Vorschriften zum respektvollen Umgang mit ihr. Nur Uniformträger dürfen aufgenähte Flaggen führen. Wird ein Flaggenanstecker verwendet, muss er auf Höhe des Herzens getragen werden. Nie darf eine Flagge den Boden berühren, ausgefranste Flaggen sind auf »ehrenvolle Weise« zu verbrennen: Das Sternenfeld muss vom Streifenteil abgetrennt werden, erst dann darf beides verbrannt werden. Die Strafverfolgung auf Grundlage dieses Gesetzes wurde vom Obersten Gericht allerdings verboten.

Das Falten der US-Flagge ist eine symbolträchtige Prozedur. Die Reihenfolge der Handgriffe ist festgelegt, jede gelegte Falte hat ihre eigene Bedeutung zwischen Patriotismus und Glaube. Schon in der Schule üben amerikanische Kinder und Jugendliche das richtige Falten der Flagge.

Am nächsten Tag geht es mir besser – es wird auch Zeit. Was das Ganze nun war, weiß ich nicht, aber solange es nicht wiederkommt, soll es mir auch egal sein. Immer noch etwas matschig und immer noch nur mäßig gelaunt, frühstücke ich in einem gemütlichen parkway diner und komme mit der Kellnerin ins Gespräch. Sie empfiehlt mir, doch mal in Floyd vorbeizuschauen, es sei ein süßes Städtchen östlich des Blue Ridge Parkways. Das klingt gut, so etwas brauche ich jetzt.

Vom ersten Moment an mag ich den 425-Seelen-Ort. Er ist überschaubar, hat keine Hochhäuser, dafür viele hübsche Holzhäuser an der Hauptstraße, in denen kleine Läden zum Stöbern einladen. Mehrere Plakate künden von freitäglicher Live-Musik im »Country Store« – wie schön, dass heute Freitag ist!

Zunächst will ich aber irgendwo mein Zelt aufbauen. Ich finde eine Rasenfläche, die von einer stillgelegten Kirche, einer Galerie und einer Mauer umschlossen ist. Die vierte Seite öffnet sich zu einer Hotelzufahrt und einem Lagerhaus; beides wirkt nicht sehr belebt. Nachdem ich das Zelt aufgebaut habe, gönne ich mir einen Mittagsschlaf und betrete am frühen Nachmittag den »Country Store«. In den kommenden Stunden arbeite ich, esse homemade Chili con Carne, komme zu Kräften und beobachte die Gäste. Die meisten kennen sich – ein entspanntes Völkchen, verbunden durch ihren Alltag und durch die Liebe zur Musik. Am späten Nachmittag verwandeln Jung und Alt den Store in einen Konzertraum: Während des laufenden Betriebs werden Verkaufstische und -regale an die Seiten geschoben und Stuhlreihen aufgestellt, jeder Winkel wird genutzt. Die Reihen sind zu einer kleinen Bühne ausgerichtet und lassen – sehr verheißungsvoll – Platz für eine Tanzfläche frei.

Es dauert kaum zehn Minuten, dann ist jeder Platz besetzt. Dabei ist die Mischung der Gäste so bunt wie nur möglich: Ich sehe Kleinkinder und Menschen, die sicher jenseits der 90 sind, eher ärmlich gekleidete Menschen und solche, an deren teurer Cowboykleidung auch die letzte Schnalle blinkt, und sogar eine Mennonitin, die mir wegen ihrer Haube, des sehr hochgeschlossenen Kleides und ihrer Gebetshaltung auffällt, die sie immer wieder einnimmt. Außer mir scheint sich jedoch niemand über sie zu wundern. A propos wundern: Ich sehe nicht eine Person mit afro-amerikanischen Wurzeln. Und, so wird mir plötzlich bewusst: An der gesamten Ostküste habe ich nur in den Metropolen einige Schwarze gesehen, die meisten in Baltimore. Ich lese schnell im Netz nach: Baltimore gehört zu den wenigen Nicht-Südstaatenstädten, in denen der Anteil der schwarzen Bevölkerung 60 Prozent übersteigt.

Kurz darauf erfüllt Country- und Bluegrass-Musik den Saal. Mehrere Bands, vom Teenager-Trio über das Seniorenpärchen bis hin zur Sechs-Mann-Combo, sorgen dafür, dass die Stimmung immer ausgelassener wird. Inzwischen ist die Tanzfläche randvoll: Teenager, Senioren und alle Altersgruppen dazwischen tanzen voller Hingabe traditionelle Schrittfolgen, während am Rand Kleinkinder an den Händen ihrer Eltern zur Musik rumhüpfen. Lied auf Lied auf Lied geht das so weiter, extra Sport braucht hier sicher niemand.

Ein paar Stunden später verlasse ich den »Country Store«, nur um festzustellen, dass auf der Straße ebenfalls Musik gemacht und getanzt wird, die Atmosphäre ist ausgelassen – bis sich aus der Dunkelheit Hufgeklapper nähert. Zwei Pferde kommen zwischen den Musizierenden und Tanzenden zum Stehen. Die Reiter halten eine riesige Konföderiertenflagge, das Pferdegeschirr ist passend geschmückt. Ursprünglich zierte das blaue, mit weißen Sternen gefüllte Kreuz auf rotem Grund die Kriegsflagge von North Virginia. Im Bürgerkrieg von 1861 bis 1865 wurde die Flagge zum Erkennungszeichen der Konföderierten, die für den Erhalt der Sklaverei kämpften. Die Reiter wirken, als seien sie Abgesandte einer entsprechenden Gruppe. Und wahrscheinlich sind sie das auch.

Zu Pferd aufzutauchen, war ein kluger Schachzug, die Tiere sind friedlich und locken die Umstehenden an. Schnell entwickeln sich Gespräche, bei denen die Reiter sich – im wahrsten Sinne des Wortes – dazu herablassen, ihr historisch getarntes rechtes Gedankengut zu offenbaren. Echte Diskussionen entstehen dabei nicht: Die beiden bestehen auf der »White Surpremacy«, konfrontieren die Zuhörenden mit Fakten und Zahlen, die niemand spontan überprüfen kann, die aber Überlegenheit suggerieren. Einen neuen Gedanken in die Köpfe der Reiter zu bringen, ist nicht möglich.

Nach einer Weile reiten sie unbehelligt und sichtlich zufrieden davon. Gerade nach meinem Besuch in Charlottesville finde ich diese Szene mehr als unheimlich. Später wird mir klar, dass durch Virginia eine rund 200 Jahre alte Konfliktlinie verläuft: Während vom zu den Nordstaaten gehörenden Washington schon immer liberale Einflüsse ausgingen und die 1819 in Charlottesville gegründete University of Virginia deutlich links ausgerichtet war, wurde Richmond, die Hauptstadt von Virginia, außerdem zur Hauptstadt des 1860/61 gegründeten, aus elf Südstaaten bestehenden Konföderiertenbundes, der die Sklavenhaltung noch lange verteidigte. Heutige rechtsextreme Strömungen berufen sich auf diese Grundlage.

Nachdenklich gehe ich die Hauptstraße hinunter zu meinem Zelt und mache mich fertig für die Nacht. Plötzlich höre ich wieder die Pferde und laufe, die Zahnbürste im Mund, zurück an die Hauptstraße. Die beiden Reiter, noch immer stolz ihre Fahnen schwenkend, verschwinden gerade aus dem Licht einer Laterne in die Dunkelheit. War das noch ein abendlicher Ritt durch »ihre« Stadt?

Ich verbringe das Wochenende in Floyd, pendle zwischen dem »Country Store«, dem Farmers' Market und meinem Zelt, schlafe viel und erhole mich von der seltsamen Schwächephase und dem schrecklichen Hotel in Lexington. Immer wieder werde ich angesprochen – wegen meiner Motorradklamotten, wegen Josi und wegen meines Akzents, den ich zu gern einmal mit fremden Ohren hören würde. Er löst immer wieder kindliche Begeisterung aus: »Really, you're German? My family came from Germany!« Was zu Beginn noch charmant war, strengt mich inzwischen manchmal an. Immerhin haben vor einigen Jahren unglaubliche 58 Millionen US-Amerikaner

angegeben, deutsche Vorfahren zu haben. Ein Großteil von ihnen lebt
an der Ostküste, und ich scheine sie alle zu treffen. Weil ihre Begeisterung aber meist ansteckend ist, sind es dann doch nette Gespräche.

Auch die Begegnung mit Chris, einem Mann um die achtzig, erfreut mein Herz. Wir plaudern über Josi und über das Reisen, und
zum Abschied gibt mir der alte Herr eine Visitenkarte. Auf meine
Frage, was genau die »Red Rake Ranch«, deren CEO er laut Karte
ist, sei, lächelt er verschmitzt: »Nun, ich habe etwas Land. Naja, nicht
viel. Eigentlich reicht es gerade, um mich auf dem Rasenmäher beschäftigt zu halten. Aber davon bin ich der Chef.« Ich mag Chris.

Es tut gut, länger in Floyd zu bleiben: nette Menschen, tolle Musik,
ein überschaubarer Kontext. Ich brauche Inseltage als Gegenpol zum
Fahren in absoluter Freiheit.

Körperlich und seelisch gestärkt fahre ich wieder auf den Parkway,
weiter in Richtung Südwesten. Die Sonne ist verschwunden und hat
ein paar Grad mitgenommen. Aber auch regennass ist es schön, fast
mystisch. Nebelschwaden ziehen über die Straße, und die Wolken
hängen so tief, dass sie Wasserspuren auf meinem Visier hinterlassen.
Bald zeigt eine Linie auf dem Asphalt eine Staatengrenze an: Ich verlasse Virginia und rolle in North Carolina ein.

North Carolina

Passend zur mystischen Atmosphäre des Tages finde ich auf einem
Hügel meinen Platz für diese Nacht: einen Friedhof. So ganz ohne
Diskussion zwischen Verstand und Fantasie kann ich die Entscheidung
für diesen Ort nicht treffen – zu viele Bilder aus Gruselfilmen laufen
vor meinem inneren Auge ab. Schließlich gewinnt der rationale Teil
von mir, erlaubt jedoch dem ängstlichen, das Zelt unter der Laterne
aufzubauen. Vielleicht mögen Untote ja kein Licht.

Meine Strategie geht auf, ich schlafe ungestört. Am Morgen lässt
das Kirchenpersonal auf sich warten, wie schön. Entspannt starte ich

in den Tag, der wohl mein letzter auf dem Blue Ridge Parkway sein wird. Die Straße schlängelt sich durch sattes Grün, fast fühle ich mich wie im Urwald. Ich habe alles für mich allein – oder doch nicht? Heftiges Zwicken und Jucken im Dekolleté reißen mich aus meinem Glück. Hat mich da etwa was gebissen? Und wenn ja, was zum Teufel war das? Leicht panisch und wenig elegant halte ich am Straßenrand, öffne die Jacke, hebe mein Halstuch und schaue in den Rückspiegel. Zurück schaut – in vollkommener Unschuld – eine Spinne, behaart, mit riesigen Augen und von der Größe eines 50-Cent-Stücks. Ich überrasche mich mit dem Gedanken »Ist die süß!«, bevor meine Reflexe einsetzen. Ich reiße mir Helm und Halstuch herunter, fahre wie eine Irre mit den Händen über Oberkörper und Gesicht, bis ich irgendwann zitternd ausatme. Ich hasse Spinnen!

Bis ich Josi an Straßenrand gerollt habe und abgestiegen bin, ist die Bestie natürlich verschwunden. Gern hätte ich sie fotografiert – woher soll ich wissen, dass sie nicht giftig ist? Außerdem hätte ich mit ihr angeben können. Inzwischen ist der Biss auf meinem Dekolleté angeschwollen und sein Umfeld gerötet. Aber ich fühle mich normal, verspüre weder Atemnot noch Schwindel. Trotzdem ist mein Anblick offenbar besorgniserregend, denn ein schnuckeliger Typ lässt seinen Pick-up neben mir zum Stehen kommen. Warum gerade jetzt, wo ich so wüst aussehe und leicht hysterisch wirke? In diesem Moment verstehe ich, warum Damen in früheren Zeiten Ohnmachten vortäuschten – es ist bestimmt sehr heilsam, in solch attraktive Arme zu sinken. Schweren Herzens verwerfe ich diese Option, schließlich habe ich seit Lexington nicht mehr geduscht.

Auf seine Beruhigung hoffend, frage ich ihn: »You don't have poisonous spiders here, do you?« Zu meinem Entsetzen antwortet er: »Well, actually, we do.« Und fängt allen Ernstes an, einige Arten aufzuzählen. Unfassbar, es klingt, als sei ich in Australien! Zum Glück erwähnt er, dass die meisten dieser Tiere nicht am Straßenrand leben, sondern eher in Abflüssen und Kanälen. Immerhin weiß ich, dass ich mich dort nicht gewälzt habe.

Länger kann ich den Mann nicht aufhalten, es gibt leider keinen triftigen Grund. Ein nettes Winken zum Abschied, und weg ist er. Da ich noch immer keine Vergiftungserscheinungen spüre, entschließe ich mich zur Weiterfahrt. Außerdem: Wer flirten kann, kann auch fahren. Sollte das Spinnengift langsam wirken, möchte ich die Zeit bis dahin wenigstens genießen.

Am Aussichtspunkt Devil's Courthouse halte ich erneut. Leider ist jenseits der Aussichtsfläche nichts zu erkennen, der namengebende Berg ist hinter einer Nebelwand verborgen. Eine Legende besagt, dass der Teufel in der Höhle unter dem Berg Hof hielt. Lange zuvor war für die Cherokee-Indianer klar, dass in ebendieser Höhle der schräg-äugige Riese Tsul' Kalu lebte und – sehr sympathisch – tanzte.

Kurz nach dem Devil's Courthouse verlasse ich den Blue Ridge Parkway. Der zweite große Richtungswechsel meiner Reise steht an: Ab jetzt geht es bis an den Pazifik in Richtung Westen.

NACH WESTEN

Ein Schild am Straßenrand weckt meine Neugier: »Balsam«. Das
klingt wohltuend – was es damit wohl auf sich hat? Nach Spinnenbiss,
Nebel und kühler Luft kann ich der Vorstellung nicht widerstehen,
mir dort in irgendeiner Form etwas Gutes zu tun. Tatsächlich ist Balsam einer der entzückendsten Campingplätze, die ich je gesehen habe.
Die Stellplätze sind über baumbewachsene Hänge verteilt, jedes Eckchen ist liebevoll dekoriert. Sogar ein Bach plätschert durch das Idyll.
An der Rezeption erfahre ich, dass der Platz sich gerade um den Titel
als bester Campingplatz der USA bewirbt – ich würde ihn wählen.
Eine Übernachtung ist nicht drin, aber ich darf die Duschräume benutzen. Nachdem ich in den vergangenen Tagen eher gefroren als
geschwitzt habe und lediglich Katzenwäschen auf Restaurant- oder
Tankstellentoiletten möglich waren, ist unbegrenzt heißes Wasser auf
Haut und Haar purer Luxus. Meine schmutzigen Klamotten wasche
ich gleich mit – Gelegenheit macht sauber. Sie macht allerdings auch
Verrückte:

BY THE WAY — THE TAIL OF THE DRAGON

Der berüchtigte Tail of the Dragon ist eine Gebirgsstraße am Rande der Smoky Mountains, die wiederum den südlichen Zipfel der
Appalachen bilden. Dieser »Drachenschweif«, die US 129, verläuft
auf einem früheren Pfad der Cherokee und markiert heute nicht
nur die Grenze zwischen North Carolina und Tennessee, er gilt
auch als eine der gefährlichsten Straßen der Welt. Warum? Weil er
es schafft, sich auf nur 18 Kilometern in 318 Kurven zu schlängeln. Diese sind teilweise so scharf, dass man schon bei 40 km/h
die Kontrolle über sein Fahrzeug verlieren kann; immer wieder bezahlen Auto- und Motorradfahrer diesen Spaß mit dem Leben.
Wer den Tail of the Dragon unfallfrei hinabgefahren ist, hat »den
Drachen gezähmt«, wer an den Kurven scheitert, gilt als »vom
Drachen gebissen«. Beschädigte Fahrzeugteile können am Tree of
Shame, dem »Baum der Schande«, angebracht werden.

Obwohl die unglaubliche Menge an Kurven mich reizt, lege ich mich nicht mit dem Drachen an, weil – ich gebe es zu – ich diese dämliche Straße einfach nicht finde. Nach zwei Stunden gebe ich die Suche auf und rede mir ein, dass ein Ritt auf dem Monster wegen meines Gepäcks ohnehin zu gefährlich gewesen wäre. Ganz bestimmt.

Durch die Great Smoky Mountains fahre ich Richtung Westen. Sie waren der erste Nationalpark an der Ostküste und sind, noch vor dem Yellowstone und dem Grand Canyon, mit ihren elf Millionen Besuchern im Jahr der meistbesuchte Nationalpark der USA. Das liegt auch daran, dass er von allen großen Ballungszentren zwischen Chicago und Atlanta innerhalb eines Tages mit dem Auto (natürlich) zu erreichen ist. Der zweite Grund sind die etwa 1.600 Schwarzbären, die in diesem relativ kleinen Gebiet leben – die Wahrscheinlichkeit, schon beim Durchfahren des Parks einen Bären zu sehen, ohne aus dem Auto aussteigen zu müssen, ist überdurchschnittlich hoch. So zuverlässig, wie es in Großstädten Feierabendstaus gibt, geraten Besucher hier in bear jams, »Bärenstaus«.

Country, Stürme und Verfall

TENNESSEE

In Gatlinburg hoffe ich auf ein gemütliches Lokal mit WLAN und ein kleines, dunkles Plätzchen für die Nacht. Aus beidem wird nichts, denn die Stadt ist deutlich größer und trubeliger, als ich vermutet hatte. Sie versteht sich nicht als Endpunkt der Blue Ridge Mountains, sondern vielmehr als ihr Anfang und damit als Tor zu einem äußerst beliebten Skigebiet. Das wird ordentlich ausgeschlachtet. Die Hauptstraße ist eine einzige Bespaßungsmeile, und die vielen Touristen auf beiden Straßenseiten haben jede Menge Einkaufsmöglichkeiten, können Münzen prägen, sich als Cowboy oder Grizzly fotografieren lassen, in Casinos gehen oder sich in Karussells übergeben. Und sogar jetzt, in eindeutig schneelosen Monaten, lassen die Touristen sich in den Skiliften über die kargen Schneisen fahren. Ein trauriger Anblick, denn Natur, die für den Wintersport zerstört wird, ist im Sommer nur selten schön. Ob die mit 200 Metern längste Hängebrücke Nordamerikas, die bald eröffnet werden soll, das Ganze besser macht? Ich wage es zu bezweifeln. In der Ankündigung scheint die Erwähnung von Snack Shops, Bars und Souvenirläden das Wichtigste zu sein.

Ich finde ein mexikanisches Restaurant, das ungemütlich ist, aber WLAN hat. Bei Nachos und Gin Tonic schaue ich mir den Wahnsinn an. Autor Bill Bryson nennt Gatlinburg »die Welthauptstadt der Scheußlichkeiten«, die »sich zum Ziel gesetzt hat, alle Rekorde des schlechten Geschmacks zu brechen.« Es wäre schön, dem in irgendeiner Form widersprechen zu können. Nachdem ich ein Stündchen gearbeitet habe, lasse ich die Stadt hinter mir – hier will ich gar nicht erst anfangen, nach einem Schlafplatz zu suchen. Ein paar Kilometer vor der Stadt lasse ich mich auf einem leeren Grundstück nieder. Liegen ist so schön.

109

Es ist seltsam, wieder in flachem Land unterwegs zu sein, an einen so weiten Blick muss ich mich neu gewöhnen. Dabei schweift er nur über eine eher schlichte Landschaft. Alles wirkt funktional, pragmatisch: Die schnurgeraden Straßen bringen mich auf dem kürzesten Weg von einem Ort zum nächsten, während sie in den Blue Ridge Mountains vor allem zum Genießen einluden und ihren Beförderungsauftrag nur nebenbei erfüllten.

Dunkle Wolken ziehen über der Landschaft auf, die immer flacher und eintöniger wird. Etwa 30 Kilometer kann ich noch im Trockenen fahren, dann halte ich bei einem diner, um meine Regenrüstung anzulegen: Jacke und Hose, beide wasserabweisend, kommen unter die eigentliche Kombi. Kaum bin ich wieder auf der Straße, stürzt der Regen aus allen Wolken. Es dauert keine drei Minuten, bis das Wasser zwei Zentimeter hoch auf der Straße steht. Langsam fahren ist der einzige Weg, um Aquaplaning zu vermeiden – und länger etwas vom Regen zu haben, der meine Kombi durchnässt. In dem Maße, in dem der Fahrtwind mich auskühlt, verschlechtert sich meine Laune. Zum Glück ist auf der Straße wenig los, auf breite Trucks und drängelnde Pick-ups kann ich jetzt gut verzichten.

Auch nach zwei Stunden Fahrt hört der Regen nicht auf. Ich bin durchgefroren, müde, mürrisch und muss unbedingt aufs Klo. Eine schwere Harley fällt mir auf, sie steht vor einer Billardbar. Durch deren beklebte Scheiben ist fahles Licht zu erahnen, und zumindest der Harley-Fahrer müsste dort sein. Hoffentlich mit Kaffee. Ich parke Josi und lasse sie samt Gepäck draußen im Regen stehen. Und, ich gestehe es, samt Gynsburgh. Aber der ist eh schon durchgeweicht, während ich irgendwo in mir noch einen trockenen Kern vermute.

Durch eine schwere Tür betrete ich, eine Spur aus kleinen Pfützen hinterlassend, einen Raum, der eher eine Halle ist. Im schwachen blauen Licht erkenne ich rechts einen Bereich mit Billardtischen, links lässt eine Bühne mit Poledance-Stangen und vielen Spiegeln ahnen, welche Art Programm zu später Stunde geboten wird. Kein Mensch ist zu sehen oder zu hören. Wo bin ich hier gelandet? In der

Zentrale eines kriminellen Rockerclubs? Ich ignoriere den Impuls, sofort zu verschwinden, denn ich will Kaffee und muss dringend aufs Klo. Also fasse ich mir ein Herz und schlurfe, laut »Hallo? Ist hier jemand?« rufend, durch das Etablissement. Die folgende Stille lässt die Atmosphäre nicht heimeliger werden. Als dann eine alle schlimmen Rockerklischees erfüllende Gestalt aus dem Dunkel auftaucht, wird mir schlecht. Kommt jetzt die Strafe für meine Arglosigkeit? Hätte ich mich als Frau doch nicht allein hierher wagen sollen? Oder überhaupt auf die Tour? Es hilft nichts – es bleibt nur die Flucht nach vorn: »Hi, haben Sie einen Kaffee für mich?«

Der Hüne mustert mich ein paar Momente länger, als mir lieb ist. Und brummt dann: »Bist du mit dem Motorrad unterwegs?«

Ich nicke, und er brummt weiter: »Warte einen Moment.« Und danach: »Die Toilette ist da hinten.«

Es wird eine gute Pause. Während ich mit klammen Händen meinen Becher halte und langsam wieder warm werde, plaudern wir. Oder eher: Don plaudert und nuschelt und brummt, während ich versuche, ihn zu verstehen. Allzu oft mag ich nicht nachfragen, denn so ganz geheuer ist er mir immer noch nicht. Zumindest scheine ich an den richtigen Stellen zu nicken.

Dann wird es unangenehm. Ich habe allen Ernstes vergessen, dass ich noch nicht bei der Bank war – ich habe nicht einen Dollar bei mir! Ich durchwühle sämtliche Taschen, nichts. Es ist mir unendlich peinlich, dafür ist mir nun endgültig warm. Ich biete Don an, schnell zu einem Automaten zu fahren, aber er winkt entspannt ab. Hoffentlich denkt er nicht, ich hätte das geplant!

Don aber hat anderes im Sinn. Als wir uns mit einem kräftigen Händedruck verabschieden, fühle ich etwas zwischen unseren Handflächen. Er hat doch wohl nicht … ?! Doch, er hat: 60 Dollar liegen in meiner Hand. Ich schaue ihn ungläubig an, denn natürlich kann ich das Geld gebrauchen, wenn auch nicht so nötig, wie er vermutet. Meinen schwachen Protest beendet er mit dem Satz: »This is what we do. We help people.« Wir? Wer ist denn bitte »wir«? Don zeigt auf das Logo auf seiner Lederweste: sein Motorradclub! Na, dann nehme ich das Geld wohl besser – wer bin ich, mich mit einem Rockerclub anzulegen?

Don warnt mich eindringlich vor den angekündigten Regenfällen und Stürmen: Die Ausläufer von Hurrikan Harvey sollen bis nach Tennessee und Missouri kommen. Ich kann das kaum glauben, schließlich wütet Harvey vor allem im südlichen Texas, also über 1.200 Kilometer entfernt. Aber der Regen vor der Bartür wirkt inzwischen doch, als sei er mit Harvey verwandt. Nach einer herzlichen Umarmung von Don und gestärkt von so viel Gutem wage ich mich wieder auf die Straße – Nashville wartet.

Der Regen fällt so dicht, dass ich das grüne Schild am Straßenrand fast übersehe. Unauffällig, als sei es vollkommen unwichtig, kündigt es die neue Zeitzone an: die Central Standard Time (CST). Ich stelle Josis Uhr eine Stunde zurück. Wie passend – schließlich lebt man in Nashville auch in einer anderen Zeit.

By the Way — Zeitzonen

Natürlich haben die USA aufgrund ihrer Größe unterschiedliche Zeitzonen. Vier befinden sich auf dem Festland, eine gilt nur für Alaska und eine nur für das 2.500 Meilen entfernte Hawaii. Die Zeit einer Zeitzone wird als Standard Time bezeichnet und durch die Spezifizierungen Eastern, Central, Mountain, Pacific, Alaskan oder Hawaiian ergänzt. Außerdem gibt es auf diversen zu den USA gehörigen Inseln weitere Zeitzonen.

Bei Wahlen ergibt sich durch die vielen Zeitzonen in den Staaten der Effekt des **Western Voting**: Während die Ergebnisse der Ostküste bereits ausgezählt und veröffentlicht (!) werden, sind die Wahllokale an der Westküste noch geöffnet. Wegen der Außengebiete in den weiteren Zeitzonen ist der Effekt natürlich noch stärker, wenn auch aufgrund der geringen Wählerzahlen weniger relevant. Interessanterweise wird jedoch nicht an der Beseitigung des Effekts gearbeitet, vielmehr nutzen Wahl- und Politikforscher ihn, um Hypothesen zum Wählerverhalten zu testen.

So überraschend die Begegnung mit Don war, so wenig überrascht Tennessee mich: Die Landschaft bleibt langweilig, der Regen kräftig. Zwischendurch muss ich mich unter einen Torbogen stellen und warten, weil an ein Weiterfahren nicht zu denken ist. Nashville, ich rate dir, ganz toll zu sein!

Am Nachmittag erreiche ich, natürlich noch immer im Regen, die »Music City« Nashville, in der sich – glaubt man den Ankündigungen der Werbetafeln – weltberühmte Live-Musik, die Gastfreundschaft der amerikanischen Südstaaten und kreative Eleganz treffen.

Ich verschaffe mir einen ersten Überblick über die Hauptstadt Tennessees, fahre den broadway hinauf und wieder hinunter, cruise durch downtown. Aber richtig ansprechend finde ich die Atmosphäre noch nicht. Unzählige Menschen, deren (Über-) Gewicht in mir den bösen Gedanken aufkommen lässt, sie seien sonst ausschließlich im Auto unterwegs, drängen sich auf den Bürgersteigen. Obwohl es noch hell ist, blinken überall Neon-Reklamen, und in Souvenirshops kann der geneigte Tourist sich mit Cowboyhut und Gitarre fotografieren lassen. Natürlich dringt aus den Bars Musik auf die Straßen, zu dieser Tageszeit allerdings vom Band. Gut, es ist wohl noch zu früh für die erhoffte Nashville-Atmosphäre.

Also suche ich mir eine nette, nicht zu volle Bar, setze mich an einen großen Tisch und hänge meine tropfnassen Klamotten über alle Stühle. Einmal muss ich noch raus, um mein Laptop aus Josis Koffer zu holen, und treffe auf Michael. Barfuß, ungewaschen, in zerrissener Kleidung und mit geschulterter Isomatte steht er vor Josi und betrachtet sie. Als ihm klar wird, dass ich zur Maschine gehöre, kommen wir ins Gespräch. Michael ist Vietnamveteran und lebt seit 15 Jahren in Nashville. Wie es sei, als Obdachloser in Nashville zu leben, frage ich ihn. Seit ich selbst als Vagabundin unterwegs bin, ist meine Hochachtung vor den Menschen gestiegen, die jeden Abend aufs Neue zusehen müssen, wo sie bleiben. Michaels Antwort ist so klar wie überraschend: »Das ist die allerbeste Stadt – sie hat so viel für mich getan! Ich würde nicht woanders leben wollen!« Das hätte ich nicht erwartet. Was kann die Stadt getan haben, wenn Michael immer noch auf der Straße lebt? Geht der Patriotismus so weit, dass die Realität verklärt wahrgenommen wird? Ratlos kehre ich mit meinem Laptop in die Bar zurück und arbeite ein paar Stunden bei Gin und Nachos. Prost Don, prost Michael – auf euch!

Am Abend gebe ich Nashville eine zweite Chance, vielleicht entdecke ich als Fußgängerin die berühmten Musikkneipen, in denen die Stars der Country-Musik auftreten. Tatsächlich schlägt in den Clubs endlich die Stunde der Live-Musik. Allerdings zunächst nur für unbekannte Bands, von denen einige ihre Songs zwar selbst schreiben und singen, aber nicht immer beides gut beherrschen. Um das Publikum im Club zu halten, läuft immer noch ein Fernseher unmittelbar neben der Bühne – als Begleitmusik für stummgeschaltete Sportübertragungen mit angemessen vielen Werbeunterbrechungen reicht die Performance der Vielleicht-eines-Tages-Stars gerade noch aus.

Mittlerweile ist es kurz vor elf – für die echten Stars noch immer zu früh. Ich schlendere durch die Straßen, die Shops sind noch geöffnet. Vielleicht kann ich mich mit einem Paar Cowboystiefeln trösten? Es gibt sie zu absurden Preisen in allen möglichen Farben, Mustern und Ausführungen, mit Strass oder der US-Flagge, für Kleinkinder und als Set für die ganze Familie – aber bestimmt nicht für Cowboys.

BY THE WAY — NASHVILLE

In Nashville lebt neben vielen anderen Größen der Country-Musik auch Joanne Cash, eine Schwester von Johnny Cash, der 2003 hier gestorben ist. Sie verwaltet nicht nur das Erbe ihres legendären Bruders, sondern betreibt mit ihrem Mann, einem Pastor, eine höchst erfolgreiche Cowboy-Kirche: Mehrmals täglich finden

Gottesdienste mit Gospel- und Country-Musik statt, und natürlich performt die landesweit bekannte Country-Sängerin dort auch selbst.

Tennessee liegt im sogenannten Bible Belt, dem »Bibelgürtel« der USA. Der Begriff bezeichnet die südöstlichen US-Staaten, in denen der evangelikale Protestantismus fest in der Alltagskultur verankert ist. Nashville wiederum gilt als Buckle of the Bible Belt, die »Schnalle des Bibelgürtels«: Hier findet man überdurchschnittlich viele kirchliche Einrichtungen, Unternehmen mit entsprechendem Hintergrund, eine hohe Dichte an Gotteshäusern und eine streng gläubige Bevölkerungsmehrheit. Außerdem werden hier weltweit die meisten Bibeln hergestellt.

Aber nicht nur der Country-Musik und dem christlichen Gott wird gehuldigt, in Nashville befindet sich auch eine maßstabsgetreue Replik des Parthenon. Das als Kunstgalerie genutzte Bauwerk beherbergt folgerichtig eine Statue der Athene – die größte Skulptur der westlichen Welt innerhalb eines Gebäudes. Womit sich einmal mehr zeigt, dass man nur die richtigen Kategorien finden muss, um Superlative anzusammeln. Dass Athene mit ihrem Job als Schutzgöttin Athens vollends ausgelastet ist und nichts mit Nashville zu tun hat, scheint niemanden zu stören.

Zwischen Nashville und mir funkt es nicht. Außerdem werde ich müde – die großen Stars müssen ohne mich singen. Ich habe auch noch keinen Platz gefunden, an dem ich mich mit meinem Zelt sicher fühlen würde, und die Unterkünfte, die ich online finde, sind mir zu teuer. Also mache ich Josi und mich reisefertig, verlasse die Stadt in Richtung Nordwesten und fahre an mehreren Outlets für Cowboystiefel vorbei. Hier kauft man die also! Nach einer halben Stunde erreiche ich Ashland und baue mein Zelt hinter dem Amt für Kinder und Jugend auf, das erst um 9 Uhr öffnet; bis dahin will ich längst weg sein. Mit dem Gedanken an ein leckeres Frühstück und daran, dass ich dringend tanken muss, schlafe ich ein.

Am Morgen komme ich rechtzeitig los – bis zum Straßenrand. Beim Anlassen auf dem hinteren Parkplatz meckert Josi ein wenig, was ich gar nicht von ihr kenne. Gutes Zureden hilft, allerdings nur bis zum vorderen Parkplatz. Dann geht der Motor aus – und bleibt es. Ich stelle sie am Straßenrand ab, und laufe zur Tankstelle, die rechts in Sichtweite auf mich wartet, sich vor Ort aber als Waschanlage ohne Zapfsäule entpuppt. Also zurück und hinter dem Amt »einfach den Berg runter«, wie mir am car wash empfohlen wurde. Kurz überlege ich, ob ich nicht auf Josi den Berg runterrollen sollte, aber die kurze Steigung vorher schaffe ich um diese Uhrzeit definitiv nicht.

Nach etwa 100 Metern endet mein Leidensweg: Ein Pick-up hält neben mir, ein Tom bietet mir seine Hilfe an. Zehn Minuten später (merke: »Einfach den Berg runter!« ist eine sehr dehnbare Entfernungsangabe) erreichen wir die Tankstelle. Tom leiht bei der nebenan ansässigen Feuerwehr einen Kanister, der Rest ist ein Kinderspiel. Und ich bin sehr, sehr dankbar.

In »Cody's Diner« bekomme ich Frühstück. Es ist einer dieser kleinen Familienbetriebe, erfüllt von Herzlichkeit und Lachen, mit entspannten Gästen, witziger Einrichtung, leckerem Essen und einer besonderen Geschichte. Enkel Cody, nach dem der diner benannt ist, erkrankte als Kind an Krebs, niemand hätte auch nur einen Cent auf seine Genesung gesetzt. Zu Unrecht – heute treibt er seine Eltern mit Teenagerallüren in den Wahnsinn.

Gern würde ich länger hie bleiben, aber ich bin unruhig: Auch im diner sind Harveys Ausläufer und die damit verbundenen Regenmassen das bestimmende Thema. Unterwegs regnet es mal eine Weile, dann wieder nicht – richtig schlau werde ich aus diesen angeblichen Ausläufern nicht. Die Hoffnung, bald wieder in trockenen Klamotten zu fahren, habe ich allerdings aufgegeben. Ich fahre langsamer als sonst, so kühlt der Fahrtwind mich nicht ganz so sehr durch.

Meine Gewohnheit, ohne Navi vorrangig auf kleineren Straßen unterwegs zu sein und zur Orientierung meine Karte, Schilder und ganz altmodisch den Sonnenstand zu nutzen, bringt mich zuweilen in seltsame Gegenden. Auf der Suche nach einem Platz, an dem ich zwei oder drei Tage regengeschützt bleiben kann, fahre ich in ein größeres Waldgebiet. Es ist ruhig, und die Straße wird zu einem befestigten Schotterweg mit autoreifengroßen Schlaglöchern. Ich weiche ihnen aus, wobei ich mich fühle mich wie in einem Computerspiel – ein Eindruck, der sich angesichts des überall gespannten Stacheldrahtzauns und vieler »Nicht berühren – Explosionsgefahr«-Schilder auf unheimliche Weise verstärkt. In der nächsten halben Stunde kommen mir einige Traktoren entgegen. Die schnuckeligen Jungs im Fahrerhaus und ich grüßen uns freundlich. Na also, ziviles Gebiet. Oder auch nicht, denn bald rollen drei Panzer an mir vorbei. Jetzt verstehe ich, warum die Schlaglochkrater hier niemanden stören.

Die erschreckend jungen Soldaten, die aus den Panzern schauen, nicken mir zu. Es scheint hier eine duale Nutzung von zivilen und militärischen Fahrzeugen zu geben, okay. Ich muss nur aufpassen, dass ich mein Zelt nicht in einem Testfeld für Minen aufbaue.

Weniger gleichgültig als die Trecker- und Panzerfahrer ist der army ranger, auf den ich wenige Minuten später treffe. Jack erklärt mir, dass ich mich auf militärischem Sperrgebiet befinde und hier keinesfalls bleiben, geschweige denn campen könne. Das finde ich schade, diskutiere aber nicht. Außerdem nehme ich das nahende Unwetter angesichts der Mahnungen langsam ernster. Jack rät mir dringend, bis zum Abend an einem sicheren Ort zu sein, denn »then things will get ugly«. Seinem Range Rover folgend, gelange ich sicher durch das Sperrgebiet zur öffentlichen Straße. Zu dumm nur, dass ich nicht schon auf dem Hinweg Bilder von den Warnschildern gemacht habe. Wenn ich Jack unterwegs um Fotostopps gebeten hätte, wäre das der Völkerfreundschaft sicher wenig zuträglich gewesen.

KENTUCKY

Nach einer Stunde Fahrt sind meine Kleidung und ich wieder klamm. Dass ich inzwischen die Grenze nach Kentucky überquert habe, ändert daran leider nichts. Etwas Warmes muss her, und das bekomme ich in »John Henry's General Store & Grill« im 165-Seelen-Ort Lafayette. Meine Hände an einem Becher mit verheißungsvoll dampfendem Kaffee wärmend, schlendere ich durch den Laden, unsicher, ob die ausliegenden Gegenstände tatsächlich zu verkaufen oder eher Teil eines Museumsprojekts sind: Farmbedarf und Preislisten für Ofenbauer aus den 60er Jahren liegen neben altmodischen Küchengeräten, neuwertigen Sägen und liebevoll arrangierten, aber dennoch gruseligen Kunstblumen. Auch für die wirklich wichtigen Dinge ist gesorgt, das After Shave »Macho« sowie Handytaschen im Cowboy-Look warten auf Käufer. Dass Letztere nicht in Kentucky, sondern in China produziert wurden und dass nicht einmal ein Nokia-Handy aus meiner Jugend hineinpassen würde, hält mich nicht vom Kauf ab. Ich werde schon etwas dafür finden.

Das Geschäft gibt es seit 1937. Bei seiner Eröffnung war es der größte general store in Kentucky. Er versorgte die Region mit allem, und die heutige Besitzerfamilie führt den old time style stolz fort. Deshalb auch diese Mischung aus aktuellen und − im besten Sinne des Wortes − Vintage-Artikeln, wobei »aktuell« keinesfalls mit »modern« gleichgesetzt werden darf. Eher passt Mark Twains Äußerung:

> *»Wenn die Welt untergeht, will ich in Kentucky sein, weil dort alles zwanzig Jahre später geschieht als überall sonst.«*

Die Sorge von ranger Jack angesichts der Wetterlage arbeitet in mir. Vielleicht sollte ich mir doch ein verlassenes Haus suchen, in dem ich notfalls auch zwei Nächte bleiben kann? Ich fahre weiter über Land und halte Ausschau. Es dauert nicht lange, bis ich am Rand eines Getreidefeldes ein verwahrlostes Haus sehe. Sein Zustand lässt mich einen Versuch wagen: Die Farbe blättert von den Hauswänden, Gestrüpp rankt sich an den Regenrinnen empor, und die Bettlaken, die als Gardinenersatz dienen, hängen in Fetzen hinter zerbrochenen Fensterscheiben. Bei Gewitter würde dieser Ort perfekten Schutz und ebensolchen Ausblick bieten: Schon jetzt türmen sich die Wolken beeindruckend und bedrohlich hoch, während heftige Windböen durch das Feld pflügen.

Zunächst aber muss ich sicher sein, dass hier wirklich niemand wohnt. Über die morsche Holzveranda auf der Rückseite will ich ins Haus gehen – und erblicke dort ein unfassbares Chaos. Umgekippte Tische und Stühle, zerbrochenes Geschirr, verdreckte Eimer und aufgerissene, schimmelige Polstermöbel bilden ein solches Durcheinander, dass die fehlenden Verandawände keine Rolle mehr spielen – man hofft fast, dass die Natur all das bald gnädig bedecken möge.

Drei Stufen, die ich ganz langsam und mit einem mulmigen Gefühl hinaufsteige, führen in die Küche – zumindest lassen die Spüle und die Anordnung der offenstehenden Schränke und Schubladen vermuten, dass es sich darum handelt. Alles andere ist eine einzige Müllhalde, bestehend aus fettigen Pizzakartons, auf denen sich grüner Pelz ausbreitet, schmutzigen Papptellern, rostigen Küchengeräten, zerbrochenen Tassen und halbvollen Mülltüten. Die verdreckte Spüle ist von einem eingestaubten Spinnennetz überzogen, das sich über den Wasserhahn bis zum darüber liegenden Fenster ausdehnt. Hier gibt es schon seit einer Weile kein fließendes Wasser mehr.

Eine verbogene Brille liegt auf der Arbeitsplatte zwischen hereingewehtem Laub, ausgetrockneten Insektenleichen, Zigarettenasche und den Überresten dessen, was einmal ein Haushalt war, und macht das Chaos zugleich menschlicher und trauriger. Was ist das bloß für ein Haus? Ich versuche, mir vorzustellen, wie eine solches Chaos entstehen konnte – und scheitere. Hier kann unmöglich jemand leben – oder doch?

Mein Plan, hier zu übernachten, hatte sich schon beim ersten Schritt ins Haus erledigt. Zum einen wegen des unerträglichen Gestanks aus Schimmel, Verdorbenem, Feuchtem und weiteren, unerkennbaren Komponenten (Würde ich Leichengeruch erkennen, wenn er dabei wäre?) Zum anderen, weil ich keine zehn Quadratzentimeter Boden finde, die frei sind von ekligem Zeug.

Trotzdem – und obwohl ich bis zu dieser Stelle bestimmt schon zehn Minuten gebraucht habe – gehe ich weiter. Ich bin einfach zu neugierig auf das, was noch kommt. Schlimmer als die Küche kann es kaum werden. Ich betrete einen Raum, den ich nur wegen seiner Lage und Form als Wohnzimmer einordnen kann: kein Sofa, kein Tisch, keine Stühle; vielleicht war das, was ich auf der Veranda gesehen habe, der Rest davon. Dass im Raum noch Bilder und Lampen hängen, wundert mich, der obligatorische Propeller hingegen fehlt. Auf dem fleckenreichen Boden türmt sich ein Durcheinander aus Klamotten, Essenskartons, Lampenschirmen und Plastikverpackungen. Inzwischen überrascht mich nichts mehr – bis auf ein gelbes Rechteck, das mir seltsam vertraut vorkommt.

Ein Buch, hier – und nicht irgendeines! Zu meinen Füßen liegt Robert M. Pirsigs »Zen und die Kunst, ein Motorrad zu warten«, ein Kultbuch unter Motorradfahrern. Ich starre das Wunder ungläubig an. Dieses Buch in einem solchen Müllhaufen? Ich hebe das arme Ding auf, wische etwas Dreck ab – und in diesem Moment knarrt eine Tür. Schneller, als man »Zen« sagen kann, renne ich aus dem Haus. Draußen zwinge ich mich, ruhig zu atmen und auf verdächtige Geräusche zu lauschen, während ich das gerettete Buch fest an mich drücke. Aber kaum habe ich mich von dem Schreck erholt, übernimmt die Möchtegern-Detektivin in mir: Wenn da wirklich jemand drin ist, dann geht es ihm gar nicht gut, denn er ist sehr, sehr langsam. Sonst wäre er längst herausgekommen. Es gibt keine Spuren von kürzlichen Aktivitäten, keinen staubfreien Bereich und keinen Essenskarton aus jüngerer Zeit. Wenn da jemand ist, dann ist er nicht fit, nicht jung und nicht gefährlich. Vielleicht krank, alt oder drogensüchtig? Mag sein, aber dann hätte ich irgendeinen menschlichen Laut gehört. Also ist da doch gar keiner?

Ich traue mich nicht sofort wieder rein, muss auf diesen Schrecken erst einmal etwas essen. Mit den Frühstücksresten von »Cody's Diner« setze ich mich so hin, dass ich auch die Vorderseite des Hauses im Blick habe. Diese Entscheidung erweist sich als sehr gut, denn nach

einer Weile höre ich das Knarren, das mich in die Flucht geschlagen hat. Von meinem Platz aus sehe ich auch die Erklärung: Die offene Terrassentür bewegt sich im Wind – knarrend, idyllisch und harmlos.

Nun wage ich es, auch den Rest des Hauses zu erkunden. Den größten Schatz habe ich ja schon gefunden, aber auch das hintere Zimmer ist spannend, weil es bis zu einem Meter Höhe mit Möbeln, Kleidung, Computerteilen und Büchern angefüllt ist. Und wieder sind es nicht irgendwelche Bücher, sondern unter anderem der Wälzer »General Chemistry«. Ich wüsste zu gern, welche Geschichten sich in diesem Haus abgespielt haben.

Allmählich sollte ich mich wieder auf den Weg machen. Der Regen naht, und dieser Unterschlupf hat sich erledigt. Ich verstaue das Buch und fahre auf dem Feldweg weiter, in Richtung einiger Scheunen, die zwischen den schwankenden Bäumen erkennbar sind. Die hohen Wellblechgebäude stehen offen, aber zu sehen ist niemand. Hier könnte ich das Unwetter sicher überstehen – und Josi auch, was absoluter Luxus wäre. Ich warte einige Minuten und genieße die Atmosphäre vor dem Sturm. Ich bin im Oktober geboren, vielleicht mag ich sie deshalb so sehr.

Endlich kommt der Farmer, gefolgt von schmutzigen und entspannten Kühen. Draußen scheint es einige Schlammlöcher zu geben. Ich stelle mich vor, schildere Howard meine Situation und frage, ob ich in der Scheune warten und notfalls übernachten dürfe, bis das Unwetter vorbei sei. Leider sollen seine Kühe genau das tun. Empfehlungen für die nähere Umgebung hat Howard leider nicht: »There's nothin' much here.« Immerhin kann er mir sagen, dass die Regenfälle erst in zwei Stunden ankommen werden; als Farmer hat er genaue Wetter-Apps. Immerhin, bis dahin sollte ich etwas gefunden haben.

Ich fahre auf kleinen Straßen weiter, immer grob die Richtung nach Seattle haltend. Viel gibt es hier nicht, nur ganz viel Gegend. Kurz vor einer Brücke kündigt mir ein Schild den Erholungspark Land Between the Lakes an, das »Land zwischen den Seen«. Ich mag solche romantischen Namen, hier will ich bleiben. Eine Seitenstraße führt mich nicht nur weg vom spärlichen Verkehr, sondern auch auf eine riesige, hügelige Wiese mit einem großen Holzunterstand am bewaldeten Rand. Auf dem befestigten Boden müssten Josi, das Zelt und ich alles überstehen können, was Harvey uns bringen wird.

Eine Stunde später geht es los, und zwar richtig. Kräftig und laut, mit Gewitter und Sturm. Ich kann mich nicht daran erinnern, jemals so starken Regen erlebt zu haben. Eine Weile schaue ich noch in den dichten Regen, dann mache ich es mir im Zelt mit einem Buch gemütlich und schlafe bald danach ein. Als ich am nächsten Morgen wach werde, regnet es unvermindert heftig. Zum Glück liege ich auf festem Grund, nichts kann aufweichen. Da ich weder weiterfahren will noch muss, drehe ich mich wohlig um und schlafe weiter. Gegen Mittag regnet es nur noch leicht, und weil ich allmählich Hunger bekomme, entscheide ich mich für einen Ortswechsel. Schade eigentlich, denn es ist gerade wunderschön: Überall steigt Nebel auf, während das satte Grün von Bäumen und Sträuchern langsam wieder sichtbar wird. Die Idylle wird nur gestört von dem Idioten, der irgendwo in der Nähe seine Schießübungen macht, und seinem Hund, der jeden Schuss mit nervtötend hohem Kläffen begleitet. Ich muss hier weg, bevor ich aggressiv werde.

Über eine Brücke verlasse ich den Park und suche mir für mein Frühstück einen diner. Wie so häufig läuft ein Fernseher, und so erfahre ich, dass Hurrikan Harvey als zweitstärkster Hurrikan der letzten zwölf Jahre vor allem in den Staaten Texas und Louisiana heftige Schäden angerichtet hat: Weit über 40.000 Häuser sind zerstört, 68 Menschen sind bisher gestorben. Ich bin froh, dass ich so weit weg bin.

Über das hauseigene WLAN schaue ich mir das »Land Between the Lakes« genauer an. Es liegt zwischen dem Lake Barkley und dem Kentucky Lake. Beide sind extrem lang und schmal und umschließen eine Halbinsel, deren Form an den New Yorker Central Park erinnert. Während sich Tennessee über das südliche Drittel freuen kann, gehört der Rest zu Kentucky.

Noch etwa zwei Stunden fahre ich in westlicher Richtung durch Kentucky. Und natürlich kommt mir mehrmals der Gedanke, genau hier eine ordentliche Portion Chicken Wings bei Kentucky Fried Chicken zu verputzen. Um die Aufzuchtbedingungen der Hühner wissend – und zugegebenermaßen mangels Gelegenheit –, esse ich zu Hause selten bei KFC. Jetzt bin ich froh, dass ich noch satt bin und so nicht in Versuchung komme.

Bald gelange ich wieder ans Wasser: Der Mississippi fließt in seiner breiten, schmutzig-braunen Pracht von Nord nach Süd an mir vorbei. In Sichtweite geht der Ohio River in ihm auf. Und während ich den Mississippi überquere, fahre ich in Illinois ein.

ILLINOIS

Schon bald taucht eine Stadt auf, und ich hätte kaum einen Namen weniger vermutet als Cairo. Zum einen, weil ich noch nie über ägyptische Einwanderung in die USA nachgedacht habe, zum anderen, weil ich mit Kairo immer noch Wohlstand und Pracht verbinde.

Nichts in dieser Stadt, die ich ganz langsam, weil schockiert-staunend durchfahre, deutet auch nur im Geringsten auf Wohlstand hin. Wohin ich auch schaue, sehe ich leerstehende, fensterlose und eingestürzte Häuser, die langsam hinter Sträuchern und Hecken verschwinden. Angrenzende Häuser wirken, selbst wenn sie noch bewohnt sind, verwahrlost. Farbe und Putz blättern von den Häuserwänden, auf den Bürgersteigen wuchert hüfthoch das Unkraut. Es wirkt, als wollte sich die Stadt wolle hinter der Natur verstecken. Später werde ich lesen, dass Cairo »Cair-o« ausgesprochen wird, aber nach care, »Fürsorge«, sieht hier nicht ein Gebäude, nicht eine Straße aus. Das einzig Stolze in dieser Stadt scheinen die US-Flaggen zu sein, die ausgefranst, aber stetig im Wind flattern.

Obwohl es Freitagnachmittag ist, sind kaum Menschen unterwegs; sie schauen, wenn überhaupt, nur kurz auf Josi und mich. Welche Antworten ich wohl bekäme, wenn ich sie nach ihren Träumen fragte? Ich fürchte, eine solche Frage könnte wie Hohn wirken.

Wirklich gruselig wirkt die Stadt aber dadurch, dass kein einziges Auto auf den Straßen fährt. Ein paar ältere Wagen parken links und rechts, sonst sehe ich keines. Dabei bin ich noch immer in den USA! Die ganze Atmosphäre ist so deprimierend und resigniert, dass ich mich schäme, als personifizierter Wohlstand auf zwei Rädern durch diese offenbar sterbende Stadt zu fahren.

BY THE WAY — CAIRO, ILLINOIS

Landesweit ist Cairo in den zurückliegenden Jahren zum Symbol für den Untergang einer Stadt geworden, für manch einen sogar zum Symbol für das untergehende Amerika. Der aus Illinois stammende Musiker Stace England formuliert es so: »Wer Amerika verstehen will, sollte sich die Geschichte von Cairo anhören. Die rassistischen Auseinandersetzungen, der Gegensatz zwischen Norden und Süden – all das hat hier Ausdruck gefunden. Ich persönlich habe erst hier begriffen, was es heißt, Amerikaner zu sein. Cairo ist die Geschichte Amerikas in einer Kapsel. Hier spiegelt sich unsere Kultur und das, womit wir uns seit so vielen Jahren herumschlagen.«

Benannt wurde Cairo nach der ägyptischen Hauptstadt, weil die Gründer ähnliche topografische Bedingungen zu erkennen glaubten. Das südliche Illinois wurde daraufhin als Little Egypt bekannt. Cairos Lage am Zusammenfluss von Mississippi und Ohio war von Anfang an Fluch und Segen zugleich: Bald nach ihrer Gründung im Jahr 1837 war die Stadt ein wichtiger Umschlagplatz für Schiffs- und Eisenbahngüter, allerdings gab und gibt es immer wieder Überschwemmungen.

Es waren jedoch vor allem rassistische Auseinandersetzungen im 19. Jahrhundert, die die Entwicklung der Stadt beeinträchtigten.

125

Als südlichster Punkt des Staates Illinois, der zusammen mit den nördlichen Staaten die Sklavenhaltung abschaffte, blieb Cairo (der Blick auf eine Karte lohnt sich!) von drei Seiten dem Einfluss der Südstaaten Kentucky und Missouri ausgesetzt. Schwarze Menschen waren zwar offiziell frei, wurden aber weiter wie Sklaven behandelt. Viele, die unter Lebensgefahr der Sklaverei der Südstaaten entflohen waren, hofften irrtümlicherweise auf ein neues Leben in Cairo. So lässt auch Mark Twain die Figuren Huck Finn und den entflohenen Sklaven Jim dorthin aufbrechen – Jim will in Cairo ein Leben als freier Mensch beginnen.

Wirtschaftlich geht es der Stadt und ihren Bewohnern seit Jahrzehnten immer schlechter: Geschäfte schließen, die Infrastruktur verrottet, die Bevölkerung ist seit den 1920er Jahren von damals 20.000 auf jetzt knapp 2.000 geschrumpft – der stärkste Rückgang in einer amerikanischen Stadt.

Wenigstens einen positiven Aspekt kann man dieser Entwicklung abgewinnen, sagt Stace England zwischen Resignation und Hoffnung: »In Cairo gibt es keinen Grund mehr, eine rassistische Haltung an den Tag zu legen, keine Jobs, um die man konkurrieren könnte. Alle haben mit denselben Problemen zu kämpfen. Schwarze und Weiße sind enger zusammengerückt.«

Nach dieser Tristesse brauche ich Natur, Grün, Leben. Möglichst schnell verlasse ich Cairo; dass der nächste Ort Future City heißt, scheint blanker Hohn.

Einige Meilen nordwestlich von Cairo folge ich einem Campingplatzschild erst in eine kleine Straße und dann auf einen Schotterweg, um schließlich am Horseshoe Lake und einem winzig kleinen Campingplatz anzukommen. Das Wasser plätschert leise, Vögel unterhalten sich lautstark, während die wenigen Menschen, die sich hier niedergelassen haben, angenehm leise sind. Perfekt.

Ich erkunde das Gelände und bleibe staunend am Ufer des Sees stehen – die Bäume sehen zu seltsam aus. Es sind Sumpfzypressen, aber sie könnten auch aus einer anderen Welt stammen. Ruhig und majestätisch stehen sie im Wasser, die Spiegelung der Stämme lässt sie noch mächtiger wirken. Ob ich hier baden kann? Ich drehe mich um und frage eine Familie, die mit ihrem Wohnwagen direkt am Wasser campt. Die deutliche Antwort kommt vom Vater: »Klar, kein Problem, aber du wirst nicht allein sein. Hier schwimmen auch Schlangen.« Na super! Ich habe seit Tagen nicht geduscht, Wasser rundum wäre wundervoll gewesen. Vater Ken scheint meine Gedanken zu lesen (zumindest hoffe ich, dass nicht mein Geruch ihn zu folgendem Angebot motiviert): »Du kannst in unserem Wohnwagen duschen, wenn du magst!«

Ich zögere und denke schließlich laut nach: »Total gern, aber ich muss gleich noch in die Stadt – mein Motorrad braucht dringend einen Check. Morgen ist Samstag, und ich glaube nicht, dass ich da jemanden in der Werkstatt erwische … «

»Willst Du nach Cape Girardeau? Kein Problem, ich kenne Brian, den Mechaniker. Ich rufe ihn an, dann kannst du morgen einfach vorbeifahren.«

Kens Frau Ruth nickt mir ermutigend zu. Manchmal bin ich von diesen Zufällen überfordert, die auf Reisen viel häufiger auftauchen als im Alltag.

Während ich in dem überraschend geräumigen Wohnwagenbad dusche, regelt Ken alles. Ich bin ihm und Ruth dankbar für Dusche und Organisation, lehne die Einladung zu einem gemeinsamen Abend jedoch ab. Das mag unhöflich sein, aber ich kann nicht anders, denn es fällt mir schwer, mich mit Ken zu unterhalten. Nach gefühlt jedem dritten Wort gönnt er sich eine Portion Kautabak, bewegt ihn dort nicht nur mit offenem Mund, sondern auch redend von einer Wange in die andere, speichelt ihn durch, vermischt ihn mit dem bereits im Mund vorhandenen Tabakball und kaut die Masse weiter. Regelmäßig spuckt er braunschleimige Klumpen ins Gras und schiebt neuen Tabak nach. Bliebe ich, würde ich ihn den ganzen Abend mit einer Mischung aus Faszination und Ekel anstarren.

Damit Kens Rotzen nicht der letzte Eindruck des Tages ist, fahre ich am See entlang zur Kneipe »Horseshoe Bar & Grill«. Sie ist randvoll mit Landmenschen im besten Sinne, jeder scheint jeden zu kennen. Natürlich falle ich als Fremde auf, und so bleibe ich auch nicht lange allein. Ein Tisch von hinten links schickt einen Abgesandten, der mich freundlich begrüßt und noch freundlicher ausfragt. Danach nähert sich eine Lady, die offensichtlich zum Pub gehört. Wir mögen uns sofort. Sie heißt Sherry und macht mich mit dem angenehm bodenständigen Cocktail des Hauses und einer ordentlichen Portion Nachos glücklich. Plötzlich bin ich nicht mehr allein, sondern Teil der Pub-Gemeinschaft. Und weil Joe, der Abgesandte vom Tisch hinten links, seinen Job anständig erledigt hat, werde ich auch nicht weiter ausgefragt. Es tut gut, auch mal wieder über andere Themen zu reden oder einfach nur zuhören zu können – bei den meisten Begegnungen der vergangenen neun Wochen ging es ja doch um mich und meine Reise.

Es stellt sich heraus, dass Sherry die Inhaberin der Bar ist. Sie hat ihren Marketingjob aufgegeben, um die Grill-Bar wiederzueröffnen, die jahrzehntelang Treffpunkt der Menschen in der Region um den Ort Olive Branch gewesen war. Seit fünf Monaten sind Zapfhahn und Grillrost wieder in Betrieb, und offenbar hatten alle darauf gewartet.

Ich frage Sherry, was ihr größter Traum sei. Sie überlegt eine Weile, lächelt und gibt dann die Antwort, die ich schon fast erwartet habe: »Ich habe keinen großen Traum mehr. Ich habe ihn mir mit meinem »Horseshoe Bar & Grill« erfüllt. Hier kommen die Menschen aus der Gegend zusammen, Menschen, die ich liebe. Hier können wir uns gegenseitig helfen, wenn jemand in Not ist – hier kann jeder ein bisschen zu Hause sein. Mehr kann ich mir gar nicht wünschen.« Da hat sie wohl Recht. Ich bin froh, hier ein paar Stunden zu Hause sein zu dürfen und ihren Cocktail zu genießen. Oder auch zwei.

Beseelt fahre ich durch die laue Nacht zum Campingplatz zurück. Unterwegs halte ich an und schalte Josis Licht aus. Von den Zypressen im See sind nur die Umrisse zu erkennen, das Wasser schwappt leise ans Ufer. Nur natürliche Geräusche sind zu hören – etwas, das ich aus meinem Alltag kaum noch kenne und das meiner Seele guttut.

Von Wundern, Wunden und Waffen

Am nächsten Morgen baue ich mein Zelt ab, verabschiede mich von Ken und Ruth, überquere den Mississippi und bin in Cape Girardeau, Missouri. Mir ist klar, dass der Check in der BMW-Niederlassung nötig ist, aber mir graut vor der Rechnung. Brian erwartet mich schon, ich kann Josi gleich abgeben. Ich weiß das zu schätzen, schließlich ist nicht nur Samstag, es ist sogar der Samstag vor dem langen Labor Day-Wochenende.

Zwei Stunden habe ich Zeit, bis ich Josi wieder abholen kann. Ich schlendere durch die Stadt, die seltsam verlassen wirkt. Ist es wegen der Hitze? Obwohl ich nur im Schatten gehe, ist es kaum auszuhalten. Auf der gegenüberliegenden Straßenseite taucht das riesige Mississippi River Tales Mural auf. Die Wandmalerei auf einer Flutschutzwand zeigt Szenen aus der Stadtgeschichte – und aus der Geschichte des Mississippi. Mit einem Mal tut sich der mächtige Fluss vor mir auf. Er ist unglaublich breit und schiebt sich, als wäre er ebenfalls träge von der Hitze, unendlich langsam vorwärts. An seinem Ufer liegt ein Schaufelraddampfer, und obwohl es ein Nachbau für Touristen ist, lasse ich mich in die Vergangenheit zurückversetzen: Ich sehe Damen in weißen Kleidern, die sich mit spitzenbesetzten Schirmen vor der Sonne schützen, Herren in leichten Sommeranzügen und hinter ihnen Bedienstete, die Koffer tragen oder das Schiff beladen. Die Dampfschiffe der Jahrhundertwende müssen eine Pracht gewesen sein – kein Plastik, nur Holz, Metall und Stoffe. Aber auch jede Menge Ruß und Gestank.

Ich gehe weiter durch downtown Cape Girardeau. Auf der Suche nach einem Café, in dem ich die restliche Zeit arbeitend und lesend verbringen kann, fallen mir an vielen Laternenpfählen seltsame Vorrichtungen auf. Irgendwann hebe ich eine der kleinen Klappen an und staune: ein USB-Anschluss! Warum ist mir so etwas in Deutschland noch nicht begegnet?

In dem Café, in dem ich mich für den Rest der Wartezeit niederlasse, entdecke ich eine Bücherwand, die wie geschaffen ist für das gerettete Zen-Buch. Ich stelle es hinein; hier bleibt es warm und trocken, bis wieder jemand darüber stolpert.

Wenig später ist Josi bereit für die nächsten 20.000 Kilometer. Die Rechnung ist mit knapp 600 Dollar jenseits meiner Schmerzgrenze, aber vollkommen angemessen. Die Jungs haben erledigt, was nötig war, und ich kann beruhigt weiterfahren.

Der nächste Tag ist wieder unerträglich heiß. Ich fahre ja schon in leichten Klamotten – Motorradhose und -jacke sind hinten festgeschnallt – aber das hilft weder meinen stinkenden Füßen noch meinem Kopf, der sich immer matschiger anfühlt. Am Mittag lege ich auf einer weitläufigen Raststätte eine längere Pause ein. Ich will abkühlen, etwas essen, viel trinken, ein wenig arbeiten und vor allem die heißen Stunden verstreichen lassen.

Irgendwann sehe ich aus dem Fenster einen stark übergewichtigen Mann aus seinem Truck steigen. Mit freiem Oberkörper schlendert er, ein Handtuch und Waschzeug unter dem Arm, in Richtung Raststätte. Ich brauche eine Weile, um zu begreifen, was das bedeutet: Hier könnte es Duschen geben! Die Kellnerin bestätigt meine Hoffnung und offenbart: Der Eintritt ins Paradies kostet nur zwei Dollar, inklusive Handtuch. Das ist gut, denn ich habe meines in den letzten Tagen während der Fahrt verloren. Ich verschiebe das Essen auf später, verstaue Laptop & Co. in Josis Koffern und nehme die zu waschende Wäsche heraus – also alles. So heiß, wie es gerade ist, müsste sie im Handumdrehen trockendampfen.

Mit meiner Wäsche, Waschzeug und einem Handtuch, das derart verschlissen ist, dass man ohne Probleme den Ursprung des Wortes

»fadenscheinig« erkennt, betrete ich die Dusche, die mit mir auch schon fast überfüllt ist. Sie ist verhältnismäßig sauber, wenn auch sichtlich alt und abgenutzt. Ich vertreibe die Bilder der Trucker, die sich sonst in dieses Räumchen quetschen, aus meinem Kopf und genieße das erfrischende Wasser.

Mit dem Waschen meiner Wäsche bin ich dann noch eine halbe Stunde beschäftigt. Anschließend verteile ich die einzelnen Wäschestücke unter neugierigen Blicken von allen Seiten strategisch auf dem Motorrad: Socken ziehe ich über die Spiegel, Unterwäsche hängt an den Blinkern, Shirts und Pulli breite ich auf der Sitzbank und den Koffern aus. Zufrieden, erfrischt und nun endgültig hungrig suche ich mir im Restaurant einen neuen Platz, von dem aus ich meinen weit gereisten Wäscheständer im Blick habe.

Eine Stunde später bin ich satt, heruntergekühlt und glücklich. Einige Wäscheteile sind schon trocken, die anderen klemme ich zwischen Gepäck und Spannnetz fest, sodass Sonne und Wind sie während der Fahrt vollständig trocknen können. Das ist praktisch, birgt aber auch Risiken: Auf diese Weise habe ich schon ein Handtuch, drei Socken, ein Shirt und ein Paar Flipflops verloren – hoffentlich ist nichts davon an einer Windschutzscheibe hinter mir gelandet.

Wieder wähle ich die kleineren Straßen in Richtung Nordwesten, denn auf die Interstate 55 habe ich keine Lust. Manchmal überlege ich, ob ich nicht doch endlich einen Zeitplan für die Tour aufstellen sollte, damit es gegen Ende nicht knapp wird. Aber alles in mir sträubt sich dagegen, ich will einfach nicht nach Zeitvorgaben fahren. Ich weiß, dass ich nicht bedenkenlos zwei Wochen irgendwo bleiben kann, aber ein wenig möchte ich mich treiben lassen. Mitte Oktober will ich in Seattle sein, das muss als Orientierung reichen.

Die Landstraße führt mich durch den Mark Twain Forest. Bald entdecke ich zwischen hügeligen Feldern und verstreuten Baumgruppen einen kleinen Teich. Was gäbe ich für ein erfrischendes Bad! Bei dieser Hitze bin ich trotz luftiger Klamotten durchgeschwitzt, meine Füße schwimmen mal wieder in den Stiefeln. Als ich das Ufer über einen schmalen Feldweg erreiche, verkrümelt sich meine Vorfreude beleidigt. Das Wasser ist so schlammig, dass es schon Fango-Charakter hat. Außerdem ist es badewasserwarm. Dann eben nicht. Ich baue mein Zelt auf, freue mich über die Weintrauben, die ich aus Cape Girardeau mitgenommen habe, und schlafe in der Dämmerung ein.

Mitten in der Nacht werde ich von lautem Motorengeräusch geweckt. Ein Auto rumpelt den Feldweg herunter, immer wieder streifen seine Lichter mein Zelt. Ein paar Meter entfernt bleibt das Auto stehen, Motor und Lichter bleiben an. Dann ist es still. Schon einige Male habe ich mir Fenster an meinem Zelt gewünscht, denn hier drin sind der Erkenntnisgewinn und somit die Handlungsoptionen begrenzt. Inzwischen bin ich etwas nervös, und die Tatsache, dass ich mein Pfefferspray nicht finde, macht den letzten Rest Souveränität zunichte. Ich durchwühle alle Taschen und halte immer wieder lauschend inne. Von der gegnerischen Seite kommt kein Geräusch. Endlich finde ich das Pfefferspray. Jetzt muss ich mich nur noch raustrauen, sonst kommen wir hier nicht weiter. Langsam öffne ich erst den inneren Reißverschluss, dann den äußeren. Am Auto tut sich noch immer nichts. Der Motor brummt ruhig vor sich hin, und im Scheinwerferlicht tummeln sich fröhlich die Insekten. Mein Spraydöschen umklammernd, durchquere ich wagemutig die beiden Lichtkegel in Richtung Fahrerseite. Und stelle fest, dass ich störe: Zwei pickelige und verängstigte Teenager schauen mich an – eigentlich zu jung, um jetzt noch unterwegs zu sein. Offenbar wollen sie hier nur ein wenig knutschen; ob nebenan jemand zeltet, ist ihnen herzlich egal. Ich wünsche den beiden viel Spaß und verziehe mich mit meinem Pfefferspray ins Zelt.

Es scheint die Region der skurrilen Begegnungen zu sein. Am späten Nachmittag des nächsten Tages halte ich in Glasgow, einem liebevoll restaurierten Städtchen am Missouri. Ich brauche dringend eine Kaffeepause und betrete ein Café, in dem drei Tische von älteren

Damen besetzt sind. Sie schauen nur einen Moment auf, offenbar fordert das Kartenspiel ihre volle Konzentration. Seltsam ist, dass die Ladys hier seelenruhig spielen, während die Bedienung kurz davor ist, den Laden zu schließen. Die Erklärung folgt auf meine Frage nach einem Kaffee: Sie schließe gerade, aber die Ladys würden immer hier spielen, deshalb dürften sie noch bleiben und den Laden irgendwann selbstständig abschließen. Ich liebe das selbstverständliche Vertrauen in Gemeinschaften, in denen sich Verbundenheit und Rituale entwickelt haben. Während ich mich noch daran erfreue, hat die Inhaberin eine grandiose Idee: Sie macht mir einfach einen Kaffee, und ich kann bleiben, bis die Ladys fertig gespielt haben. Wie schön! Bestimmt eine Stunde lang genieße ich die Atmosphäre und den Kaffee, arbeite ein wenig und beobachte immer wieder die alten Damen an den Tischen. Zwischen den Spielen ist Zeit für den einen oder anderen kurzen Plausch:

»Hi, schön, dass du hier bist! Woher kommst du?«

»Aus Deutschland.«

»Oh, wirklich? Aus Deutschland?« Quer durch den Raum ruft sie einer anderen Lady lautstark zu: »Jenny, wir hatten hier doch auch mal drei Deutsche – leben die noch?«

Ich bin kurz davor, meinen Kaffee über den Tisch zu prusten, so sehr muss ich lachen. Bedeutet die Frage, dass es gefährlich ist, hier Deutsche zu sein? Ganz bestimmt nicht, die Ladys sind richtig nett. Und sie haben Humor: Wegen ihrer weißen Haare sprechen sie von sich als Q-tips, Wattestäbchen. Mit einem beglückten Grinsen verlasse ich Glasgow ein paar Stunden später.

Im Zentrum des nicht weit entfernten Marshall stoße ich zwischen einer Kirche und einem Bretterzaun auf ein Rasenstück. Der angrenzende Parkplatz hat offenbar nur auf Josi gewartet. Doch damit nicht genug: Am Rand der Parkfläche fällt mein Blick erst auf eine kleine Baustelle und dann auf ein dazugehöriges Dixi-Klo. Könnte es tatsächlich unverschlossen sein? Kann es, was für ein Luxus! Kurz schaue ich mich nach einem Pool und einer Cocktailbar um – beides würde mich jetzt kaum noch überraschen. Ich baue mein Zelt zwischen Zaun und Kirche auf, richte mich ein, nutze das unerwartet saubere Dixi-Klo und frage mich wieder einmal, warum ich auf einem Plumpsklo immer nach der Spülung suche.

Am Morgen wache ich gegen 6 Uhr auf – ich will weg sein, wenn die Bauarbeiter kommen. Es sind jedoch nicht sie, die wenig später auftauchen, sondern drei Polizeiwagen. Sie halten kreuz und quer auf dem Parkplatz, fünf Polizisten steigen aus. Vorsichtig nähern sie sich dem Klohäuschen; mich haben sie noch gar nicht entdeckt. Sie klopfen an die Plastiktür, rufen und öffnen die Tür, als niemand antwortet. Ich überlege, ob irgendeine meiner Taten einen solchen Einsatz rechtfertigen könnte, als sie auch schon vom leeren Dixi-Klo zu Josi hinübergehen. Nun kann ich nicht mehr nur zuschauen, ich muss aus der Deckung kommen. Sobald geklärt ist, dass Josi mir gehört, sind die Jungs nett und beeindruckt – auf diesen Effekt kann ich mich offenbar verlassen. Ich frage, was los sei und warum sie sich für Josi interessieren. »Heute Nacht ist jemand hier langgefahren und hat das Motorrad vor dem verschlossenen Klo gesehen. Als er jetzt alles unverändert vorfand, hat er uns gerufen. Er hatte Angst, der Motorradfahrer sei in einem schlechten Zustand in der Toilette geblieben.« Da war jemand wirklich rührend besorgt – vielleicht sollte ich mein Zelt in Zukunft nicht so gut verstecken?

BY THE WAY — JIM, DER WUNDERHUND

Die Wikipedia-Seite der Stadt Marshall weist nicht nur die übliche Kategorie »Berühmte Persönlichkeiten« auf, sondern erzählt auch unter »Berühmtes Tier« von Jim, dem Wunderhund. Der English Setter lebte von 1925 bis 1937 hier in Marshall. Eigentlich sollte er rassegemäß zum Jagdhund ausgebildet werden, widersetzte sich jedoch allen Trainingsversuchen, sah nur beim Training der anderen Hunde zu. Offenbar reichte das, denn ab dem ersten Einsatz erwies sich Jim als perfekter Jagdhund. Doch nicht nur das. Als sein Herrchen an einem heißen Sommertag gedankenverloren

»Lass uns unter dem Walnussbaum da hinten ausruhen« murmelte, lief Jim schnurstracks zu diesem hin, während er andere Bäume ignorierte. Verblüfft benannte sein Herrchen daraufhin verschiedene Bäume, die Jim ebenfalls zielsicher ansteuerte. Seinem Herrchen zufolge konnte er auch Autos nach Modell, Farbe und Nummernschild erkennen und in Menschenmengen den »Mann, der Eisenwaren verkauft«, den »Mann, der sich um kranke Leute kümmert« oder den »Besucher aus Kansas City« finden. Als wäre das noch nicht genug, konnte Jim Befehle in fremden Sprachen, in Kurzschrift, ja sogar in Morsesprache verstehen sowie Sportergebnisse und das Geschlecht ungeborener Kinder vorhersagen. Natürlich trat er mit diesen Fähigkeiten auch in großen Fernsehshows auf.

Medizinische Tests konnten an Jim nichts Ungewöhnliches feststellen. Nach seinem Tod wurde eine lebensgroße Plastik von ihm angefertigt, unter der Jim bis heute auf dem Friedhof von Marshall ruht. Gleich neben dem Friedhof entstand wenig später das »Jim the Wonder Dog Museum«.

Kulinarisch spricht Marshall mich um diese Uhrzeit noch nicht an, also fahre ich weiter und pausiere im »Waverly Apple BBQ«. Es ist urgemütlich, fast bayerisch eingerichtet, und die vielen Sinn- und Unsinnssprüche an den Wänden bringen mich zum Lachen. Als einziger Gast komme ich schnell mit dem Inhaber ins Gespräch. Er findet mein Abenteuer so spannend, dass er mir für ein üppiges Frühstück nichts berechnet – gern nehme ich das an.

Vor Freude über den gelungenen Tagesstart vergesse ich beim Losfahren, dass physikalische Kräfte auch in Glücksphasen wirken: Wer mit dem Motorrad langsam an einer Steigung anfährt und gleichzeitig in die Kurve geht, kippt um. Immer. Ich habe es schon einige Male erlebt, aber leider fällt es mir immer erst hinterher ein. Meist schaffe ich es, rechtzeitig von der fallenden Josi wegzuspringen. Heute allerdings schlägt mein rechtes Schienbein kräftig gegen den

Sturzbügel. Zunächst kann ich den Schmerz ignorieren, schließlich muss Josi wieder hochgewuchtet werden. Allein habe ich das noch nie geschafft, und so bin ich froh, dass der Inhaber mir gleich zu Hilfe eilt. Der nächste Anfahrversuch klappt ohne Sturz, und ich rolle vom Hof.

Kurz danach kommt der Schmerz, aber so richtig. Bis auf Kopfschmerzen kann ich eigentlich eine Menge davon ertragen, aber das hier ist schlimm und wird immer schlimmer. Von der Mitte des Schienbeins aus strahlt der Schmerz bis in Fuß und Oberschenkel, jeder Bremsvorgang ist eine Qual. Nach ein paar Minuten und mit Tränen unter dem Helm muss ich mir eingestehen, dass ich nicht weiterfahren kann. Beim Schild »Welcome to Higginsville – 6 miles South.« biege ich nach Süden ab, fluchend, weil ich doch nach Nordwesten muss und weil sich sechs Meilen bei diesem Schmerz unendlich weit weg anfühlen.

Endlich komme ich an, suche nach meinem Lieblingsanlaufpunkt »Bibliothek« und finde sie. So beherrscht wie möglich und wegen der verweinten Augen mit Sonnenbrille – ich will ja niemanden erschrecken – frage ich an der Rezeption nach der Toilette und stelle dort fest, dass Tränen durchaus angebracht sind: Mein Schienbein sieht aus, als wüchse aus ihm ein weiteres Knie. Allemal besser als ein Bruch, aber Schmerzen und Anblick sind so unerträglich, dass ich noch einmal richtig losheule.

Als ich die Toilette wieder freigebe und zu einem Stuhl in der Bibliothek schleiche, spricht mich Tina an. Wie immer fange ich bei unerwarteter Zuwendung richtig an zu weinen, sodass die Bibliothekarin die Antwort auf ihr »Are you alright, dear?« nonverbal erhält. Ich zeige ihr mein lädiertes Bein, woraufhin sie sofort Eiswürfel aus einer benachbarten Behörde besorgt. Tina bietet mir an, so lange zu bleiben, wie ich möchte, und natürlich nehme ich an. Im Laufe des Tages erlebe ich eine Babykrabbel- und -singgruppe, darf mir im Leseraum eine Arbeitsecke einrichten und den Toilettenraum als Badezimmer benutzen. Am späten Nachmittag ist klar: An Weiterfahren ist nicht zu denken. Tina, die Seele der Bibliothek, von den Besuchern liebe- und respektvoll »Miss Tina« genannt, zeigt mir eine Wiese hinter dem Gebäude – perfekt für mein Zelt.

Drei Tage bleibe ich in Higginsville, lerne Stammgäste der Bibliothek kennen und finde um die Ecke ein mexikanisches Restaurant, das mittags und abends geöffnet hat. Bei meinem ersten Besuch humple ich noch zu einem Tisch und bitte um Eis, danach scheint immer schon ein Eisbeutel auf mich zu warten, der Bein und Schmerzen unter sich begräbt.

Nach zwei Nächten ist das Bein etwas abgeschwollen und die Schmerzen so erträglich, dass ich wieder in die Motorradstiefel passe. Ich will die Gelegenheit zu einem Besuch im hiesigen Rotary-Club nutzen. Seit einigen Jahren bin ich Mitglied dieser weltweiten Vereinigung. In den letzten Wochen habe ich auch schon in anderen Städten Hinweise auf Rotary-Meetings gesehen, war aber entweder gerade nicht zum festen wöchentlichen Termin vor Ort oder habe mich zu gammelig gefühlt, um dort aufzutauchen. In Higginsville passt jetzt alles. Ich werde herzlich begrüßt und höre beeindruckt verschiedene Berichte von nationalen und internationalen Hilfsaktionen. Es fühlt sich gut an, Teil dieser Gemeinschaft zu sein – vor allem wenn die Mitglieder so witzig sind wie diese hier.

Neben mir sitzt Chris, ein sympathischer Mittvierziger. Beim Smalltalk stellt sich heraus: Er ist Bestattungsunternehmer. Das finde ich richtig spannend. Eine meiner Lieblingsserien, »Six Feet Under«, hat mein Bild vom US-Bestattungswesen geprägt – und jetzt habe ich die Gelegenheit, es zu überprüfen! Ich frage Chris, ob er mir sein funeral home zeigen würde, und er stimmt zu.

Am nächsten Tag – dem Bein geht es besser, meine Sachen sind gepackt und der emotionale Abschied von Miss Tina ist geschafft – klopfe ich an die Tür des funeral homes. Es ist wie in der Serie: Gleich im Erdgeschoss ist der casket selection room, ein großer Raum mit etwa zehn verschiedenen Sargmodellen, daneben jeweils

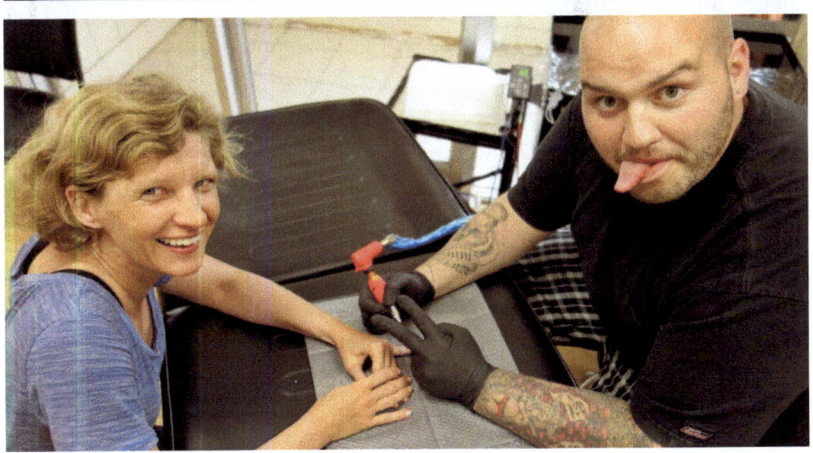

Holz- und Stoffproben für weitere Ausführungen. Fast alle Sargdeckel können im oberen Bereich aufgeklappt werden, denn sogenannte offene Beerdigungen sind in den Staaten deutlich verbreiteter als bei uns. Nebenan befindet sich ein Besprechungszimmer, alles wirkt sehr gediegen, ruhig und beruhigend. Oben scheinen die privaten Räume zu sein, im Keller der embalming room, also der Bereich, in dem Verstorbene für die Abschiedsfeier einbalsamiert und zurechtgemacht werden. Zu gern würde ich auch diesen Raum sehen, aber ich traue mich nicht zu fragen. Wenn es möglich ist, wird Chris es anbieten. Er tut es nicht – schade.

Nach einer weiteren Sache frage ich einfach: »Warum trägst du eine Waffe?« Da Chris zwar einen Anzug, aber keine Jacke trägt, sind Gurt und Holster nicht zu übersehen. »Ich will mich und die Menschen um mich herum schützen können, falls eine tödliche Gefahr auftaucht«, sagt er ganz selbstverständlich. »So, wie ich einen Feuerlöscher habe oder eine Versicherung. Ich hoffe, dass ich sie nie benutzen muss, aber sicher ist sicher.«

Mir ist unwohl dabei, dass eine Waffe so selbstverständlich herumgetragen wird. Zumal mir nicht klar ist, wie wahrscheinlich die Gefahren sind, denen Chris mit einer Waffe begegnen muss. Und offenbar trennen sich hier die Argumentationslinien: Chris geht es nicht um Wahrscheinlichkeiten, sondern darum, dass überhaupt eine Möglichkeit besteht. Und für die will er gewappnet sein.

BY THE WAY — WAFFEN

Weniges ist in den USA so umstritten wie der Umgang mit Waffen. Während die einen das Recht auf Selbstverteidigung als Teil ihrer amerikanischen Identität sehen und Waffen wie selbstverständlich in ihren Alltag integrieren (wollen), wächst der Widerstand bei anderen, insbesondere mit jedem Amoklauf.

Der Besitz von Waffen könnte in den einzelnen Bundesstaaten nicht unterschiedlicher geregelt sein. So können Waffen in einigen Staaten schon von 21Jährigen in öffentlich zugänglichen gun shops gekauft werden, während in anderen schon das Mitführen von Waffen grundsätzlich verboten ist. Elf Bundesstaaten erlauben ihren Bürgern, ohne eine staatliche Lizenz eine Pistole oder einen Revolver offen zu tragen; in 13 Staaten bedarf es dazu einer staatlichen Genehmigung. 19 US-Staaten reglementieren das offene Mitführen und gestatten es nur in Ausnahmefällen. In den übrigen Bundesstaaten ist das offene Tragen von Schusswaffen verboten, verdeckt hingegen erlaubt. Insgesamt gibt es über 20.000 entsprechende Gesetze.

Die Befürworter des privaten Waffenbesitzes sehen ihr Recht historisch legitimiert. Die Grundlage dafür, der Zweite Verfassungszusatz (Second Amendment), stammt aus dem Jahr 1791 und geht auf eine ähnliche Vorgabe in der englischen Bill of Rights von 1689 zurück: »Da eine wohlgeordnete Miliz für die Sicherheit eines freien Staates notwendig ist, darf das Recht des Volkes, Waffen zu besitzen und zu tragen, nicht beeinträchtigt werden.«

Ziel des Zusatzes war es, einer Invasion, einer Revolte, aber auch einer Tyrannenregierung vorzubeugen. Tatsächlich ging das Misstrauen innerhalb der jungen Nation während der ersten Jahrzehnte der Unabhängigkeit so weit, dass oftmals keine bezahlte Polizeieinheit aufgebaut wurde, sondern Privatleute als Sheriffs oder Bürgerwehren den Schutz der Menschen übernahmen.

Zudem waren viele Einwanderer aus Europa der einen oder anderen Form der Unterdrückung entkommen. Ihr Widerstand gegen jede Einschränkung der neu gewonnenen Freiheit manifestierte sich besonders im Recht auf Selbstverteidigung.

Die Gegner der historischen Argumentation betonen jedoch, der Artikel sei unter vollkommen anderen Bedingungen und Lebensumständen entstanden und müsse deshalb angepasst werden, zumal die Waffen aus dem 18. Jahrhundert nicht mit heutigen Sturm- oder Präzisionsgewehren vergleichbar seien.

Da das Second Amendment Teil der Verfassung ist, steht es über allen bundesstaatlichen oder lokalen Regelungen und kann nicht abgeschafft werden. Es gibt immerhin ergänzende Regelungen zum Waffenrecht, z.B. Altersbeschränkungen, Hintergrundchecks, vorgeschriebene Sicherheitstrainings und Waffenarten. Mit restriktiveren Auslegungen in diesen Bereichen wäre eine Verschärfung des Waffenrechts möglich.

Ich verlasse Higginsville Richtung Norden, dankbar dafür, dass ein umfallendes Motorrad so viel Schönes und Interessantes nach sich ziehen kann. Der Motorradweltenbummler Ted Simon schrieb einmal, dass die Unterbrechungen die eigentliche Reise seien, und ich glaube, da hat er Recht.

Kurz vor Mitternacht komme ich in Liberty an – höchste Zeit, einen Platz für die Nacht zu finden. Auf Ruhe und Rasen hoffend, biege ich in ein Gewerbegebiet ab. Einige Gebäude sind nur von Schotterflächen umgeben, andere zwar von Rasen, jedoch werden sie von Lampen mit und ohne Bewegungsmelder erleuchtet. Schließlich finde ich hinter einem zurückgesetzten Gebäude eine versteckte Senke, die zum Zelten einlädt. Josi stelle ich hinter dem Haus ab, wobei ich an der Rückwand den Schriftzug Sleep tight (»Schlaf gut«) entdecke. Ganz ehrlich: Wer solch nette Wünsche an die Wand sprüht, muss doch mit Schlafgästen rechnen, oder?
Das Gebäude stellt sich als Tattoo-Studio heraus, und somit ist klar, dass ich morgen nicht gleich weiterfahren werde. Hier werde ich mir mein erstes Tattoo stechen lassen: ein Semikolon.

BY THE WAY — MEINE DEPRESSION
Die Krankheit Depression ist Teil meines Lebens. Ich bin durch mehrere schwere Episoden mit Klinikaufenthalten gegangen. Jedes Mal war es die Hölle auf Erden, jedes Mal war ich sicher: Mein Leben vorbei. Es ging mir so unendlich schlecht, es konnte gar nicht wieder besser werden. Die einzige Lösung schien, diesem Elend von Leben ein Ende zu machen. Das hielt ich für das Beste

– für mich und meine Umgebung. Über Wochen quälten mich diese Gedanken. Ich glaubte, sie entsprächen der Realität – bis die Medikamente wirkten. Denn die Gedanken entstehen nicht aus Resignation, sie sind die gemeinsten Nebenwirkungen dieser Krankheit.

Jedes Mal ging mein Leben weiter – und dafür bin ich unendlich dankbar. Wunderbare Ärzte begleiteten mich auf dem Weg aus der Depression. Heute kann ich wieder lachen, arbeiten und reisen, und all das ist unendlich kostbar. Für dieses »Es ist nicht vorbei – es geht weiter« steht das Semikolon. Das ist nicht meine Idee, sondern kommt von der weltweiten »Projekt Semikolon«-Bewegung. Ihr Credo: »Ein Semikolon wird gesetzt, wenn ein Autor seinen Satz beenden könnte, sich aber dagegen entscheidet. Der Autor bist du, und der Satz ist dein Leben.«

Es wäre naiv anzunehmen, dass ich nie wieder eine Depression bekommen werde. Zwar tue ich alles dafür (na gut, ich könnte mehr Sport machen), aber sollte es doch wieder passieren, dann will ich das Semikolon als Tattoo bei mir haben, als Erinnerung und Ermutigung: Es geht weiter, auch diese Episode geht vorbei. Der Satz geht weiter, das Leben geht weiter.

Das Studio öffnet erst um 11 Uhr – das heißt ausschlafen! Zumindest dann, wenn mich niemand findet.

Um halb acht aber dringt eine Stimme in mein schlafendes Bewusstsein: »Hey, du da im Zelt, komm raus und zeig dich!«

Och nö … um diese Zeit?! »Äh, ja, gib mir eine Minute!«

»Bist du allein?«

»Ja!«

Offenbar hilft es, wenn eine Frauenstimme das sagt – ich werde nicht mit gezogener Waffe begrüßt, ganz im Gegenteil. Ken ist Inhaber der benachbarten Reinigung, hat erst Josis Hinterteil und dann mein Zelt gesehen und einfach seine Pflicht getan. Mein Anblick scheint sein »Gib dem Mädchen schnell Kaffee und etwas zu essen!«-Zentrum zu aktivieren, und so finde ich mich einige Minuten später mit einem Becher Kaffee und einem klebrigen Doughnut in der Morgensonne wieder.

Bis meine Lebensgeister zu mir gefunden haben und das Zelt abgebaut ist, öffnet das Studio. Britt, einer der Angestellten, erscheint zum Dienst, hört sich meine Vorstellungen an und erklärt mir das Prozedere. Etwas nervös werde ich beim Anblick eines Kunden in Behandlung, der vor Schmerz zusammenzuckt. Auch der Umstand, dass Mel Gibson im obligatorisch eingeschalteten TV gerade um jemanden weint, ist wenig hilfreich. Aber mein Semikolon dauert nicht lange, und Britt macht das super.

Als ich ihm von der Bedeutung des Zeichens erzähle, schaut er mich nachdenklich an. Dann sagt er: »Ich war zehn Jahre im Gefängnis und dachte, alles sei vorbei. Aber es geht weiter. Seit vier Monaten bin ich draußen und habe hier einen Ausbildungsplatz bekommen. Das war schon lange mein Traum, und jetzt bin ich hier. Es ist das Beste, was mir passieren konnte.«

Von Liberty aus fahre ich nach Norden in Richtung Iowa – ich hoffe, doch noch auf Amish zu treffen. Sie faszinieren mich wegen ihres konsequent einfachen Lebensstils und weil sie daran festhalten, obwohl die Alternative, das Leben mit Autos, Internet und Maschinen für alle Lebensbereiche, immer in Sichtweite ist. In Neuengland gab es einige Gelegenheiten, Amish in ihren Dörfern zu besuchen, aber ich mochte die Vorstellung nicht, sie wie Tiere im Zoo zu begaffen. Vielleicht begegne ich ihnen hier ganz zufällig.

IOWA

Ein paar Meilen hinter der Grenze zu Iowa mache ich Pause. Es ist ein seltsamer Ort: eine Mischung aus großer Straßenkreuzung und Gewerbegebiet mit drei Geschäften. Eines führt Produkte der Amish

– der Verkauf von handgeschnitzten Möbeln und Holzprodukten macht einen großen Teil ihres Einkommens aus. Vieles sieht jedoch nach Massenfertigung aus oder ist schlicht Kitsch, der oft auch noch in Plastik verschweißt ist. Ich kann mir kaum vorstellen, dass die Amish all das hingebungsvoll an langen, dunklen Winterabenden fertigen und dann sorgfältig in Plastik einschweißen. Einer der beiden anderen Läden verkündet »Amish Outlet«, und spätestens jetzt bin ich desillusioniert.

Ich entscheide mich für die Weiterfahrt nach Westen und damit gegen Iowa und gegen eine Begegnung mit den Amish, denn in Richtung Westen verringert sich die Zahl ihrer Gemeinden rapide.

Zwischen Vergangenheit und Gegenwart

»Boah, das ist soooo öde da!«

»Du wirst dich zu Tode langweilen!«

»Nimm dir bloß Musik mit!«

Nebraska wurde mir im Vorfeld richtig schmackhaft gemacht. Und tatsächlich gibt es hier nicht vieles, das Durchreisende in Aufregung versetzen könnte. Wer sich aber an Weite, Horizonten, kleinen Straßen und noch kleineren Orten erfreuen kann, der ist hier richtig. Für mich kommt Nebraska jetzt genau richtig, ein paar unaufgeregte, gleichförmige Tage kann ich gut gebrauchen.

Schon in Nebraska City, gleich an der Grenze, scheint das Leben äußerst ruhig zu verlaufen. Nach einer eiskalten Nacht hinter einer Arztpraxis frühstücke ich in der Innenstadt und setze mich danach mit einem Kaffee in die wärmende Sonne. Von hier aus habe ich die Central Avenue vollständig im Blick, und es geschieht … nichts. Kein Mensch ist unterwegs, kein Auto. Unwillkürlich halte ich nach einem tumbleweed Ausschau, aber kein Steppenläufer wird über den staubigen Asphalt geweht. Schade, das hätte jetzt gut gepasst. Dafür bleibt mein Blick am »Kregel Windmill Factory Museum« hängen. Es ist geschlossen, aber an einer Informationstafel finde ich heraus, dass hier ein Jahrhundert lang die Windräder gebaut wurden, die wir aus Filmen kennen und die noch immer auf vielen Farmen zu finden sind. Die Marke »Eli« ist übrigens eine Freundschaftserklärung des Firmengründers George E. Kregel an seinen Kumpel Eli.

Ich setze meine Fahrt fort. Bei der nächsten Kaffeepause lässt mich ein klapperndes Geräusch aufschauen – endlich Amish! Ein schwarzer, überdachter Einspänner fährt langsam an mir vorbei, während der

146

Autofahrer dahinter sein Tempo so entspannt anpasst, als sei es das Normalste der Welt. Was es hier wohl auch ist – aber ich habe das Gefühl, direkt in die Vergangenheit zu blicken.

Eine zweite Kutsche fährt vorbei, darin ein älteres Paar. Gab es irgendwo eine Veranstaltung? Vielleicht einen Gottesdienst? Schließlich ist Sonntag. In einer dritten Kutsche sitzen ein junges Paar und ein etwa siebenjähriger Junge in schlichter schwarzer Kleidung. Sie lächeln mir zu, und ich bin hin und weg. Ich scheue mich, sie zu fotografieren, und ärgere mich gleichzeitig darüber. Sicher sind sie es gewohnt, als Attraktion wahrgenommen zu werden, aber deshalb müssen sie es noch lange nicht mögen. Ich fotografiere die Kutsche von hinten und schaue ihr beglückt hinterher. Etwas später fahre ich an einem Haus vorbei – und auf der Veranda steht der Junge von eben. Ernst schaut er mir und Josi entgegen, leider kann ich ihm auch mit meinem Winken kein Lächeln entlocken.

Einige Zeit später lässt ein unerwarteter Anblick mich dann aber für den Rest des Tages lächeln: Ein junger Amish, höchstens Mitte 20, kommt mir auf einem blauen Tretroller entgegen. Mit ansehnlichem Tempo fährt er die durchaus hügelige Straße entlang und strahlt dabei übers ganze Gesicht.

In den letzten Nächten war deutlich zu spüren, dass der Sommer vorbei ist, es wird inzwischen richtig kalt. Mein Handy zeigte 2 Grad an, als ich letzte Nacht kurz aufwachte. Dass der Orion wunderschön am Himmel leuchtete, hat mich wenig getröstet. Tagsüber kann es dann wieder bis zu 30 Grad heiß werden; die Kälte der Nacht scheint dann ewig weit weg zu sein. Um sie wenigstens ein bisschen abzumildern, suche ich mehr als sonst nach windgeschützten Plätzen.

In Lincoln fällt mir eine drei Meter breite Lücke zwischen zwei Gebäuden ins Auge. Den Wind halten von links eine Bibliothek und von rechts eine Schule ab, und mein Zelt passt genau zwischen die Mauern. Auf der Rückseite liegen eine kleine Grünfläche und dahinter die Straße, vor mir der Vorplatz der Schule und der Weg zum Eingang. Schule und Bibliothek haben schon Feierabend, sodass ich niemanden um Erlaubnis bitten kann. Aber ich will es wagen, denn neben dem doppelten Windschutz habe ich hier endlich mal wieder offenes WLAN.

Noch treibt sich Lincolns Jugend vor der Bibliothek und der Schule herum, ich muss mich also gedulden. Kurz nach zehn, es ist schon empfindlich kalt, habe ich den Platz dann für mich. Schnell baue ich alles auf und frage mich dabei, wer mich wohl um welche Uhrzeit aus dem Schlaf reißen und schlimmstenfalls vertreiben wird. Die Polizei? Das Personal der Bibliothek? Der Hausmeister der Schule? Reinigungskräfte? Oder einfach Passanten, vielleicht ein gewissenhafter Gassigeher?

Ich bleibe verschont, niemand weckt mich, und ich kann trotz der Kälte durchschlafen. Am Morgen packe ich bis 7 Uhr meine Sachen zusammen, um nicht von früh aktiven Lehrern entdeckt zu werden. Unbemerkt mache ich mich davon.

Schon bald liegen die größeren Städte hinter mir. Dafür fahre ich – die Weite genießend und Bruce Springsteens Nebraska in den Ohren – durch Orte wie Nehawka, wo sich ein Bewohner auf meine Frage nach einem Lokal mit Kaffee kopfkratzend umdreht, seinen Nachbarn ruft, beide systematisch alle Himmelsrichtungen durchgehen und mir schließlich eine knapp 40 (!) Kilometer entfernt liegende Empfehlung geben. Ich komme durch Taylor, das selbst mit seinen 190 Einwohnern auf meiner deutschen USA-Gesamtkarte verzeichnet ist.

Je weiter ich nach Nebraska hineinfahre, umso weiter wird der Horizont, umso klarer der Himmel. Um mich herum gibt es Maisfelder, Maisfelder, nichts als Maisfelder, und endlich verstehe ich, warum Nebraska auch Cornhuster State, »Maisschäler-Staat«, genannt wird.

BY THE WAY — GÜRTEL

Nebraska ist als Teil des Grain Belt (»Getreidegürtel«) einer der größten Produzenten landwirtschaftlicher Erzeugnisse. Außerdem gibt es extensive Viehzucht – die Bewohner fassen beides unter dem Begriff crop'n cattle (»Mais und Rinder«) zusammen. Und obwohl es auf den ersten Blick wirkt, als garantierte die Landwirtschaft hier ein gutes Einkommen, scheinen die Farmer mit ähnlichen Problemen zu kämpfen wie die deutschen Bauern: Es gibt Großkonzerne, die Flächen aufkaufen, Absatzschwierigkeiten im Inland und Trumps irrlichternde Exportpolitik. Ein Zusatzeinkommen ist auf vielen Farmen überlebenswichtig.

Die Weite Nebraskas macht das Campen zum Vergnügen: Ich kann das Zelt fast überall aufstellen. Nur meine Nachbarn wähle ich anfangs nicht sorgfältig genug aus: Der Platz zwischen einer Pferde- und einer Kuhweide beschert mir wegen der unerwarteten und lauten Geräusche schlaflose Stunden, und das trotz meiner Ohrenstöpsel.

Mitten durch Nebraska verläuft die Grenze zwischen der bisher geltenden Central Standard Time (CST) und der Mountain Standard Time (MST). Wieder wird mir eine Stunde geschenkt; ein schönes Gefühl, auch wenn ich in ein paar Wochen alle geschenkten Stunden auf dem Rückweg nach Osten wieder hergeben muss. Aber auch hier scheint die Zeit eine untergeordnete Rolle zu spielen. Alles ist langsamer, ruhiger, kleiner, und die DVD-Neuerscheinungen im Shop an der Ecke stammen aus dem Jahr 1996.

In der Abenddämmerung erreiche ich Johnstown. Ob ich auf einen der 57 Einwohner treffe, die das Ortsschild angekündigt hat? Zu meinem Glück scheinen sie sehr gesellig zu sein: Schon bald finde ich eine Rasenfläche mit Picknicktisch. Hier will ich schlafen! Ich parke Josi vor dem Saloon von Lynn und Jimmie. Die beiden sitzen friedlich rauchend auf einer Bank neben der Schwingtür und heißen mich in Johnstown willkommen. Der Saloon ist in einem uralten Gebäude untergebracht. Sogar die hölzerne Querstange, an der die Cowboys ihre Pferde anbinden konnten, ist noch da.

Lynn und Jimmie sind unglaublich nett. Als sie von der Bank aufstehen, muss ich grinsen: Die dunkle Sitzfläche ist vollständig mit Staub bedeckt – bis auf die beiden Halbkreise, die ihre Hintern hinterlassen haben. Das nenne ich Stammplätze.

Natürlich darf ich auf dem Rasen campen. Die beiden versorgen mich mit Essen und Trinken, und zwar nicht nur am Abend, sondern auch am folgenden Morgen. Wer allerdings den 20 Zentimeter hohen Stapel pancakes bewältigen soll, ist mir ein Rätsel. Ich erzähle Lynn, dass ich mal einen Cowboy und ein Rodeo sehen will. Ersteres scheint für sie kein Problem: »Ja, die haben wir, nur arbeiten sie gerade. Aber für ein Rodeo bist du zu spät, die Saison ist vorbei.« Mist.

Bevor ich weiterfahre, will ich Josi endlich mit einer Bordsteckdose versehen. Über USB habe ich damit unabhängig von Steckdosen Strom für Laptop, Handy, Kamera und Zahnbürste. Ich habe alles dabei, und angeblich ist der Einbau ganz unkompliziert; ich hoffe, dass ich es hinbekomme. Gerade bin ich dabei, mir die Einbauanleitung durchzulesen und die Abbildungen mit Josis Innenleben zu vergleichen, als Jimmie aus dem Saloon kommt, um mir zu helfen. Gemeinsam versuchen wir uns an den ersten Handgriffen, wobei »gemeinsam« wegen seines Sprachfehlers schwierig ist – ich verstehe kein Wort von dem, was er nachdenklich vor sich hin nuschelt. Irgendwann werkelt Jimmie freudig allein an Josi herum, während ich ihm das Werkzeug anreiche. Er meint es gut, und natürlich bin ich dankbar für seine Hilfe, aber lernen werde ich so nichts. Als dann noch ein Typ in Camouflage-Klamotten dazukommt und die beiden anfangen fachzusimpeln, bin ich ganz raus. Schließlich lehnt sich noch ein Dritter aufs Geländer und gibt mehr oder weniger hilfreiche Kommentare ab. Möglicherweise sind gerade alle Johnstown-Männer dieser Altersgruppe um meine Maschine versammelt. Für mich ist kein Platz mehr, also baue ich mein Zelt ab und beobachte grinsend die diskutierenden Experten: Das ist Comedy.

Zwei Stunden später (»einfache Installation«!) ist die Steckdose eingebaut, und Josi läuft trotz vier übriggebliebener Schrauben tadellos. Mal sehen, wann sie mir unter dem Hintern auseinanderfällt! Nach getaner Arbeit sitzen wir zufrieden auf der Bank am Saloon und rauchen eine Zigarette. Wen das Schicksal so alles zusammenführt – verrückt und wunderbar!

Noch wunderbarer wird es, als zwei Cowboys auftauchen. Sie wollen im Saloon etwas essen, und natürlich kennt man sich. So ist auch die Bitte um ein Foto kein Problem. Beim nächsten Mal werde ich mir dafür allerdings zwei Dinge besorgen: einen Cowboyhut und einen Stuhl. Sind alle Cowboys so groß?

Mit schwerem Herzen nehme ich Abschied von der Johnstown-Clique. Wo sind nur die oberflächlichen Amerikaner? Abschiede von ihnen wären leichter.

Auf den ersten Kilometern fahre ich vorsichtig – irgendetwas müssen die vier Schrauben schließlich zusammengehalten haben. Aber: Nichts klappert, nichts verrutscht, nichts fällt auseinander. Zunächst traue ich dem Frieden nicht und fahre noch eine Weile gemäßigt. Zum Glück, denn so fällt mir im Örtchen Merriman (118 Einwohner) die Tafel mit Brandzeichen auf. 1964 erstellt, hat die Sammlung mit Zeichen und Namen von Ranchern der Region inzwischen historischen Wert: Sie erinnert an die Zeit, in der unzählige Rinder verschiedener Ranches frei über die sanft gewellten und grasbewachsenen Weiten der Sandhills liefen. Zum Abschied von Nebraska fahre ich durch Nenzel, mit 20 Einwohnern vielleicht der kleinste Ort des Staates. Hier dürfte wirklich jeder jeden kennen.

South Dakota

Die Weite, die schon in Nebraska überwältigend war, setzt sich in South Dakota fort. Trotzdem ist es hier ganz anders: Lag der Horizont bisher auf den Maisfeldern, so schmiegt er sich jetzt in das gewellte, sandige, kaum kultivierte Land. Das ist atemberaubend schön. Während der ersten Stunden in South Dakota halte ich immer wieder an, um die unglaubliche Landschaft zu fotografieren – wohl wissend, dass ich sie nicht einfangen kann.

Zugleich ist der Anblick unfassbar deprimierend. Nahezu der gesamte Südwesten South Dakotas ist Reservat – gerade bin ich auf der Pine Ridge Reservation. Die Region trägt den vielsagenden Namen »Badlands«, und landwirtschaftlich gesehen ist sie genau das: Der Boden ist so schlecht, dass man kaum etwas anbauen oder Vieh halten kann. Ende des 19. Jahrhunderts wiesen die Amerikaner dieses unwirtliche Land den Lakota-Indianern zu. Im Laufe der Jahrzehnte verkleinerten sie die Fläche für die Indianer von 240.000 auf 11.000 Hektar und scheuten sich auch nicht, sie als Bombentestgebiet zu nutzen.

BY THE WAY — LEBEN AUF DER PINE RIDGE RESERVATION

Über die Pine Ridge Reservation, eines der größten Reservate der USA, zu fahren und zu lesen macht sprachlos, traurig und wütend. Die meisten der heute etwa 30.000 Bewohner leben in Containern oder Wohnwagen und haben weder Strom noch fließendes Wasser. Jede zweite Familie lebt unterhalb der Armutsgrenze – der Bezirk ist der ärmste der gesamten USA. Die Arbeitslosenquote liegt bei 85 Prozent. Das liegt vor allem daran, dass es nur wenige Jobs gibt: bei den trading posts (trostlose Container mit dem Angebot eines Tante-Emma-Ladens), an den Schulen oder im Motel und im Casino von Kyle. Es gibt Lakota, die Inhaber von Motels oder Casinos sind. Ich habe nur wenige gutgekleidete Lakota gesehen, aber viele in Lebensverhältnissen, die auch mich zu Alkohol oder Drogen bringen würden. Ach ja, der Handel mit Drogen ist eine weitere Verdienstmöglichkeit.

Etwa 75 Prozent der Haushalte überleben durch die Jagd auf Kleinwild, das Sammeln von Wildfrüchten, Wurzeln und Samen. Einige verkaufen ihre Erträge an andere Lakota-Familien oder in den Städten um das Reservat. Aus diesen Verkäufen und der Rückbesinnung auf traditionelle Lebensmittel und Rezepte haben sich inzwischen einige Unternehmen entwickelt, die indianische Produkte verarbeiten und vermarkten, zum Beispiel den »Tanka Bar«, einen aus Büffelfleisch und Cranberrys bestehenden Riegel, der inzwischen in 49 Bundesstaaten und über Amazon angeboten wird. Außerdem gibt es einige Technologie-Start-ups: Die »Lakota Solar Enterprises« beispielsweise stellen im Reservat Solarmodule für Heiz- und Kochtechnik her und vertreiben sie.

Trotz einiger positiver Entwicklungen ist die Suizidrate auf der Pine Ridge etwa viermal (!) so hoch wie im US-Durchschnitt. Besonders erschütternd: Die Suizidstatistik für das Reservat weist inzwischen die Unterkategorie »Kinder und Jugendliche« auf.

Doch auch die, die sich nicht umbringen, leben nicht lange – mit 47 Jahren für Männer und knapp über 50 Jahren für Frauen ist die Lebenserwartung der Bewohner eine der niedrigsten der westlichen Welt. Jedes dritte Kind stirbt bei der Geburt, und von denen, die überleben, leidet jedes vierte am Fetalen Alkohol-syndrom, also irreversiblen Schäden an Körper und Gehirn.

Alkohol ist die Geißel des Reservats: Zwei von drei Bewohnern sind alkoholkrank. In Stelleninseraten in der Lokalzeitung heißt es, Bewerber müssten seit mindestens drei Monaten trocken sein. Wer sich den gepanschten Wodka, meist in unauffälligen Wasser-flaschen ins Reservat geschmuggelt, nicht leisten kann, trinkt alkoholhaltige Desinfektionsmittel. Kinder sind ein besonders attraktives Ziel für Schmuggler, denn je früher sie mit dem Trinken beginnen, umso länger sind sie süchtig – und zahlen später auch für Drogen. An der örtlichen High School müssen Schüler deshalb ihre Wasserflaschen vorzeigen und schütteln: Reines Wasser schäumt nicht, mit Schnaps gemischtes schon.

In den kleinen Orten, durch die ich fahre, steht kein einziges Haus. Eigentlich ist schon die Bezeichnung »Ort« zu hochgegriffen – sie bestehen aus fünf bis zehn Containern, die über einige Hügel verstreut sind. Wäsche trocknet draußen im Wind, Kinderspielzeug steht verloren herum, selten ein Auto. Unerwartet taucht ein Schulbus hinter einem Hügel auf, noch unerwarteter der Aufdruck: »Lakota Waldorf School«.

Die Schule befindet sich hier im Reservat, außerdem gibt es eine Grundschule und ein College. So bekommen die Kids im Reservat immerhin eine Schulbildung; das Geld für Schulbusse, die Schulen außerhalb des Reservats anfahren, hat hier keine Familie. Aber natürlich bleiben auf diese Weise die zwei Welten weiterhin bestehen, Kontakt zwischen den Native Americans und Bewohnern außerhalb des Reservats gibt es kaum.

In der Pine Ridge Reservation liegt die Ortschaft Wounded Knee mit etwa 300 Einwohnern. Ich kenne den Namen durch das Buch »Begrabt mein Herz an der Biegung des Flusses« von Dee Brown. Immer wieder mal hatte ich es in den vergangenen Jahren in der Hand – zuletzt sogar in Cape Girardeau, als ich das gerettete Zen-Buch in das Café-Regal stellte. Aber ich hatte nie den Mut, es zu lesen. Es berichtet von einem Massaker, bei dem 1890 hier in Wounded Knee 350 wehrlose Lakota – Männer, Frauen und Kinder – erschossen wurden. Nach diesem Massaker war der letzte Widerstand der Indianer gegen die Weißen gebrochen.

Eine einsame Straße bringt mich nach Wounded Knee. Warum ich das Bedürfnis habe, hier zu halten, kann ich nicht erklären; es ist, ähnlich wie in Charlottesville, das Gefühl, nicht einfach vorbeifahren zu dürfen. Die Straße mündet auf der rechten Seite in einen riesigen Parkplatz, dessen Markierungen auch für Reisebusse ausgelegt sind. Ich stelle Josi ab und blicke direkt auf eine etwa zwei Meter tiefer liegende Ebene. Es ist eine Gedenkstätte, bestehend aus drei provisorischen Tischen und verstreuten Informationstafeln, die Besucher über die jetzt leere Fläche führen könnten. Dort unten hat sich das Massaker ereignet, an dieser Stelle wurden die Männer, Frauen und

Kinder erschossen. Ich kann nicht dorthin gehen, das ist mir zu viel. Vielleicht später.

Ich drehe mich um und erblicke einen Hügel, ein sandiger Weg führt mich nach oben. An einem schmiedeeisernen Tor, hinter dem ich einen kleinen Friedhof erkenne, steht ein Native American und begrüßt mich freundlich. Befangen betrete ich den Friedhof. Auf einer Marmorstele wird namentlich an die Opfer des Massakers erinnert, darum herum befinden sich weitere Gräber, alte und neue. Langsam gehe ich an ihnen vorbei, und neben meine Beklemmung treten gelegentlich Staunen und Freude über die sprechenden Namen auf den Grabsteinen wie »Frankie L. Thunder Horse« oder »Ann T. Respects Nothing«. Diese Frau hätte ich gern kennengelernt.

Neben den Namen finden sich oft Fotos der Verstorbenen und eingravierte Bilder. Viele Gräber sind verwahrlost und zugewachsen, aber fast alle mit einer spannenden Mischung aus indianischen Gaben und bunten Plastikblumen dekoriert. Über die Tatsache, dass die meisten Indianer nach erfolgreichen Missionsbestrebungen (»Save the man, but kill the Indian in him!«) deutlich erkennbar christlich beerdigt wurden, soll sich jeder seine eigene Meinung bilden.

Am Rand des Friedhofs befindet sich das Gemeindezentrum von Wounded Knee. In der ehemaligen Kirche wird auf Klapptischen Indianerschmuck verkauft. Ich komme mit William Yellow Horse, einem Bewohner von Wounded Knee, ins Gespräch. Er blickt optimistisch in die Zukunft: »Der Ort wird wachsen! 90 Bewohner sind jung!« Ob das reichen wird? Berufliche Perspektiven und partnerschaftliche Alternativen von außerhalb scheinen mir auch nicht unwichtig zu sein.

Vom Gemeindezentrum führt ein Trampelpfad hinunter zu einem kleinen Museum. Aber ich kneife – der Friedhof und die Gespräche mit den Native Americans waren intensiv genug. Die Kinder, die barfuß, in abgerissener Kleidung und mit vorgehaltenen Händen: »Spenden, Spenden!« rufend auf mich zulaufen, verstärken meine Beklemmung. Den Schauplatz des Massakers betrete ich nicht, schon der

Blick darauf reicht mir. Ich fühle mich schlecht, weil ich so einfach in mein sorgenfreies Leben zurückkehren kann.

In Kyle, 60 Kilometer weiter und damit immer noch mitten im Reservat, entdecke ich das »Lakota Prairie Ranch Resort.« Angeblich gehört es einer Native American-Familie. Spontan miete ich mir ein Zimmer – auch eine Form der Unterstützung. Zudem ist es abends inzwischen richtig kalt, und ich werde sicher noch genügend kalte Nächte in meinem Zelt erleben. Es ist toll, endlich mal wieder vier Wände um mich herum zu haben, dazu ein richtiges Badezimmer und ein weiches Bett. Ich breite Zelt, Schlafsack und alle Matten zum Trocknen und Lüften aus, bis vom Raum nur noch die Wände und das Bett sichtbar sind, und schlafe sofort ein.

Obwohl die Nacht und das Frühstück im Resort mir guttun und das Ambiente angenehm ist, will meine Beklemmung angesichts der Lebensumstände im Reservat nicht weichen. Der morgendliche Raureif auf Josis Sitzbank ist da ein angenehm kleines Problem: überschaubar, greifbar und schnell zu beheben.

Von Kyle bis in den nordöstlich gelegenen Ort Interior sind es etwas mehr als 50 Kilometer. Während ich auf der ersten Hälfte der Strecke damit beschäftigt bin, tief durchzuatmen und die Eindrücke einzuordnen, lenkt mich auf der zweiten die surreale Landschaft davon ab. Vor Josis Reifen erstreckt sich ebenes, graswachsenes Land. Die dichte Wolkendecke hängt so tief, dass sie die Prärie berühren könnte, wäre da nicht diese lange, markant gezackte Bergkette, deren Spitzen die Wolken am Himmel zu halten scheinen. Die Berge sind von hellbeigen bis dunkelroten Schichten durchzogen, und zwar so gleichmäßig, als wären sie aufgemalt.

»Anders als alles andere in den Vereinigten Staaten«, so hatte mein Bestatterfreund Chris den Badlands Nationalpark beschrieben. Und er hat Recht. Von Interior aus ist es ein Katzensprung bis zur Parkeinfahrt, dahinter liegt eine andere Welt. Der Mond? Nein, wegen der rötlichen Gesteinsschichten eher der Mars. Oder bin ich im

Star Wars-Universum gelandet? Es würde mich jedenfalls nicht wundern, wenn C-3PO und R2-D2 streitend hinter einer der bizarren Felsformationen hervorkämen. Durch den Park schlängelt sich eine Straße, an deren Rand in regelmäßigen Abständen sogenannte Scenic Spots zum Aussteigen, Staunen und Fotografieren einladen. Es ist voll, aber der Magie des Ortes kann selbst das nichts anhaben. Einige Felsen wirken wie erstarrte Wellen, fast kann ich den Schaum ihrer Kronen knistern hören. Andere stehen zusammen wie Menschen, die wichtige Dinge beraten. Vielleicht, wie man die Touristen wieder vertreibt? Die Dickhornschafe, Hirsche und Berglöwen, die im Park leben, hätten sicher nichts dagegen.

Das Land wird flacher und bleibt dennoch atemberaubend schön. Irgendwann fahre ich an einem Schild mit der Aufschrift »Vorsicht, Büffel« vorbei und muss lächeln. Büffel – hier? Und freilaufend? Ja, hier. Und freilaufend. Nur wenige Minuten später sehe ich sie entspannt im Gras liegen, keine 50 Meter vom zaunlosen Straßenrand entfernt. Während die Situation mir Ehrfurcht einflößt, bekommt Gynsburgh Schiss und verkriecht sich im Tankrucksack. Später, bei den Präriehunden, hat er wieder Oberwasser.

Auf einer Straße mit betonharten Waschbrettbuckeln, die mich dermaßen durchschütteln, dass meine Hände taub werden, verlasse ich die Badlands in Richtung Scenic. Der Ort hält leider nicht, was sein Name (scenic: »malerisch, wunderschön«) verspricht, aber woher soll der Glanz auch kommen? Es gibt zwei Attraktionen: das alte Gefängnis und die Tankstelle mit Werkstatt und Laden, in der immerhin mindestens zwei Native Americans Arbeit gefunden haben.

Das ehemalige Gefängnis ist von außen so entzückend wie von innen desolat. Der Gedanke, hier die Nacht zu verbringen, hat sich damit erledigt, zumal ich kaum unbeobachtet hätte einziehen können. Eine Straße weiter entdecke ich einen ehemaligen Saloon, zu dem »Indianern« laut Schild schon im Jahr 1906 der Zutritt erlaubt war, und gegenüber zwei Käfige mit Metallpritschen – womöglich ehemalige Gefängnis- und Ausnüchterungszellen?

Natürlich könnte ich hier im Ort irgendwo anklopfen und um einen Schlafplatz bitten. Aber ich weiß, dass ich im Moment nicht die emotionalen Ressourcen habe, Armut und womöglich Verzweiflung noch näher an mich heranzulassen.

Also raus aus Scenic und schnell zurück in eine Zivilisation, in der ich irgendwo übernachten kann, notfalls auch wild. Ich schäme mich wegen dieser Gedanken, denn bestimmt wäre ich auch im Reservat freundlich aufgenommen worden. Es wirkt wie eine gerechte Strafe, dass Rapid City, die nächste Stadt, mir richtiggehend unsympathisch ist. Hier will ich nicht bleiben, egal, wie weit ich noch fahren oder wie sehr ich nachts frieren muss.

Aber mit dem Frieren ist das so eine Sache. Die aktuellen 5 Grad fühlen sich richtig kalt an, und auf dem Motorrad macht der Fahrtwind alles nochmal kälter. Um aufzutauen, halte ich irgendwann in Rockerville – ein Ort, der so heißt, kann nur Gutes bringen. Noch habe ich keine Idee, wie es weitergehen soll, aber inzwischen weiß ich, dass eine Pause, ein leckeres Essen und vielleicht auch ein kleiner Cocktail meist weiterhelfen. Wärmen werden die drei mich allemal.

Im »Restaurant & Saloon Gaslight« setze ich mich an die Bar, mir ist nach einem Gespräch. Die Lady hinter dem Tresen wirkt nett, und wir plaudern ein wenig. Irritierend ist nur dieser seltsam aussehende Kerl, der zwei Plätze neben mir sein Essen in sich hineinmümmelt. Offenbar ist er Stammgast, denn er albert mit Angestellten und Gästen herum. Heimlich mache ich ein Foto von ihm, denn jemanden wie ihn sehe ich wahrscheinlich so bald nicht wieder.

Inzwischen ist es kurz vor sieben, und ich habe bei den angekündigten frostigen Nächten so gar keine Lust, draußen zu schlafen. Also frage ich die Barkeeperin nach einer günstigen Unterkunft in der Nähe. Sofort schaut sie zu dem Zausel und fragt ihn, ob er eine Idee habe. Hat er: Bei ihm ist ein Zimmer frei.

Ich zögere. Bei dem? Der sieht so schräg aus, heißt allen Ernstes Porky, und ich habe noch kein einziges Wort mit ihm gewechselt!

Doch wie damals bei Donny in den Blue Ridge Mountains denke ich: Wenn eine Frau es vermittelt, kann es nicht gefährlich sein. Außerdem stellt sich heraus, dass eine Mitarbeiterin, die weiter weg wohnt, nach ihrer Spätschicht immer bei Porky übernachtet – so auch in dieser Nacht. Das beseitigt meine letzten Zweifel, sodass ich etwas später für eine Nacht ein Zimmer und ein großes Bett mein Eigen nennen kann.

Der Morgen wird so entspannt wie es der Abend war: In Pyjamas und mit Kaffeetassen in der Hand plaudern Porky, Kollegin Patty und ich zwei Stunden lang, während die Sonne den Frost auf Josi wegtaut. Porky ist Motorradmechaniker und betreibt seit über 20 Jahren eine Harley-Werkstatt. Er zeigt mir sein aktuelles Projekt: den Umbau für einen querschnittsgelähmten Freund.

Weil bei Keystone, unweit von Rockerville, die vier Präsidenten G. Washington, T. Jefferson, T. Roosevelt und A. Lincoln auf die Welt herabschauen, frage ich Porky, ob der Besuch von Mount Rushmore sich lohne. Er schnaubt: »Auch nur ein Berg, den zu viele Touristen anstarren!« Dafür empfiehlt er mir die Black Hills, die besonders für Motorradfahrer ein Genuss sein sollen.

Einmal mehr fällt der Abschied schwer – Porky ist ein besonderer Mensch. Auf der Fahrt in die Black Hills sehe ich, was Porky meinte: Die Straße ist kilometerweit verstopft, alle wollen zum Monument. In der Ferne kann ich die steinernen Präsidentengesichter erkennen und entscheide, dass mir das reicht – lieber gönne ich mir die Kurven der Black Hills.

BY THE WAY — MOUNT RUSHMORE UND CRAZY HORSE

Jedes Jahr besuchen drei Millionen Menschen die Konterfeis der vier Präsidenten, die 18 Meter hoch in die Black Hills gehauen sind. Wäre es nicht so heikel, könnte man Mount Rushmore als das »Mekka der Amerikaner« bezeichnen. Für einen Großteil von ihnen ist es selbstverständlich, einmal im Leben am Shrine of

Democracy, am »Altar der Demokratie«, gewesen zu sein. Der war ursprünglich noch größer geplant: Die aus damaliger Sicht vier bedeutendsten Präsidenten sollten bis zur Hüfte aus dem Felsen gehauen werden. 1941 wurden weitere Arbeiten jedoch wegen Geldmangels gestoppt und das Monument in seinem damaligen Zustand für vollendet erklärt.

Dass der Berg und die Black Hills jahrhundertelang Lebensraum eben jenes Lakota-Volkes waren, das jetzt auf der Pine Ridge Reservation vor sich hinvegetiert, interessiert kaum jemanden. Ebensowenig wie die bittere Ironie, dass in dem für die Lakota heiligen Felsen ausgerechnet Präsident Lincoln dargestellt ist, der den Stamm nicht nur vertrieb, sondern seine Mitglieder massenhaft hinrichten ließ.

Der Versuch, einen legendären Häuptling der amerikanischen Ureinwohner ebenso in Szene zu setzen wie die vier Präsidenten, nimmt 14 Kilometer südwestlich von Mount Rushmore Gestalt an. Seit 1948 wird daran gearbeitet, ein Abbild von Häuptling Crazy Horse aus dem Fels zu sprengen und zu schlagen. Trotz der bereits jahrzehntelangen Arbeit ist bisher nur sein Gesicht vollendet. Nach der Fertigstellung (geschätzt werden weitere 100 Jahre) soll Crazy Horse auf einem Pferd sitzen und mit ausgestrecktem Arm nach Osten über sein angestammtes Land zeigen. Allein der Kopf seines Pferdes soll so groß werden wie die vier Präsidentenköpfe am Mount Rushmore zusammen.

Viele Native Americans stehen dem Projekt kritisch gegenüber. Sie beklagen die weitere Zerstörung der heiligen Black Hills, die gewiss nicht im Sinne von Crazy Horse wäre. Außerdem weisen sie darauf hin, dass Crazy Horse sich nie fotografieren ließ – er wollte nicht abgebildet werden. Das stellt zum einen die Vorlage infrage, nach der das Gesicht des Häuptlings gestaltet wird, und lässt zum anderen stark daran zweifeln, dass er gern in Stein verewigt worden wäre. Seine Nachkommen wurden jedenfalls nicht gefragt.

Dead End – Sackgasse

Seit Ewigkeiten steht Wyoming ganz weit oben auf meiner Da-will-ich-unbedingt-mal-hin!-Liste, vor allem, seit ich den Film »Brokeback Mountain« gesehen habe, der in den rauen Bergen dieses Staates spielt. Im westlichen Wyoming liegt der Grand Teton Nationalpark, den ich ehrlich gesagt gar nicht kannte, bis ich zufällig im Internet über ihn gestolpert bin. Die Bilder haben mich umgehauen – für viele gehört der Grand Teton zu den eindrucksvollsten Bergregionen der Staaten und weltweit. Im Norden geht er in den Yellowstone Nationalpark über, der für mich aber eigentlich nur Durchgang nach Montana ist.

BY THE WAY — NATIONALPARKS
Derzeit gibt es in den USA 63 Nationalparks. Schon 1832 gab es erste Überlegungen zu Schutzmaßnahmen für besondere Naturräume, allerdings sollten sie vorrangig den Menschen erfreuen. Der Naturschutz war also eher Mittel als Ziel. 1872 wurde mit dem Yellowstone Nationalpark der erste Nationalpark nicht nur der Vereinigten Staaten, sondern weltweit gegründet. Nach mehreren Erweiterungen (auch durch Enteignungen von Native Americans und schrittweisen Verkleinerungen von Reservaten) umfasst der Yellowstone Nationalpark jetzt Gebiete in Wyoming, Montana und Idaho.
Neben den Nationalparks gibt es in den USA etwa 350 Schutzgebiete, von denen viele gefährdet sind – durch den Klimawandel und durch einen Präsidenten, der ersteren mal leugnet, mal belächelt, mal als Erfindung der Chinesen abtut. Er sieht sich nicht in der Mitverantwortung für das Klima, weshalb er bedenkenlos aus

unterschiedlichen Klimaabkommen aussteigt, den Kohleabbau unterstützt, vielen Schutzgebieten und Nationalparks ihren Status aberkennt und bedrohte Tierarten zum Abschuss freigibt.

Viele der rund 20.000 park ranger beobachten in ihren Parks und Schutzgebieten deutliche Anzeichen der Erderwärmung: Die Eisfelder in Alaska schmelzen, Tiere in den Everglades finden nicht mehr genug Futter, und Wälder in Kalifornien fallen großflächigen Bränden zum Opfer, die sich durch die neue Trockenheit schneller ausbreiten als früher.

Die ranger des National Park Service sind mit einem Dilemma konfrontiert: Sie sollen die Natur schützen, an der sie schon jetzt schädliche Konsequenzen von Trumps Maßnahmen erkennen. Gleichzeitig sind sie Beamte einer Regierungsinstitution; ihr Gehalt, ihre Krankenversicherung (oft auch für die Familie) und ihre Rente hängen von diesem Job ab. Mit Kritik an der Regierung stellen sie sich also gegen ihren Arbeitgeber.

Einige ranger leisten Widerstand, indem sie Besuchern die Zusammenhänge aufzeigen und konkrete Bedrohungen erklären. Andere protestieren anonym auf Internetplattformen gegen Trumps Umweltpolitik: »Wir werden nicht tatenlos zusehen, wie unsere Regierung unsere Umwelt und unsere Tierwelt zerstört.« Auf Facebook folgen 2,2 Millionen Menschen dem Alt National Park Service, wo die »alternativen Ranger« fast täglich über Pestizide, Öl-Bohrungen, Klimastudien, verunreinigtes Trinkwasser, Personalabbau bei der Umweltbehörde und Geldnot in Nationalparks informieren. Ganz offen protestieren ehemalige NPS-Angestellte in der Coalition to Protect America's National Parks. Sie sind größtenteils pensioniert und haben deshalb weniger zu verlieren.

Bis zum Teton Nationalpark sind es rund 1.500 Kilometer nach Westen. Dafür werde ich etwas brauchen, besonders bei der Kälte. Aber ich will nicht undankbar sein: Die kalte, klare Luft beschert mir traumhafte Eindrücke. Noch bin ich im flachen Teil des Staates unterwegs, dessen Name in der Sprache des Algonquin-Stammes so viel bedeutet wie »weite Ebenen«. Und es stimmt: Ich kann unendlich weit sehen. Über der steppenartigen Landschaft formieren sich die Wolken so, als wollten sie unbedingt mitfotografiert werden. Diesen Gefallen tue ich ihnen gern. Die Straße, auf der ich fast allein unterwegs bin, führt schon fast klischeehaft direkt zum Horizont. Es ist überwältigend.

Mit der Dämmerung erreiche ich Newcastle, den ersten Halt in Wyoming. Die Stadt weckt Erinnerungen an Cairo, Illinois: Die meisten Häuser wirken unbewohnt und verfallen, selbst Gewerbe- und Industriegebäude stehen leer, und auf den Straßen sind kaum Menschen unterwegs. Entweder lohnt es sich nicht, draußen zu sein, oder es ist zu gefährlich. Auf der Suche nach einem netten diner fahre ich auf der Main Street auf und ab – vergebens. Ich finde einen Pizza Hut, aber Atmosphäre und Preise sind so abschreckend, dass ich lieber hungrig bleibe. Ein Glas heißes Wasser und ein Heizungsplatz wärmen mich für die anstehende Schlafplatzsuche auf.

Ein Hotel, Motel oder Hostel will ich mir nicht leisten, zumal ich ohnehin keines entdecke. Leider ist Newcastle im Hinblick auf versteckte Plätzchen, an denen durchreisende Motorradfahrerinnen unbehelligt übernachten könnten, äußerst dürftig ausgestattet. Hinter einer Kirche könnte es klappen. Leider ist die Rasenfläche so abschüssig, dass alles hinabrutschen würde, und die ebenen Flächen sind dicht mit spitzen Steinen bedeckt, als sollten Menschen wie ich vertrieben werden. So müde, wie ich inzwischen bin, kommt ein weiterer Ortswechsel aber nicht infrage, und so hoffe ich einfach, dass die dicke Plane unter meinem Zelt das Schlimmste verhindern wird.

Offenbar tut sie das, aber noch nie in meinem Leben habe ich so gefroren. Ich prüfe sämtliche Reißverschlüsse an Zelt und Schlafsack, lege die verfügbaren Decken, Matten und Planen auf meinen Schlafsack und probiere in puncto Klamotten alle Ratschläge aus, die ich jemals gehört habe: zum Beispiel alles anziehen, was man hat, oder alles ausziehen, was man am Leib trägt, nur diese Materialien oder nur jene – nichts hilft. Ich wälze mich hin und her, um warm zu werden, und liege dann wieder ganz still, damit ich bloß kein erwärmtes Luftteilchen vertreibe. Um 3:09 Uhr gibt mein Handy die Temperatur mit 5 Grad an. Hoffentlich ist das der Tiefpunkt.

Um 4:12 Uhr gebe ich auf – hier wird nichts besser. Ich ziehe mich an und gehe in der klirrenden Kälte die Hauptstraße auf und ab. Das ist wärmer, als im Zelt zu liegen, und wäre Newcastle eine spannende Stadt, könnte mein Stadtbummel charmant sein; aber vielleicht bin ich ja nur in der falschen Ecke.

Was Donna dazu bewegt, ihren »Main Street Diner« schon um 5:45 Uhr statt regulär um 6 Uhr zu öffnen, bleibt ihr Geheimnis – für mich ist jede Minute Wärme ein Geschenk, für das ich ihr ewig dankbar sein werde. Eine Stunde brauche ich, um wieder aufzutauen, selten war heißer Kaffee so willkommen. Als ich mich endlich wieder schmerzfrei bewegen kann und meine Lebensgeister zurückgekehrt sind, baue ich mein Zelt ab und fahre wärmeren Gefilden entgegen.

Vielleicht ist es in Casper, das ich erst in der Dunkelheit erreiche, ja ein klein wenig wärmer als in Newcastle. Und vielleicht ist dieser Gedanke der Grund dafür, dass ich mich voller Zuversicht auf die Suche nach einem Schlafplatz mache.

Zunächst fahre ich in ein höher gelegenes Wohngebiet – schöne Ausblicke sind ja etwas Feines. Allerdings finde ich keine Lücke für mein Zelt. Eine unbebaute, zugewachsene Wiese wirkt einladend, schützt mich aber nicht vor dem kalten, scharfen Wind, der hier ununterbrochen pfeift. Nicht weit entfernt liegt ein großer Kirchenkomplex mit Spielplatz, Garten, Innenhof und Bäumen im Dunkeln, aber nichts davon hält den Wind ab. Egal, in welcher Ecke ich mich verstecke: Er scheint aus allen Richtungen zu kommen, und mir ist schon wieder richtig kalt.

Also runter in die Stadt – hier oben wird das nichts mehr. Zufällig stoße ich auf die Bibliothek. Aber wo ich sonst kleine, einladende und vor allem von Rasen umgebene Gebäude vorgefunden habe, stehe ich jetzt vor einem Betonklotz auf einer riesigen Asphaltfläche. Ich umrunde das Ungetüm und teste eine Ecke am Hintereingang auf Windfreiheit, aber alles vergebens. Überall ist Wind, Wind und noch mal Wind.

Ich bin hundemüde, mir ist kalt, ich habe Hunger und fühle mich verloren. Was mache ich hier eigentlich? Warum irre ich, eine erwachsene Frau mit Partner, Freunden und einem Zuhause, um 2 Uhr nachts durch diese unwirtliche Stadt? Bevor ich akzeptable Antworten finden kann, schickt eine grausame Macht mir einen letzten Hoffnungsschimmer: eine von allen vier Seiten mit Plexiglas umschlossene Bushaltestelle. Meine! Dann übernachte ich eben in einer Bushaltestelle, Hauptsache, ich kriege Schlaf! Kurz frage ich mich, warum kein Obdachloser hier schläft – überhaupt habe ich bisher keinen einzigen gesehen. Wenige Minuten später weiß ich warum: der Wind. Er schießt pfeifend durch die kniehohen Lücken unter den Scheiben und verteilt sich gleichmäßig in meiner Plexiglaszuflucht. Hier und in der gesamten Stadt ist es nicht nur windig-kalt, sondern auch windig-laut. Das macht keinen Spaß mehr.

Ich überlege, was um diese Zeit geöffnet ist, wo ich mich aufwärmen und bestenfalls eine Weile aufhalten könnte. Und während die Polizei sonst immer zu mir kommt, fahre ich dieses Mal zu ihr – vielleicht weiß man dort Rat, wo ich die letzten Stunden der Nacht verbringen kann. Um mich jetzt noch irgendwo einzumieten, bin ich zu geizig.

Im Polizeirevier sind der Eingangsbereich und einige Räume erleuchtet, also gehe ich hinein. Es ist warm und es ist windfrei – meine neue Definition von Paradies. Nur Rat gibt es nicht für mich, einfach weil ich niemanden antreffe, nicht einmal ein Geräusch höre. Vielleicht schlafen ja alle? Leise gehe ich durch die Gänge, ich will niemanden wecken. In einem kleinen Warteraum finde ich höchstes Glück in Form von drei Stühlen. Im Hinlegen entscheide ich, dass niemand mein Gepäck stehlen wird, das vor der Polizeistation auf Josi festgeschnallt ist. Ich kann nicht mehr aufstehen, ich muss schlafen.

Kurz nach fünf werde ich wach – nach zweieinhalb ungestörten, warmen und windstillen Stunden. Welch ein Luxus! Wieder einmal spüre ich Respekt für obdachlose Menschen. Ich könnte mich jederzeit irgendwo einmieten, will es nur nicht. Es war meine eigene Entscheidung, mit einem knappen Budget zu reisen. Homeless people haben diese Wahl nicht. Sie müssen irgendwo übernachten – egal, welche Temperaturen herrschen, egal, wie verletzlich sie an ihrem Platz sind. Interessant finde ich, dass diese Menschen im deutschen Sprachgebrauch nur »Obdach-los« sind, im englischen aber auch »Zuhause-los«.

Unbemerkt und etwas fitter verlasse ich das Revier und mache mich auf die Suche nach einem Café. Gnadenlos fegt der Wind noch immer um jede Ecke. Endlich, gegen halb sechs, bin ich erlöst: In »Jacquie's Bistro, Brunch and Bar« brennt Licht, und ich bin nicht einmal die erste Kundin. Während Jacquie mit dem Gast plaudert, wärme ich mir Hände und Seele am Kaffeebecher. Ich bin heilfroh, dass diese Nacht vorbei ist. Ganz langsam lässt sich die Abenteurerin in mir wieder blicken.

Jacquie hat ein so großes Herz, dass es kaum in ihr Bistro passt. Immer wieder schenkt sie mir Kaffee nach und wartet geduldig, bis ich wieder ich selbst bin. Ohne mir davon zu erzählen, fragt sie bei Facebook-Freunden an, ob jemand mich für eine Nacht aufnehmen könne. Sogar ein Frühstück hat sie ausgelobt!

Ich finde die Idee ganz zauberhaft, bin aber von den vergangenen Nächten in Newcastle und Casper so erledigt, dass ich mich überhaupt nicht gesellschaftsfähig fühle und mich in Caspers günstigstem Motel einmiete. Angeblich wird es von einem Native American geführt, mich aber begrüßt ein Inder. Mir ist jetzt egal, ob er Indianer-Indian oder Inder-Indian ist. Um 10 Uhr ziehe ich die Vorhänge in meinem Zimmer zu, verfluche die nicht funktionierende Heizung, breite alle verfügbaren Decken über mir aus und schlafe bis zum nächsten Morgen.

Natürlich frühstücke ich bei Jacquie, arbeite ein wenig und erfahre, dass Casper auf der Liste der windigsten US-Städte an sechster Stelle steht. Daran zweifle ich keine Sekunde. Auch nicht daran, dass ich noch einen weiteren Tag ausruhen muss.

Am nächsten Tag erzähle ich Jacquie von meiner Überlegung, im Laufe des Tages nach Westen in Richtung Yellowstone Nationalpark aufzubrechen. Energisch schüttelt sie den Kopf und zeigt mir eine Unwetterwarnung: Für den Westen Wyomings werden Schneestürme vorhergesagt, die Temperaturen sollen weiter fallen, und im Yellowstone erwartet man große Schneemengen. Großartig. Wenn ich auf eines so gar keine Lust mehr habe, dann ist es Kälte. Seit Nebraska friere ich, das reicht.

Natürlich ist es sinnlos, sich über diese Aussichten aufzuregen: Wenn ich in den Grand Teton und durch den Yellowstone nach Montana möchte, muss ich durch die Kälte. In der Hoffnung, dass alles schon nicht so schlimm kommen wird, verabschiede ich mich von der kopfschüttelnden Jacquie und mache mich auf den Weg nach Westen.

Es wird eine eisig kalte Fahrt. Die Luft scheint dichter, das Fahren wird immer anstrengender. Aber obwohl die Wolken sich immer tiefer absenken und ihr dunkles Grau immer mehr Raum einnimmt, leuchten die Berge in Rot-, Braun- und Grautönen. Ich fahre auf der leeren Straße durch diese unwirkliche Landschaft und bin glücklich. Genau deshalb wollte ich diese Tour machen: um durch grandiose Natur zu fahren. Selbst wenn ich wegen Schnee und Kälte nicht mehr weit kommen sollte, hat es sich allein wegen dieser Strecke gelohnt, Jacquies Warnungen in Casper zu ignorieren.

Irgendeine Macht muss meine Gedanken als Freibrief betrachten, denn in diesem Moment sehe ich den ersten Schnee. Noch etwas entfernt zwar, aber keineswegs so hoch in den Bergen, dass er mich nicht behelligen könnte. Gleichzeitig wird es immer kälter, und mit fast eingefrorenen Fingern sehne ich mich an mein Ziel. Dort werde

ich Wärme finden, etwas, das die Wohncontainer und Trailer, die ver-
einzelt in den Hügeln stehen, nicht unbedingt ausstrahlen. Sie müssen
zur Wind River Reservation gehören, die ich seit einiger Zeit durchquere. Alles daran wirkt traurig – vor allem bei diesem Wetter.

Gegen 8 Uhr erreiche ich Dubois, und viel länger hätte ich auch
nicht mehr fahren können. Es ist schon dunkel, und ich erkenne das
Gebäude einer Kirchengemeinde, in deren erleuchteten Räumen
Menschen miteinander reden. Nach Newcastle und Casper kann ich
keine weitere Nacht draußen verbringen, also frage ich Mary-Ellen,
in deren Arme ich geradewegs laufe, ob es in der Kirche ein Eckchen
für mich gebe. Sie nickt ohne zu zögern: Ihre Kirche St. Thomas bietet durchreisenden Wanderern und Radfahrern ein kostenloses Quartier. Zum Glück lässt sie Josi als »Rad« durchgehen und führt mich in
einen wohnzimmerartigen Gästeraum: Besser hätte ich es kaum
treffen können.

Der nächste Tag bringt dichten Schneeregen in Dubois (sprich:
»Dübeus«), Schnee in den Bergen, eine Schneesturmwarnung für den
Yellowstone und die Nachricht von heftigen Waldbränden in Montana. Die Entscheidung, noch eine Nacht zu bleiben, fällt mir nicht
schwer. Mein Quartier wird erst am Sonntagmittag für den Kinder-
gottesdienst gebraucht, womit mir die Ewigkeit von drei Nächten
geschenkt wird – warmen Nächten, wohlgemerkt. Ohnehin ist es mal
wieder Zeit für zwei oder drei Inseltage.

Dubois mit seinen knapp 1.000 Einwohnern bietet sich als Insel
geradezu an, wenn auch als »Westerninsel«. Das Zentrum des Ortes
hat sich um einen Knick in der durch ihn führenden Bundesstraße
gebildet. Wer sich hier umschaut, sieht nur Häuser aus massivem Holz,
die meisten davon einstöckig. Der Eingang zu einem kleinen Park
führt durch ein Tor aus Geweihen, vor dem ein überlebensgroßer Bär
steht. Über die asphaltierte Straße fahren Autos, aber Cowboys und
Postkutschen würden kaum auffallen. Die Auslagen der Kleidungs-
und Schmuckgeschäfte verraten, dass die Stadt auch von Touristen,
vor allem Jägern, lebt. Trotzdem wirkt alles absolut stimmig – von den

Holzfällerhemden über die Cowboyhüte und die fellbezogenen Flachmänner bis hin zu den Cowboystiefeln für selbst kleinste Füße.

Ich niste mich im »Perch Coffee House« ein; wo Wasser vor allem deshalb geschätzt wird, weil man Kaffee daraus machen kann, bin ich richtig. An einem gemütlichen Fensterplatz arbeite ich ein wenig, ordne Fotos und plaudere mit Gästen. Weil die Temperaturen langsam, aber stetig fallen und es immer wieder schneit, bleibe ich eine weitere Nacht in St. Thomas und verbringe einen weiteren Tag im coffee house. Noch kann ich gut damit leben, noch bin ich im Inselmodus.

Nicht im coffee house, sondern in einem Restaurant lerne ich Biggi kennen. Uns trennt zwar der Bartresen, aber nicht die Herkunft, denn sie ist Deutsche. Schon als junges Mädchen war Birgit aus Luckenwalde, wie sie sich vorstellt, von Pferden und Indianerfilmen fasziniert. Also ist sie ausgewandert, hat Wyoming für sich entdeckt, Pferde gezüchtet und lebt jetzt – soweit ich das beurteilen kann – mit ihren Pferden glücklich in ihrem Paradies. Mich beeindruckt das sehr – Biggi hat ihren Traum wahr gemacht. Es war bestimmt nicht immer leicht, und das ist es auch heute nicht: Neben ihrem Job, in dem sie weltweit Reiterferien verkauft, arbeitet sie schließlich im Restaurant.

Endlich sehe ich ein, dass die Wetterverhältnisse im Grand Teton und im Yellowstone nicht zu mir und Josi passen. Straßen sind verweht oder gesperrt, Schneestürme angesagt, und Besserung ist nicht in Sicht. Ich könnte heulen, denn damit ist auch Montana für mich erledigt. Wobei fraglich ist, was ich angesichts der Brände davon gehabt hätte: gesperrte Straßen, kaum Sicht, dafür Rauch? Nein, danke.

Da ich meinen Liebsten in vier Wochen in Seattle treffen will, muss eine neue Route über die südlichen Rockys her, weit genug entfernt vom unverschämt früh einsetzenden Winter. Der neue Plan, der genauso detailliert ist wie meine bisherigen, lautet: von Wyoming aus nach Süden, dann durch den Nordwesten von Colorado, weiter durch Utah und schließlich durch Idaho, Oregon und Washington nach Seattle. Easy.

BY THE WAY — DREHORTE

Der Film »Brokeback Mountain« hat in mir die Sehnsucht nach Wyoming geweckt – die Landschaft, in der die beiden Cowboys arbeiten und leben, ist unfassbar schön. Meine Recherche zeigt jedoch: Nur ein Bruchteil des Films wurde in Wyoming, genauer gesagt im Grand Teton Nationalpark, gedreht. Im größten Teil des Streifens bewundert der Zuschauer ahnungslos die Schönheit der kanadischen Provinz Alberta.

Auch der Titel des Thrillers »Wind River«, der im gleichnamigen Reservat südöstlich von Dubois spielen soll, weckt falsche Erwartungen. Nur das Highway-Schild des Reservats und das Ortseingangsschild des nahen Städtchens Lander fanden Eingang in den Film, alle anderen Aufnahmen entstanden in Utah.

Ist Wyoming am Ende gar nicht so beeindruckend, wie man denkt? Doch, ist es. Wer sich davon überzeugen möchte, kann das mit diesen Filmen tun: »Der mit dem Wolf tanzt«, »Django Unchained«, »Star Trek: Der Film«, »Aus der Mitte entspringt ein Fluss« und »Rocky IV – der Kampf des Jahrhunderts«. In diesen Werken wird klar: Man kann Wyoming nur verfallen.

Ich verlasse Dubois über die US 26 nach Südosten, also auf dem Weg, den ich gekommen bin. Und dieses Mal passt die triste Stimmung der Wind River Reservation zu meiner – es fällt mir nicht leicht, mich innerlich vom Grand Teton und von Montana zu verabschieden. Gedanken wie: »Ach, dann eben nächstes Mal!« helfen nicht. So leicht ist es dann doch nicht hierherzukommen.

Nicht nur die Umgebung, auch das Wetter gibt sich redlich Mühe, meiner Laune zu entsprechen: Vor mir zieht eine dunkle Wolkenfront auf, während die Temperatur sich um den Nullpunkt einpendelt. Es kommt, was kommen muss: Sturm und Schneeregen. Mit anständigem Schnee hätte ich mich eher anfreunden können, der dringt nicht gleich bis auf die Haut, und man kann auf ihm fahren. Dieses Zeug aber durchnässt meine Kleidung im Handumdrehen, ist hinterhältig kalt, verschmiert das Visier und droht jederzeit auf der Straße zu gefrieren. Bei dem Wetter darf ich nicht wegrutschen – hier ist kein Mensch, der mir dabei helfen könnte, Josi wieder aufzurichten. Also fahre ich mit knapp 40 Stundenkilometern und behalte das Thermometer im Auge, während ich Josi mit eingefrorenen Fingern gegen den Wind stemme. Die Krönung dieses Abschnitts ist die Baustellenampel an einer gesperrten Fahrspur, die mich zwei Minuten lang in diesem Mistwetter warten lässt, obwohl niemand irgendetwas baut und ich ohnehin der einzige Mensch weit und breit bin. Trotzdem traue ich mich nicht, bei Rot zu fahren – eine Vollbremsung bei unerwartetem Gegenverkehr würde mich in dieser Situation zu Fall bringen.

Drei Stunden bin ich unterwegs und werde durch die Kälte immer steifer, vor allem an den Händen. Die oft belächelte Griffheizung wärmt nämlich nur die Handinnenseite, nicht aber die Außenseite der Finger, die dem eisigen Fahrtwind und der Nässe ausgesetzt sind. Halten ist keine Option – wenn ich schon dem Schneematsch und Sturm ausgeliefert bin, will ich wenigstens vorankommen. Irgendwann aber kann ich keinen Finger mehr rühren, jeder Kupplungsvorgang wird zur Qual. Und ich dachte, ich hätte meine kältesten Momente in Newcastle und Casper überstanden! Weit gefehlt, das hier ist kälter. Meine Rettung taucht in Form einer Tankstelle bei der Siedlung Split Rock auf. Es ist keine einfache Tankstelle, sondern hat ein Bistro, eine Bar und … einen angeheizten Ofen! Die anwesenden Menschen grüße ich nur flüchtig im Vorbeigehen, ich will schnell zum Ofen. So nah wie möglich stelle ich mich neben ihn, wärme meine Handschuhe an und ziehe sie nach einigen Minuten nur ganz vorsichtig aus, um meine Finger nicht abzubrechen. Dass Frieren so wehtun kann – und Warmwerden erst!

Isebel, Inhaberin und Chefin von Tankstelle und Bistro, erfasst meine Situation sofort: Bald steht ein Kaffee auf dem Tisch neben mir. Irgendwann kann ich mich an den Tisch setzen, ohne dass mein schmerzender Körper mich umbringt. Nach einer Stunde hängen die

triefend nassen Klamotten um den Ofen herum, ich komme langsam wieder zu mir. Gynsburgh wärmt sich den dicken Popo auf dem Logenplatz über dem Ofen.

Noch bevor mir klar ist, dass ich trotz der Tageszeit (es ist früher Nachmittag) nicht mehr weiterfahren kann und will, bietet Isebel mir an, über Nacht zu bleiben. Sie weist auf den Bereich hinter dem Ofen: Dort stehen ein Billardtisch, ein Fernseher und ein Ecksofa. Ich hätte auch auf dem Boden geschlafen, nehme aber natürlich gern das Sofa. Wärme und etwas Bettähnliches nach dieser Fahrt – welch ein Geschenk!

Der Tag in Isebels Pub verläuft tiefenentspannt. Regelmäßig, aber nicht allzu oft kommen Männer unterschiedlichsten Alters und mit unterschiedlichem Alkoholpegel herein, um etwas Zeit an der Bar zu verbringen. Einige trinken, einige essen, einige schauen nur die Wild-West-Filme, die Stunde um Stunde gezeigt werden.

Am Nachmittag kommt das Jungvolk. Na gut, zwei davon. Stilecht in Cowboy-Stiefeln und Hut spielen sie ein paar Runden Billard, abgelenkt nur vom Fernseher, wo inzwischen »Game of Thrones« läuft. Es würde mich nicht wundern, wenn die Jungs mit dieser Serie einen wesentlichen Teil ihrer Aufklärung erleben – so viel Nacktheit scheint man in Wyoming nicht gewohnt zu sein. Einer der beiden Cowboys ist von den Szenen komplett überfordert, er starrt mit offenem Mund auf den Bildschirm; sein Kumpel könnte unbemerkt alle Kugeln versenken.

Nach einer guten Nacht, viel Kaffee und einem anständigen Frühstück mache ich mich zur Abfahrt bereit. Das Wetter hat sich beruhigt: Es ist zwar nicht wärmer als gestern, aber trocken. Beim Abschied frage ich Isebel nach ihrem großen Traum. Unwillkürlich schaut sie zu ihrem Mann, der wie gestern an seinem wüst überfüllten Schreibtisch sitzt und in ein Computerspiel am Handy versunken ist. »Ich will meinen Busführerschein machen, damit ich ein bisschen mehr Geld verdienen kann. Das hier reicht einfach nicht.« Würde es reichen, wenn ihr Mann mehr arbeiten und weniger spielen würde? Oder habe ich ihren Blick falsch gedeutet? Die Tankstelle ist derzeit keine Einnahmequelle: Sie ist nicht in Betrieb. Für mich ist das zwar schade, aber kein Drama – bis Colorado sollte ich es schaffen.

Im 20 Kilometer entfernten Muddy Gap (!), einer Kreuzung mit Tankstelle, denke ich das immer noch – und tanke nicht. In Rawlings, knapp 70 Kilometer weiter, denke ich das nicht mehr, finde aber keine Tankstelle. Ich setze darauf, dass ich mich im Land der Autofahrer befinde: Die nächste Tankstelle ist bestimmt gleich um die Ecke. Wenn nicht, hätten Schilder vor längeren Strecken ohne Tankmöglichkeit gewarnt. Heldinnen wie ich hätten dann zurückfahren und tanken können.

Ich genieße die Fahrt durch den Süden Wyomings, der nicht unbedingt schön ist, aber doch faszinierend spröde. Ab Creston (keine Tankstelle, kein Schild) geht es dann nur noch Richtung Süden, geradewegs auf das 80 Kilometer entfernte Colorado zu. Meine fast meditative Fahrt wird von einem Ruck unterbrochen. Ich rutsche nach vorn, ziehe instinktiv die Kupplung und lasse Josi ausrollen. Drei Erkenntnisse nisten sich gleichzeitig in meinem Kopf ein. Erstens: So also fühlt es sich an, wenn das Benzin während der Fahrt ausgeht. Zweitens: Nicht überall dort, wo ich Tankstellenhinweisschilder bräuchte, stehen auch welche. Drittens: Es ist Zeit für eine neue Erfahrung, nämlich Trampen in den USA. Irgendwie muss ich ja zur nächsten Tankstelle kommen, das Motorrad wird schon niemand klauen. Ich baue den Tankrucksack samt Gynsburgh ab; meine große Tasche mit Zelt und Schlafsack kann ich jetzt nicht mitschleppen – hier heißt es Vertrauen üben.

Schon der dritte Truck hält. Der Fahrer ist Mitte 30 und grinst, als er meine Geschichte hört. Er will mich ins 35 Kilometer entfernte Baggs bringen und entschuldigt sich dafür, dass ihm die Zeit für die Rücktour fehle. Ich bin total gerührt, vor allem von Letzterem. Voller Erleichterung, aber ohne jede Eleganz klettere ich in den Truck, die Dinger sind ja so hoch! Seit einem Jahr fährt Rodney beruflich

Trucks, vor allem die besser bezahlten Fern- und Nachttouren. Er ist froh um das Einkommen in dieser strukturschwachen Gegend, und das Fahren macht ihm Spaß. Nur zwei Dinge mag er nicht: dass er seine Frau so selten sieht und dass er schon jetzt einen Truckerbauch bekommt.

In Baggs angekommen, will Rodney mich gerade an der einzigen Tankstelle des Ortes rauslassen und mir den Weg zur Polizeistation beschreiben (»Die haben das öfter, die helfen dir!«), als wir an einer der beiden verstaubten Zapfsäulen einen Wagen der örtlichen Polizei entdecken. Rodney stellt mir den officer als seinen Bekannten Sean vor und fährt nach einer formlosen Übergabe weiter. Dem Polizisten gegenüber muss mir die Situation nicht peinlich sein, auf diesem Abschnitt gibt es tatsächlich häufiger Liegenbleiber. Warum stellen sie dann nicht eines dieser hilfreichen Schilder auf? Langweilen sie sich ohne Idioten wie mich?

Sean leiht mir einen Kanister, den ich für ein paar Dollar mit Sprit fülle, und ehe ich weiß, wie mir geschieht, sitze ich hinter Gittern: auf dem vergitterten Rücksitz des Polizeiwagens. Der Beifahrersitz scheint Seans mobiler Schreibtisch zu sein, und so unterhalten wir uns durch das Gitter – eine hoffentlich und im wahrsten Sinne des Wortes einmalige Erfahrung. Wenig später erreichen wir Josi, die unversehrt und offenbar auch unberührt ist. Während ich sie befülle, holt Sean einen Sheriffstern aus dem Auto und heftet ihn seinem neuen tierischen deputy officer an. Der platzt fast vor Stolz und wird mich von nun an mit Sicherheit noch mehr nerven.

Das größte Geschenk dieses Tages aber kommt erst noch. Zurück in Baggs tanke ich Josi voll und stelle der netten Dame an der Kasse meine Schlafplatzfrage. Spontan fällt Sharyn nichts ein, aber dann erzählt sie, dass sie seit einigen Tagen ihren Wohnwagen ausräume, um ihn zu verkaufen. Wenn ich wolle … Ja, ich will!

Ganz oben und ganz unten

Von Baggs sind es keine fünf Kilometer bis Colorado. Auf einer dieser unendlich langen Straßen, die schnurgerade in den Horizont zu führen scheinen, fahre ich in den Bundesstaat ein, der bis vor kurzem gar nicht auf meinem Plan stand. Ich will zügig hindurch, um in Utah die Felsbögen im Arches Nationalpark zu bestaunen und dann wieder nordwärts nach Seattle zu fahren.

Nach einer Weile wird es links und rechts der US 3 hügelig, dann richtig bergig. Bei Meeker halte ich es auf der Hauptstraße nicht mehr aus und biege nach Osten in eine kleine Straße ein. Durch Wälder, über Anhöhen und an Bächen entlang fahre ich auf Schlaglochansammlungen und Schotterwegen, und das Grinsen in meinem Gesicht könnte nicht breiter sein. Ich liebe es, abseits der offiziellen Routen unterwegs zu sein, am Wegesrand Rätselhaftes zu entdecken und mit Josi die schlechten Straßen zu bewältigen.

Die Ausblicke, die sich mir über Berge und Täler eröffnen, lassen nur eine Erklärung zu: Wer auch immer die Naturschönheiten über die USA verteilt hat, muss hier in Colorado durch irgendetwas unterbrochen worden sein. War es Hunger, Durst oder ein Anruf? Niemand weiß es, aber jedenfalls wurden alle Wunder, die noch über die USA zu verteilen waren, einfach hier in Colorado abgeladen – in alle Richtungen schaut man mit offenem Mund.

Colorado wird im Herbst nicht so bunt wie Neuengland oder die Staaten im Nordwesten der USA. Dafür überziehen zahllose Espen die Landschaft mit einem satten Goldgelb, das umso mehr fasziniert, als es auch auf großen Flächen fast gleichmäßig, im besten Sinne des Wortes eintönig golden leuchtet.

By the Way — Lebewesen der Superlative

Das älteste, größte und schwerste Lebewesen der Erde ist eine solche Kolonie: Sie wurde »Pando« (von lateinisch pandere, »ausbreiten«) getauft und erstreckt sich in Utah über 43,6 Hektar (entspricht 61 Fußballfeldern); das Gesamtgewicht der etwa 47.000 Stämme liegt bei 5,9 Millionen Kilogramm. Einzelne Bäume werden nur selten älter als 130 Jahre, das Alter von Pandos Wurzelgeflecht hingegen wird auf unglaubliche 80.000 Jahre geschätzt.

Die Espen (auch »Aspen« oder »Amerikanische Zitterpappeln«), die dem Skiort Aspen seinen Namen gaben, wachsen in klonalen Kolonien, das heißt, ihre genetisch identischen Stämme sind unterirdisch miteinander verbunden und bilden einen einzigen Organismus. Während einzelne Baumstämme absterben und neue nachwachsen, lebt das Kolonielebewesen als Ganzes immer weiter.

In regelmäßigen Abständen werde ich daran erinnert, dass die Landschaft nicht nur atemberaubend schön ist, sondern auch gefährlich sein kann. Immer wieder warnen Schilder vor Lawinen, weisen auf fehlenden Winterdienst hin und erinnern daran, dass man die Straße auf eigenes Risiko nutzt. Ich habe Glück, denn gerade ist alles trocken, und die Schneefelder in den höheren Lagen sind klein. Riesig dagegen sind die Hinterlassenschaften der freilaufenden Rinderherden: »Tellergroß« beschreibt sie nicht annähernd.

Irgendwann spüre ich eine Unruhe in mir — wo komme ich wieder aus diesem Waldgebiet heraus und wann? Wie immer bin ich ohne Navigationsgerät unterwegs und verlasse mich auf Schilder, Sonnenstand und Orientierungssinn. Im Moment fehlt mir die Gewissheit, aber weil mir ohnehin keine Wahl bleibt, fahre ich auf meinem Schotterweg weiter, bis ich auf eine asphaltierte Straße treffe. Ein Schild weist in Richtung New Castle – sehr schön, alles richtig gemacht.

Es ist später Nachmittag, als ich in New Castle ankomme. Ich habe Hunger und beschließe, mich heute zu verwöhnen. Die kleine Pizzeria »Hogback« scheint wie gemacht dafür. Sie ist kleiner als so manches Wohnzimmer, mit Holz vertäfelt, humorvoll dekoriert und sehr, sehr voll. Fast will ich wieder gehen, als ich bemerke, dass einige der Anwesenden nur auf ihre take away-Pizza warten. Mir wird ein Platz am Tresen zugewiesen, was mir sehr gelegen kommt: Ich habe vor, mich hier häuslich einzurichten und später zu fragen, ob ich nach Schließung auf dem Fußboden übernachten kann. Voller Zuversicht bestelle ich zur Pizza ein Glas Wein – ich werde heute nicht mehr fahren.

Nach mehreren Stunden mit einer großen Pizza, zwei Gläsern Wein und netten Gesprächen mit anderen Gästen stehen folgende Dinge fest: Die Pizza war super. Der Wein noch besser. Ich darf aus Versicherungsgründen nicht drinnen übernachten, dafür steht mir die Terrasse zur Verfügung, sobald die letzten Gäste gegangen sind. Das ist schön, auch wenn ich angesichts der Nachttemperaturen auf eine Unterkunft mit festen Wänden gehofft hatte. Vielleicht lässt mich ja ein drittes Glas Wein trotz der Kälte durchschlafen?

Der Plan geht auf, und es wird eine gute Nacht. Am Morgen ist das Zelt von Raureif bedeckt – kein guter Zustand, um es abzubauen und einzupacken. Ein Blick auf die Eingangstür der Pizzeria sagt mir, dass sich erst ab 11 Uhr die ersten Gäste über mein Zelt wundern würden. Ich habe also drei Stunden Zeit für ein schönes Frühstück, das Zelt drei Stunden zum Trocknen. Als ich bei Josi vorbeigehe, finde ich ein Geschenk: Eines der Paare, mit denen ich am Abend gesprochen habe, hat mir eine Karte von Moab und einige Tipps an den Koffer geklemmt. Wie nett!

In der Main Street finde ich ein mexikanisches Restaurant, in dem ich eine ganze Weile bleibe. Das hat auch mit Dolly, der entzückenden Bedienung, zu tun. Sie und ihre Familie, die das Restaurant betreiben, sind mexikanischer Abstammung und haben schon an verschiedenen Orten der USA gearbeitet. »Wo war es bisher am schönsten?« will ich von ihr wissen. Nachdenklich schaut sie über mich hinweg aus dem Fenster – welche Bilder jetzt wohl an ihrem inneren Auge vorbeiziehen? Dann kehrt sie in die Gegenwart zurück und sagt mit überzeugtem Lächeln: »Colorado ist am schönsten, hier will ich bleiben.« Ihre Gewissheit ist so ansteckend, dass ich beschließe, das knapp 150 Kilometer entfernte Utah noch etwas warten zu lassen, um die Berge von Colorado zu erkunden.

Ich verlasse New Castle also nicht wie ursprünglich geplant in Richtung Westen, sondern in Richtung Osten. Die Straße bringt mich immer höher, während Ortsnamen wie Snowmass keinen Zweifel daran lassen, wie es hier im Winter aussieht. Auch jetzt sind viele Gipfel schneebedeckt – es ist ein Bilderbuchpanorama, fast schon unwirklich. Plötzlich stehen rechts neben der Fahrbahn mehrere Kleinflugzeuge, ordentlich geparkt wie Autos vor einem Supermarkt. Kurz wundere ich mich, dann nicht mehr, denn ein Schild klärt auf: »Aspen Airport«. Ich höre vor meinem inneren Ohr die Kommunikation, die so oder ähnlich an den Frühstückstischen der High Society stattfinden mag:

»Darling, das Wetter soll schön werden heute, wollen wir nicht übers Wochenende nach Aspen fliegen?«

»Klar, Honey, schöne Idee! Ich sag schnell James Bescheid, er möge die Maschine volltanken!«

Wenn es in den Staaten ein Mekka für die skifahrende Oberschicht gibt, dann ist es dieses Örtchen mit seinen knapp 7.000 Einwohnern. Gerade ist Vorsaison, die Hänge sind schneefrei, die Lifte stehen still, und nichts ist überfüllt. Eine Weile fahre ich ziellos durch die Straßen des Ortes, schaue mir Villen, Häuser und Gärten an. Da gibt es sehr viel Nobles zu sehen, das gerade jetzt, wenn die Bäume sich herbstlich verfärben, noch viel beeindruckender aussieht.

In einem mexikanischen Restaurant mache ich es mir gemütlich. Die Räumlichkeiten sind für den bevorstehenden »Tag der Toten«

dekoriert, von allen Seiten grinsen bunte und geschmückte Toten-köpfe in den Raum. Dass die Mexikaner ihrer Toten fröhlich und farbenfroh gedenken, gefällt mir.

Obwohl Gynsburgh und ich uns hier sehr wohl fühlen (wenn auch aus unterschiedlichen Gründen), steht nach ein paar Stunden der Aufbruch an. Eine bezahlbare Bleibe werde ich in dieser Stadt kaum finden.

Als ich Aspen hinter mir lasse und der Straße nach Südosten folge, ahne ich nicht, dass ich richtig Glück habe. Die Straße führt höher und höher und bringt mich den tiefhängenden, unfreundlich ausse-henden Wolken mit jedem Meter ein bisschen näher. Es würde mich nicht wundern, wenn sie Schnee brächten. Dann erkenne ich mein Glück in Form eines Straßenschildes, das zum einen den Indepen-dence Pass ankündigt und zum anderen mitteilt, dass die Straße von Oktober bis Mai geschlossen ist. Vier Tage später, und ich hätte um-kehren müssen! Plötzlich machen mir Wolken, Kälte und Feuchtigkeit viel weniger aus. Ich bin wieder im Abenteuermodus und fahre, jede Serpentine genießend, bis zum Pass auf knapp 3.700 Meter hinauf. Die Wolken hängen so tief, dass kaum noch etwas von der kargen Landschaft zu sehen ist, und über einen einsamen Parkplatz ziehen Nebelschwaden. Ich parke Josi und gehe zur Aussichtsplattform am Rand des Platzes. Hier könnte man jetzt auch eine Filmszene drehen, die auf einem anderen Stern spielt.

Eine Tafel informiert darüber, dass der Independence Pass hier die Continental Divide, die »Nordamerikanische Wasserscheide«, kreuzt. Sie schlängelt sich durch Nord- und Zentralamerika und trennt die Einzugsgebiete der Flüsse, die in verschiedene Ozeane fließen. So ge-langen Regentropfen, die hier nebeneinander auf die Erde fallen, zum Teil in den Atlantik, zum Teil in den Pazifik.

Auf dem Rückweg zu Josi verstärkt sich mein Empfinden, in ei-nem Film zu sein: Zwei sehr zarte und sehr dick eingemummelte Asiatinnen bestaunen Josi, während zwei weitere kreischend auf mich zu stürmen. Offenbar bewundern sie mich als allein reisende Frau und wollen unbedingt ein Foto mit mir machen. So also fühlt sich Ruhm an!

Auf dem Weg nach unten wird das Wetter richtig mies. Aus dem Schneeregen wird kräftiger Regen, was in der einsetzenden Dunkelheit kein Vergnügen ist. Hoffentlich übersieht mich kein Autofahrer! Zwei Stunden fahre ich angespannt und verfroren, bis ich einfach nicht mehr kann. Ich weiß, dass ich eine Nacht im Zelt heute nicht aushalten würde, und finde mich schon mit dem Gedanken an ein Motelzimmer ab. Wieder ist es eine Kirche, die mich vor Kälte und Ausgaben rettet: In Buena Vista darf ich meinen Schlafsack im Konferenzsaal der High Country Church of the Nazarene ausbreiten.

Manchmal habe ich ein schlechtes Gewissen, weil ich so oft auf die Hilfsbereitschaft von Kirchengemeinden setze, ohne selbst an Gott zu glauben oder Mitglied zu sein. Ich beruhige mich damit, dass ich bei meinen Anfragen nichts dergleichen vortäusche, und damit, dass auch sie das Recht haben, eine Bitte abzulehnen. Trotzdem bleibt ein kleines Unwohlsein, das sich bei Kälte jedoch ganz schnell versteckt.

Allmählich muss ich mich wirklich nach Utah aufmachen: Es ist Ende September, ich habe noch zweieinhalb Wochen, um nach Seattle zu kommen. Aber selbst auf der zügigen Fahrt quer durch die Berge staune ich immer wieder über die Landschaften und halte an, um sie in Ruhe zu genießen. Nichts und niemand hätte mich angemessen auf Colorado vorbereiten können. Zum Glück hat Dolly mir den richtigen Impuls gegeben!

Der nächste Tag ist ein reiner Fahrtag. Im Städtchen Hotchkiss lege ich eine Pause ein, denn mir ist kalt, ich muss aufs Klo und habe Hunger. All diese Leiden verschwinden in »Pat's Bar and Grill«. Es ist früher Abend, und außer mir ist nur eine Familie im Lokal. Der fehlende Lärm zwingt mich förmlich, den laut sprechenden Amerikanern zuzuhören, die offenbar ihren schlaksigen Sohn nach einem Auslandsaufenthalt gerade wieder in die Arme schließen konnten.

Und siehe da: Der Junior war einige Monate in Deutschland! Durch ihn erfahre ich, dass dort zu jeder Tages- und Nachtzeit, also quasi immer, Bier getrunken wird – sogar McDonald's verkaufe da mehr Bier als Cola! Ich finde es gut, wenn junge Menschen reisen – wie könnten sie sonst ihre Vorurteile mit der Realität abgleichen?

Solange noch etwas Tageslicht die Straßen erhellt, will ich einen Platz für mein Zelt suchen. Ich finde ihn gegenüber vom Restaurant in der kleinen windgeschützten Ecke eines Versammlungsplatzes. Die beiden tanzenden Bronzeelefanten auf dem Platz werden mir hoffentlich keine Albträume bereiten. Beim Aufbau des Zeltes wird mir klar, dass ich in dieser Nacht ohne etwas Wärmendes wieder einmal richtig frieren werde. Ich schnappe mir meine kleine rosa Plüschwärmflasche, gehe in die Bar und bitte Pat, sie mit heißem Wasser zu füllen. Sie tut es, ohne auch nur eine Frage zu stellen oder sich wegen der inzwischen zahlreichen Gäste Gedanken zu machen. Das ist Amerika: »Live and let sleep«.

Die kleine US 141 bringt mich durch eine lange, gewundene Schlucht nach Gateway. Fast alles scheint hier Nationalpark oder geschütztes Gebiet zu sein, und kaum jemand ist unterwegs. So habe ich die roten Felsen zu beiden Seiten der Straße und die Sträucher und Bäume für mich allein. Man sieht den Pflanzen an, dass sie extreme Bedingungen gewohnt sind: Ihre kleinen, harten Blätter und ihre pieksigen Stämme halten Tieren und Trockenphasen gleichermaßen stand.

An einer Tankstelle in Gateway treffe ich Paul. Er ist mit seiner BMW F800GS, Josis größerer Schwester, auf Wochenendtour. Die Maschine und sein Outfit sehen aus wie neu – kein Kratzer, kein Dreck. Ich gebe zu, dass ich sehr gern über solche Erscheinungen spotte, in meinen Augen müssen robuste Offroadmaschinen und ihre Fahrer schmutzig sein. Paul zögert, eine abkürzende unbefestigte Straße nach Moab zu nehmen. Aber es ist nicht der Dreck, um den Paul sich sorgt. Vielmehr fürchtet er, mit dem Bike zu stürzen und es allein nicht wieder aufrichten zu können. Ich bin noch immer im

Spottmodus und denke, ein ausgewachsener Mann sollte sein Motorrad aufstellen können; danach, etwas demütiger, dass ich etwas derart Anmaßendes erst dann denken sollte, wenn ich selbst in der Lage bin, Josi allein aufzuheben. Davon bin ich noch weit entfernt.

Ich lasse Paul vorfahren, während ich mir noch einen Kaffee hole – ich will allein unterwegs sein. Die Straße ist anspruchsvoll und macht richtig Spaß, sogar die Haarnadelkurven mit ihren Steigungen schaffe ich, und das auf rutschigen Schotterwegen. Paul sehe ich nicht mehr, er und seine Maschine haben die Strecke offenbar auch ohne Sturz hinter sich gebracht. Na, ich hätte ihm sonst auch gern beim Aufrichten seiner Maschine geholfen.

Utah

Ohne es zu bemerken, überquere ich die Grenze von Colorado zu Utah und erreiche das Castle Valley. Wieder einmal bin ich heilfroh darüber, mir vorher keine Bilder der Landschaften angeschaut zu haben – so kann ich hier überwältigt anhalten und die mächtigen roten Felsen bewundern, die einfach so in der Gegend herumstehen und sich von der Nachmittagssonne zum Leuchten bringen lassen. Die nächsten Kilometer fahre ich langsam, ich kann den Blick nicht von den Felswänden abwenden. Eine Filmkulisse könnte weder beeindruckender noch schöner sein.

Meine kleine Straße trifft irgendwann in der Dämmerung auf den Colorado River, an dessen Ufer ich bis Moab fahre. Es ist schwer zu glauben, dass dieses Flüsschen vor Urzeiten den knapp 850 Kilometer entfernten Grand Canyon geformt haben soll! Während der knapp halbstündigen Fahrt durch die Schlucht des Colorado River frage ich mich mehrfach, wie Menschen auf die Idee kommen, diesem unscheinbaren Gewässer weiter und weiter zu folgen, um dann irgendwo im staubigen Nichts eine von unwirtlichen Bergen umgebene Stadt zu gründen.

BY THE WAY — MOAB

Gegründet wurde der Ort von Mormonen, einer Glaubensgemeinschaft, die sich neben der Bibel auf das 1827 aufgetauchte »Buch Mormon« beruft. Der Name Moab verweist auf die biblische Landschaft, steht aber auch scherzhaft für Mormons, ores, artists and bicycles (»Mormonen, Erze, Künstler und Fahrräder«). Damit ist klar, was den 5.000-Einwohner-Ort prägt.

Die Erze werden im Umland abgebaut, sofern die Freizeitaktivisten Platz dafür lassen. Mehr als eine Million Touristen kommen jedes Jahr hierher, um die Region als Mountainbiker, Kletterer, Wanderer, Rafter, Motocross-, Hummer- oder Quadfahrer zu erkunden. Das tut dem Städtchen zwar wirtschaftlich gut, begräbt sein Flair jedoch im feinen roten Sand. Hinzu kommt, dass die Temperaturen in diesem Teil Utahs nur vier Wochen im Jahr erträglich sind, sonst ist es entweder zu heiß oder zu kalt. Die Touristenmassen verteilen sich also auf Mai/Juni und September/Oktober.

Die Region um Moab gilt als die Western-Location schlechthin. Der Klassiker »Rio Grande« wurde hier gedreht, ebenso »Indiana Jones und der letzte Kreuzzug«, »Thelma & Louise« und die Serie »Westworld«. Wer genau hinschaut, kann zwischen den Felsen auch den Malboro Man entdecken.

Ich erreiche Moab Anfang Oktober und bei anständigem Wetter, bin also mittendrin im schlimmsten Touristengewühl. Alles ist voll: die Restaurants, die diner, die Cafés, die Bürgersteige und natürlich auch die Parkplätze und Seitenstreifen. Und dass ich keinen Platz für Josi finde, soll schon etwas heißen. Also suche ich mir erst einmal ein Nachtlager. Ein paar Straßen vom Trubel entfernt ist Moab gleich viel angenehmer. Bald taucht ein Schild auf, das mir den Weg zur Bibliothek weist. Hinter dem Gebäude wartet ein breiter, vor Blicken geschützter Streifen auf mich, zwar steinig, dafür aber halb überdacht und von Grün umschlossen. Wieder ein guter Ort — ich fühle mich gleich ein wenig zu Hause.

Natürlich habe ich Hunger und wage mich zurück ins Zentrum. Mir ist nach Pasta und Wein, also mache ich den Fehler, mich bei »Jay's« in die Warteschlange zu stellen. Als ich endlich dran bin, findet man nur mit Mühe einen Platz für mich. Am liebsten würde die Kellnerin mich an die Bar setzen, aber da esse ich nun wirklich nicht gern. Schließlich weist sie auf ein Tischchen, das zwischen andere voll besetzte Tische gequetscht ist und an das sie bestimmt lieber mehrere Gäste platziert hätte. Ich hatte nie ein Problem damit, allein essen zu gehen, doch hier fühle ich mich einsam und unerwünscht.

Der Blick in die Karte hilft nicht: Ein 0,1-Liter-Glas Rotwein kostet stolze acht Dollar, und die Preise für die Gerichte sind entsprechend. Dabei kann ich froh sein, dass überhaupt Alkohol angeboten wird, denn im mormonen-geprägten Utah darf Alkohol nicht zu leicht verfügbar sein, die Lizenzen sind deshalb teuer. Die Lokale, die sich eine solche leisten können, sind deutlich in der Unterzahl und müssen das Geld für ihre Lizenz natürlich wieder reinholen. Die Zuneigung der gestressten Kellnerin zu mir wächst nicht gerade, als ich nur einen kleinen Wein bestelle, Essen ist bei den Preisen nicht drin. Zwar hätte ich den Wein nun auch an der Bar trinken können, aber so bequem Josis Sitzbank auch ist, am Abend freue ich mich doch über einen Stuhl mit Lehne.

Drei Tage bleibe ich in der Stadt, um zu arbeiten und meinen Blog zu aktualisieren. Niemand behelligt mich hinter der Bibliothek, und so kann ich all meine Sachen beruhigt dort lassen. Auf dem Weg zum »Peace Tree Juice Café«, in dem ich mich tagsüber niederlasse, fällt mir ein Schild auf, das zu einer Opioid-Selbsthilfegruppe einlädt. Erst Recherchen lassen mich die Hintergründe verstehen.

By the Way — Opioid-Krise
Sechs Menschen aus allen sozialen Schichten sterben in den USA an einer ungewollten Überdosis Opioide – pro Stunde. Das sind mehr als durch Verkehrsunfälle oder Schusswaffen. Seit 1997 hat

die Suchtkrise über eine halbe Million Menschen das Leben ge-
kostet, mehr als im Vietnam-, Irak- und Afghanistankrieg
zusammen. Zuletzt ging die Zahl der Opioid-Toten zwar leicht
zurück, ein Ende der Krise ist jedoch nicht absehbar. Sie hat
schon lange nichts Verschämtes mehr – es ist einfach unmöglich,
sie zu verstecken. Menschen sterben im Schlaf, in ihren Mittelklassewagen am Straßenrand, auf Gehwegen. Es handelt sich
nicht nur um die schlimmste Drogenkrise in der Geschichte der
USA, es ist die schlimmste Drogenkrise der Menschheits-
geschichte.

Ausgangspunkt der Krise und Anfang des Weges in die Abhängig-
keit war das Medikament Oxycontin, ein Schmerzmittel auf
Morphiumbasis. Hergestellt wurde es von Purdue Pharma, einem
von der Familie Sackler geführten Unternehmen. In den 90er
Jahren lancierten die Sackler-Brüder die erste Marketing-
kampagne der Pharmageschichte. Sie priesen das Mittel als
vollkommen harmlos an, obwohl sie um das extrem hohe Sucht-
potenzial wussten.

Wer von einem Schmerzmittel abhängig ist, es sich aber nicht
mehr leisten kann, hat ein Problem, dessen sich Drogenhändler
nur zu gern annehmen. Mit Sonderpreisen für das chemisch eng
verwandte Heroin erleichtern sie süchtigen Oxycontin-Patienten
den Wechsel, nur um es dann mit billigeren synthetischen
Opioiden wie dem Narkosemittel Fentanyl zu strecken, welches
50-mal stärker als Heroin und 100-mal stärker als Morphium ist.
Das verschreibungspflichtige Medikament führt schon in kleinsten
Dosen zum Atemstillstand. Dass Kunden die Zusammensetzung
der illegal angebotenen Ware nicht überprüfen können, lässt die
Anzahl der ungewollten Überdosierungen drastisch ansteigen –
neben den hunderttausenden Normalsterblichen wurden auch
Heath Ledger und Prince Opfer versehentlicher Überdosierungen.
Angesichts so vieler Toter entdeckte Purdue Pharma sein Herz für
Süchtige: Der Konzern sicherte sich zahlreiche wichtige Patente

für suchthemmende Mittel – die Sacklers verdienten damit ein zweites Mal an der Opioid-Krise, die sie selbst initiiert haben. Seit 2007 klagen US-Staaten, Gemeinden und Indianerstämme gegen verschiedene Opioid-Hersteller; allein gegen Purdue Pharma liefen Mitte 2019 fast 2.300 Klagen. In einem der Verfahren wurde der Konzern wegen irreführender Werbung verurteilt. Die Strafe von 600 Millionen Dollar dürfte ihn angesichts der 35 Milliarden Dollar Gewinn aus dem noch immer laufenden Oxycontin-Verkauf allerdings wenig schmerzen.

Es ist Sonntagnachmittag. Ich will endlich raus aus Moab und in den naheliegenden Arches Nationalpark fahren. Meine Hoffnung ist, dass die meisten Touristen den Park jetzt zum ausklingenden Wochenende verlassen haben. Der Glückskeks, den ich zu meinem chinesischen Mittagessen bekomme, bestärkt mich jedenfalls darin.

Meine Überlegungen zum Andrang im Park erweisen sich als hinfällig. Als ich ihn gegen 5 Uhr erreiche, sind noch unzählige Menschen unterwegs. Das bedeutet erstens, dass ich die Straße, welche die Besucher von einem interessanten Punkt zum nächsten führt, in Kolonne fahre. An den Haltepunkten herrscht dann zweitens totales Parkplatzchaos, denn die Flächen wurden nicht für die unzähligen SUVs, von denen jeder zweite auch noch ein Mietwagen zu sein scheint, konzipiert. Drittens beschreiben Fototafeln vorab detailliert, was die Besucher gleich sehen werden – Überraschung oder gar Staunen angesichts der Naturwunder scheinen nicht gewollt zu sein.

An, auf, neben und in den faszinierenden Steinformationen klettern Menschen herum, die sich selbst und ihre Begleitung mit einer Ausdauer fotografieren, die ich bewundern würde, wäre ich nicht so verärgert, weil ich keine Menschen auf meinen Bildern haben möchte. Und die berühmten Felsbögen, die dem Park seinen Namen geben, sind eine knappe Stunde Fußweg entfernt. So lange will ich Josi und das Gepäck nicht allein lassen. Außerdem turnen die vielen Menschen, die sich tatsächlich auf den Weg machen, dort sicher auch auf den Bögen herum. Als ich dann auch noch erfahre, dass der Campingplatz im Park von Sonntag bis Donnerstag geschlossen ist – ich dort also nicht übernachten kann –, bin ich total bedient. Wenn ich den Glückskeksschreiber in die Finger kriege!

Trotzig beschließe ich, nicht den offiziellen Touristenweg nach Südosten zurück vor die Tore Moabs zu nehmen, sondern einer kleinen, inoffiziellen Talstraße nach Nordwesten zu folgen, die 30 Kilometer später auf das reguläre Verkehrsnetz trifft. Das sollte bis Einbruch der Dunkelheit locker zu schaffen sein.

Den Beginn der dirt road markieren gleich mehrere Hinweise: »Unbefestigte Straße! Führerschein erforderlich! Schlechte Straße! Bei Nässe unpassierbar!« Auf mich wirken diese Schilder eher verheißungsvoll als abschreckend – der blaue Himmel, der trockene Weg und die geöffnete Schranke sind für mich Einladung genug. Außerdem ist Utah mir nach den Reinfällen von Moab und dem Arches Nationalpark ein wenig Spaß schuldig.

Die erste halbe Stunde ist großartig. Ich fahre sicher über den Schotterboden und habe Josi trotz des Gepäcks gut im Griff. Die Landschaft ist – ich brauche neue Attribute – atemberaubend. Manchmal unterbreche ich die Fahrt, um über die struppige Weite zu schauen, die am Horizont von den Rockys begrenzt wird. Die Luft ist klar und frisch, und immer wieder sehe ich Antilopen, die sich durch Josis Motorenlärm nicht stören lassen.

Je tiefer ich allerdings in das weite Tal komme, umso sandiger wird die Straße. Und dann passiert es: In einer Kurve verlieren Josis Straßenreifen den Halt. Ich kann nichts tun, gerate ins Schlingern, Josi rutscht weg und legt sich elegant auf die Seite. Alles geht so schnell, dass ich mich kaum richtig erschrecken kann. Ich schalte den Motor aus, krabbele unter Josi hervor und sondiere die Lage. Mir wird klar, warum ich nicht verletzt bin: Wir liegen in zehn Zentimeter tiefem, feinstem Sand, und es gibt nichts, woran ich mir hätte wehtun können, zumal Josis Koffer zuverlässig als Airbag funktioniert haben.

Nun also ist sie da, die Situation, die irgendwann kommen musste: Josi am Boden und niemand außer mir hier, um sie wieder aufzurichten. Seit ich Josi habe, ist mir das nicht ein einziges Mal gelungen – einem ADAC-Trainer zu Hause allerdings auch nicht. Kurz schimpfe ich mit mir, weil ich zwar die tollsten Krafttraining-Apps auf mein Handy geladen, die Übungen aber nur dreimal auf dem Schiff gemacht habe. Davon ist jetzt nichts mehr übrig.

Ich baue den oben liegenden Koffer und das übrige Gepäck ab, um Josi so leicht wie möglich zu machen. Dann probiere ich verschiedene Techniken aus, um sie aufzurichten – ohne Erfolg. Für die Methode, die Maschine aufzuheben, solange man noch sauer über die Situation ist, bin ich nicht sauer genug.

Irgendwo habe ich von einem Weg gehört, der mir hier möglich scheint: neben dem Hinterrad ein Loch buddeln, die Maschine ankippen und das Hinterrad in das Loch hineinfallen lassen, das Motorrad dabei aufrichten und dann einfach aus dem Loch herausfahren. Die Erde unter den oberen zehn feinen Zentimetern ist sehr fest, nur mühsam kann ich sie mit einem Hering meines Zeltes aufkratzen und wegschaufeln. Nach einer Ewigkeit betrachte ich keuchend mein etwa 30 Zentimeter tiefes Werk und wage einen Versuch. Ächzend, stöhnend und fluchend kippe ich Josi so weit, dass sie in das Loch fällt und aufrecht steht. Ich kann es kaum fassen, ich habe es wirklich geschafft! Ha, wer braucht schon Helfer! Und Paul: So geht das!

Ich fahre Josi aus dem Loch heraus auf eine einigermaßen feste Stelle, belade sie wieder und fülle das Loch auf. Da soll sich ja niemand das Genick brechen. Stolz grinsend fahre ich weiter, nichts kann mich jetzt noch aufhalten. Nicht die einsetzende Dämmerung, nicht die plötzlich auftretenden Bodenwellen, die alles an mir und dem Motorrad durchschütteln. Wo ist der feine Sand, wenn man ihn mal braucht?

Nun, der feine Sand kommt dann, wenn man ihn nicht braucht. Er taucht so plötzlich im Licht des Scheinwerfers auf, dass ich die Geschwindigkeit nicht mehr anpassen kann. Wobei sich die Frage stellt, welches denn die richtige ist – meine ist es offenbar nicht. Wieder gerate ich ins Schlingern, wieder rutscht Josi weg, wieder legt sie sich elegant auf die Seite, dieses Mal auf die andere.

Zweimal versuche ich, sie aufzurichten, merke aber bald, dass ich inzwischen viel zu müde bin. Außerdem ist der Boden unter dem feinen Sand viel zu hart, um wieder ein Loch buddeln zu können. Ob es in der Umgebung Steine gibt, mit denen ich Josi stützen und aufrichten könnte, ist in der Dunkelheit nicht zu erkennen. Gut, dann übernachte ich also in the middle of nowhere. Stand eine Sternennacht im Nationalpark nicht ohnehin auf meiner Liste? Ich muss an Ted Simon denken, der auf seiner Motorradreise im indischen Nichts liegenblieb. Er schrieb darüber:

> »Als auch der Reservetank leer war und der Motor würgte und dann ausging, war ich schätzungsweise zehn oder fünfzehn Meilen von Gaya entfernt. Die Vorstellung war nicht nach meinem Geschmack. Vielleicht musste ich die Nacht dort verbringen ... Ich stopfte meine Handschuhe in den Helm und blickte, am Motorrad stehend, die Landstraße hinauf und hinunter. Ich sah hinüber auf ein grünes Weizenfeld und fragte mich, wer mir diesmal helfen würde und wohin das führen mochte. Ich zweifelte nicht daran, dass Hilfe kommen würde und mit ihr höchstwahrscheinlich eine unerwartete Wendung meines Geschicks. Es hatte Jahre gebraucht, dieses Maß von Zuversicht und Ruhe zu gewinnen, und während ich wartete, erlaubte ich mir ein gewisses Vergnügen an diesem Bewusstsein.«

Leider denken die Sterne nicht daran, für mich zu funkeln. Schnell, weil frierend, baue ich das Zelt auf – auch im Dunkeln sitzt jeder Handgriff. Mein Handy zeigt 3 Grad an; die Temperatur und meine Laune bewegen sich gleichermaßen in Richtung Nullpunkt. Nachts werde ich von Regentropfen wach, die auf mein Zelt trommeln. In meiner Naivität schlafe ich mit zwei frohen Gedanken wieder ein: dass es noch immer über 0 Grad ist und dass der Regen den Boden etwas fester machen könnte.

Als ich gegen 8 Uhr aufwache, regnet es noch immer kräftig, während das Handythermometer 4 Grad anzeigt. Ich bin noch nicht bereit für den Anblick der liegenden Josi, also drehe ich mich um und schlafe noch einmal ein. Irgendeine Rettung wird kommen.

Etwas später wecken mich Motorengeräusche – ich wusste es! Hektisch schäle ich mich aus dem Schlafsack und wurschtele mich in die erstbesten Klamotten, während der Wagen draußen langsamer wird, anhält und ... weiterfährt. Fassungslos halte ich inne. Ich muss mich verhört haben, anders kann es nicht sein. Ein Blick nach draußen bestätigt das Unfassbare: Gerade verschwinden die Rücklichter des Autos im Regen. Wie kann das sein? Liegt hier ständig ein Motorrad mitten auf der Straße? So parkt doch niemand! Und das Zelt direkt daneben? Da ruft man doch mal! Ich überlege, ob es möglich wäre, dass jemand in der Nacht vorbeigefahren ist und Josi aufgestellt hat – dann hätte das Auto eben natürlich vorbeifahren dürfen. Aber dem ist nicht so. Meine Maschine liegt unverändert da, immerhin ist die obere Seite blitzblank sauber geregnet.

Frustriert esse ich drei Löffel meines Reisgerichts. Dann versuche ich die Buddeltechnik von gestern, stoße aber bald auf festen Lehm, der sich kaum bearbeiten lässt. Daran, Josi einfach so aufzurichten, ist nicht zu denken. Ich habe in Moab getankt, damit ich nicht liegenbleibe – jetzt habe ich also 210 Kilogramm vor mir. Hier komme ich allein nicht weiter. Allmählich wird mir mulmig. Weil ich auf eine längere Zeit im Nirgendwo nicht eingestellt war, habe ich als Proviant nur meine Reisreste und eine kleine Flasche Wasser dabei. Bei dem schlechten Wetter wird wohl niemand über diese Straße in den Park fahren oder von dort kommen, zumal sie ja bei Nässe unbefahrbar ist. Andere halten sich wahrscheinlich an derartige Warnungen.

Warten ist somit keine Option, also mache ich mich bei inzwischen immerhin 7 Grad zu Fuß auf in Richtung US 191, der Straße, die ich ohnehin erreichen will. Ich habe ein schlechtes Gewissen und schaue immer wieder zu Josi zurück, die – einsam und hilflos wie ein Käfer auf dem Rücken – im nassen, roten Sand liegt.

Eine Stunde lang latsche ich durch den Regen. Kein Auto kommt mir entgegen, keines überholt mich, keine Straße kommt in Sicht. In der Hoffnung auf Zeichen der Zivilisation klettere ich auf die spärlich bewachsenen Hügel zu meiner Rechten, sehe aber nur mehr spärlich bewachsene, felsige Weite. Also weiter auf dem matschigen Weg, wo mich meine Spuren an Fußabdrücke auf dem Mond erinnern. Ich werde theatralisch, ich weiß, aber das tut gerade gut. Außerdem ist es besser, als an das junge Paar zu denken, das vor Wochen zu in den Joshua Tree Nationalpark aufbrach und seitdem vermisst wird. Vielleicht hatte ich bisher auch einfach zu viel Glück auf meiner Tour? Bis auf einige Schlechtwettertage lief alles glatt, ich habe immer einen Schlafplatz gefunden und die nettesten Menschen kennengelernt. Vielleicht sind die Schwierigkeiten jetzt einfach dran. Zwei Dinge sind jedenfalls klar: Utah mag mich nicht. Und ich mag Utah nicht.

Irgendwann muss ich mir eingestehen, dass ich die US 191 nicht erreichen werde – ich habe keine Ahnung, wie weit sie noch entfernt ist. Ratlos mache ich mich auf den Rückweg zu Josi; es dauert fast zwei Stunden, bis ich wieder bei ihr bin. Ich bin körperlich und seelisch erschöpft und fühle mich unendlich einsam. Am Zelt angekommen, esse ich erstmal die Reste meines Reisegerichts auf, um dann einen letzten Versuch zu unternehmen, Josi aufzurichten. Es regt sich nichts, aber auch gar nichts. Ich versuche es sogar mit den Kraftschreien der Gewichtheber – vergeblich. Innerlich bitte ich Paul um Vergebung für meinen Hochmut, bevor ich mir aus Rat-, Hilf- und Kaffeelosigkeit und angesichts der Regenkälte erlaube, hemmungslos zu weinen. Ich weiß einfach nicht mehr weiter.

Nichts könnte meine Vermutung, dass Utah mich nicht mag, nachhaltiger bestätigen als das Motorengeräusch, das sich genau in diesem Moment aus Richtung Arches Nationalpark nähert. Denn natürlich tauchen Victor und Cameron, zwei entzückende Jungs aus

Minnesota, in ihrem Allradtruck genau in dem Moment auf, in dem ich mich ungewaschen, ungeschminkt, durchnässt und verheult über Josi beuge. Ganz bestimmt könnte ich in diesem Moment besser aussehen – hilfsbedürftiger sicher nicht.

Die Jungs kommen von einem ausgefallenen Mountainbike-Trip zurück; die Strecke ist wegen des Regens gesperrt. Sie richten Josi auf und haben sogar den Anstand, dabei zu ächzen. Ihr Angebot, mich bis zur US 191 zu begleiten, nehme ich sofort an – ich fühle mich so elend, dass ich nicht allein auf dieser Straße unterwegs sein möchte. Schnell baue ich mein Zelt ab und folge dem Truck auf dem roten Boden, der zwar ein bisschen matschig, aber akzeptabel ist.

Es wäre nicht Utah, wenn es so einfach bliebe, und irgendwann muss das »Bei Nässe unpassierbar!«-Schild von vorhin ja seine Berechtigung beweisen. Schon bald wird der Boden grau, lehmig-schmierig und verliert jede Festigkeit, auf der Josi Halt finden könnte. Selbst der Truck mit seinen Offroad-Reifen schlingert abenteuerlich hin und her. Der Schlamm setzt sich in Josis Reifenprofil fest, füllt es aus und bleibt dann Schicht um Schicht darauf kleben, was die Reifen immer dicker werden und das Profil verschwinden lässt. Ich gerate ins Schlingern, bis Josi unter mir wegrutscht. Die Jungs halten, wühlen sich durch den Schlamm, richten Josi auf, wühlen sich zum Truck zurück, und weiter geht es. Dieses Spielchen wiederholen wir vier- oder fünfmal, ohne dazwischen auch nur 20 Meter zurückzulegen. Victor und Cameron murren nicht einmal, sie haben ja selbst in ihrem Truck ähnliche Probleme. Aber ich komme allmählich an meine Grenzen.

Bald wird klar, dass das Ganze keinen Sinn ergibt, zumal die beiden bestimmt andere Pläne haben, als Josi und mich aus dem Matsch zu retten. Es gibt nur eine Lösung, auch wenn schon die Vorstellung wehtut: Ich muss Josi zurücklassen und wiederkommen, wenn der Weg befahrbar ist. Also schieben wir sie an den Straßenrand. Sobald ich warm und trocken im Truck sitze, bin ich wie ausgeschaltet.

Geistesgegenwärtig macht Victor einen GPS-Screenshot von Josis Standort, dann fahren wir eine Stunde zum nächstgelegenen Außenposten der Zivilisation: einer Tankstelle.

Hinter dem Tresen wartet schon der nächste Engel auf mich: Gary – wunderbar schräg und mit einem Herzen aus Gold. Für die Gästewand macht er ein Bild von mir, versorgt mich mit Kaffee und Sandwiches und setzt sich dann mit den Jungs zusammen. Sie überlegen, verwerfen, legen die Stirn in Falten, unterbrechen sich mit neuen Ideen, schütteln die Köpfe und telefonieren verschiedene Abschleppunternehmen durch. Die verlangen 300 Dollar für ihren Einsatz, mit dem sie wegen der Straßenverhältnisse aber ein paar Tage warten wollen.

Ich bin komplett erledigt. Als Gary anbietet, mir ein günstiges Motelzimmer im 40 Kilometer entfernten Green River zu buchen und mich hinzubringen, nicke ich dankbar. Cameron und Victor entlasse ich voller Dankbarkeit aus ihrer Verantwortung, setze mich an einen kleinen Tisch in der Tankstelle und warte dösend auf Garys Feierabend. Ich will nur noch duschen, warm werden und schlafen. Und mich dann um Josi kümmern.

Das »Robber's Roost Motel« und das Kaff Green River sind der Himmel auf Erden: Das Zimmer hat eine Badewanne, die ich selbstredend sofort nutze, und die benachbarte »Ray's Tavern« hat nicht nur leckere Burger auf der Karte, sondern auch eine Lizenz für Rotwein. Es scheint, als wolle Utah etwas wiedergutmachen.

Am Morgen fährt ein Wagen in den Hof des Motels: Gary. Er will in den Urlaub aufbrechen, hat aber gestern versprochen vorbeizukommen, falls wir Josi holen wollen. Weil ich mir nicht vorstellen kann, dass die Wege trotz des frühen Sonnenscheins schon ausreichend getrocknet sind, und ich Garys ohnehin knappe Urlaubszeit nicht verkürzen möchte, schicke ich ihn mit einer Umarmung in seine wohlverdienten Ferien. Meine Zuversicht ist wieder da – irgendeine Lösung wird sich finden. Bis dahin mache ich es mir im »Green River

Coffee« gemütlich: leckere Burritos, perfekter Kaffee in großen Bechern, gemütliche Sitzgelegenheiten und WLAN. Mehr brauche ich nicht, um die letzten zwei Tage zu verdauen.

Ein paar Stunden später fährt ein Motorrad vor. Der Fahrer und ich kommen beim Kaffee ins Gespräch, und er macht den Fehler, nach meiner Maschine zu fragen – er bekommt die ganze Geschichte zu hören. Sein Mitgefühl tut gut, wobei mir inzwischen von mehreren Einheimischen bestätigt wurde, dass nichts und niemand auf dem nassen Lehm fahren kann. John scheint ein Abenteurer zu sein: Er schlägt vor auszuprobieren, wie weit man jetzt auf der Straße kommt. Allein die Aussicht, Josi so schnell aus der Wildnis herausholen zu können, macht mich ganz kribbelig. Immerhin hatten wir jetzt ein paar Stunden pralle Sonne, der Lehm könnte also schon trocken sein.

Und tatsächlich kommen wir auf Johns Maschine zu Josi durch! Unversehrt und schmutzig liegt sie am Straßenrand – mein Herz geht auf. Die Reifen tragen eine zentimeterdicke Schlammschicht, die jetzt knochentrocken und ebenso hart ist. Zwei Stunden dauert es, Josi wieder fahrtüchtig zu machen. Mit dem Griff eines Schraubendrehers klopfe ich zunächst die groben Brocken ab, und wie Michelangelo seine Statuen aus dem Marmor befreit hat, lege ich vorsichtig die Reifen samt Profil frei. Schließlich geht es zurück nach Green River – home, sweet home! Nach all dem brauche ich einen Inseltag, auch wenn ich dafür aus Kostengründen vom Motelzimmer in mein Zelt ziehen muss. Ich baue es, wie könnte es auch anders sein, hinter der Bibliothek auf. Die nette Angestellte hat nichts dagegen.

Seit Moab habe ich knapp 100 Kilometer in Richtung Seattle zurückgelegt, es fehlen noch 1.650. Neun Tage habe ich dafür Zeit, das sollte reichen. Weil aber immer irgendetwas dazwischenkommt, will ich nicht trödeln und nehme den direkten Weg nach Salt Lake City. Am Abend erreiche ich Utahs Hauptstadt, fahre durch die Straßen und fühle mich hier seltsam unwohl, ohne dass ich sagen könnte, warum. Die Hochhäuser vor den schneebedeckten Bergen sind zweifellos beeindruckend, aber nichts lädt mich ein, hier zu bleiben. Kurz bevor ich weiterfahren will, sehe ich einige Mexikaner in festlicher Kleidung die Stufen zu einer katholischen Kirche hinaufgehen. Weil ich mir Hochzeiten noch nie entgehen lassen konnte und wenigstens mein Herz warm werden soll, schleiche ich mich so unauffällig, wie es in Motorradkleidung möglich ist, in die Kirche und setze mich in die letzte Reihe. Das Ganze entpuppt sich als Hochzeitsprobe und ist romantisch und lustig zugleich. So richtig scheint der Bräutigam noch nicht begriffen zu haben, was auf ihn zukommt.

Als alles vorbei ist, kommt mir der Gedanke, den Pastor nach einer Übernachtungsmöglichkeit in der Kirche zu fragen. Ich finde den irritierend jungen Kerl bei einer Kindergruppe. Ohne auch nur eine Sekunde zu zögern, gibt er mir den Code für die schwere Eingangstür der Kirche und beschreibt den Weg in die Gemeinderäume, wo ich Wärme, Ruhe und ein Waschbecken finde, in dem ich mich und meine Wäsche waschen kann. Auf einer kleinen Bühne, direkt unter der Leinwand und mit Blick auf einen Raum voller Tische und Stühle, breite ich mein Lager aus und schlafe im heimelig-grünen Schein der Notausgangsleuchten ein.

Am Morgen widerstehe ich der Versuchung, die sicher prachtvolle mexikanische Hochzeit zu besuchen, und verlasse die Stadt. Nun will ich mir den Great Salt Lake genauer anschauen. Neben einem Bahngleis führt ein schmaler Weg hinaus auf den See. Der wolkenlose Himmel spiegelt sich ebenso im glatten Salzwasser wie die kahlen Berge der Umgebung, während sich am Ufer weiße Salzbrocken sammeln. Auf einer Salzwiese hat ein Witzbold einen Plüschelefanten in einem Minischlauchboot ausgesetzt. Wenig später fahre ich an einem großen Tor mit der Aufschrift »Last Chance« vorbei. Vielleicht eine Entzugsklinik? Wenn ja, dürften sich die Patienten hier ähnlich verloren fühlen wie der Elefant im Salz.

Der Weg führt mich zu einer Salzfarm, deren Tor – es ist Sonntag – abgeschlossen ist. Allerdings in einer Höhe, die für ein Motorrad eher Einladung ist als Aufforderung zur Umkehr.

In Begleitung meines schlechten Gewissens fahre ich über die Anlage und staune. Es ist eine stille, weiße Welt, die auch in der Arktis zu finden sein könnte. Einige Strukturen erinnern an Formationen in einer Tropfsteinhöhle. Langsam, fast ehrfürchtig, fahre ich über das Gelände. Überall Salz, nichts als Salz: am Rand von kleinen Wasserreservoirs, als riesige getrocknete Flächen, an Holzwegen, Gerüsten und Geräten. Eine andere Welt, die ich nach einer halben Stunde wieder verlasse.

Am frühen Abend erreiche ich Ogden. Hier muss ich übernachten, denn es dämmert schon, und ich friere erbärmlich. Auf meiner traditionellen Schlafplatzsuche fahre ich durch die Straßen, und immer wieder taucht zwischen den Häusern ein Gebäude auf, das aus einem sozialistischen Märchen hierher versetzt sein könnte. Wie ein kleines Schloss thront es dort, mit weißer, glatter Fassade, die von warmem Licht angestrahlt wird und trotzdem kalt wirkt.

Ich fahre durch ein offenes Tor in den belebten Hof hinein. Die jungen Leute, die ich erblicke, mehrheitlich Männer in dunklen Anzügen, wirken wie Studierende aus der Oberschicht. Die schwarzen Limousinen auf dem Parkplatz sind aber selbst für sie zu teuer. Jetzt erst entdecke ich den uniformierten, sonnenbebrillten Wachmann, der auf mich zukommt. Weil Angriff noch immer die beste Verteidigung ist, begrüße ich ihn fröhlich mit der Frage: »Was ist das hier?« Der Wachmann lässt von seinem Funkgerät ab, auf seinem Gesicht ist ein Lächeln zu erahnen. »Das ist der Tempel der Kirche Jesu Christi der Heiligen der Letzten Tage.« Ah, Mormonen. Ich zeige auf die perfekt gemähte Rasenfläche neben dem Parkplatz und frage in aller Unschuld: »Wäre es vielleicht möglich, dass ich für eine Nacht auf dem Rasen zelte?« Weil ich ahne, wie absurd diese Frage ist, muss ich grinsen. Alex, so heißt mein Wachmann, grinst zurück und schüttelt den Kopf. Nichts zu machen. Immerhin plaudern wir noch ein wenig über meine Tour, und beim Abschied blickt Alex etwas sehnsüchtig auf Josi und mein Gepäck. Ich kann ihn verstehen.

Inzwischen ist mir richtig kalt und mein Magen richtig leer. Ich fahre weiter nach Norden, bis ich am Straßenrand einen kleinen diner sehe und dort eine Pause einlege. Während ich meine Nachos genieße, frage ich den Inhaber, einen netten alten Kerl, ob ich mein Zelt hinter dem diner aufbauen dürfe. Nachts herrschen inzwischen Temperaturen um den Gefrierpunkt. Er stimmt zu, aber plötzlich kommt ein fröhliches »You can sleep on my couch!« von links. Laura, Mitte 20, ist ein Engel auf Erden. Vor ein paar Tagen erst ist sie in das Apartment gezogen, das sie mir wenig später zeigt. Und während sie sich dafür entschuldigt, gleich wieder wegzumüssen, legt sie mir Bettzeug, Handtücher und Beautyprodukte wie Peeling und Abschminkpads hin. Meine letzte Beauty-Session liegt Monate zurück, und so genieße ich die Produkte und die Badewanne mit Leib und Seele.

Am Morgen vertraut Laura mir ihren größten Traum an: Sie möchte sich um Pflegekinder kümmern und ihnen liebevolle Wegbegleitung sein. Ich finde, sie bringt die besten Voraussetzungen dafür mit.

"Not a Republican there to save your soul!"

Von Ogdon aus fahre ich nach Nordwesten und überquere nach einigen Stunden die Grenze zu Idaho. Ich würdige diesen Staat viel zu wenig und lasse große Dinge (wie den Mittelpunkt des Universums, der sich bekanntermaßen im Städtchen Wallace befindet) rechts sowie grandiose Landschaften links liegen. Ich habe es jetzt eilig, es sind noch 1.300 Kilometer und vier Tage, bis mein Liebster landet. Aber weil ich schon in Seattle übernachten will, bevor ich ihn am späten Nachmittag abhole, muss ich in drei Tagen dort sein. Drei richtig kalte Tage – das Fahren ist nur noch in den Mittagsstunden erträglich, und an Nächte im Zelt mag ich im Moment gar nicht denken.

Deshalb fahre ich in Twin Falls, das ich am Nachmittag erreiche, direkt zur ersten Kirche, um dort um Asyl zu bitten. Es ist ein riesiger Komplex, ich muss an einigen verschlossenen Türen anklopfen, bis ich eine offene finde. »Hello? Anybody here?« rufend, laufe ich durch das Labyrinth der Gänge. Was für ein Gebäude! Endlich höre ich Kinderlachen, gehe ihm entgegen und treffe in einem Spielzimmer auf einen Betreuer. Ich frage, ob ich wegen der Temperaturen vielleicht irgendwo in der Kirche übernachten könne – einfach mit dem Schlafsack auf dem Boden, ohne weitere Bedürfnisse? Der Mittdreißiger schaut mich an, als sei ich eine Irre, die man ebenso vorsichtig wie zügig loswerden sollte. »Ich muss klären, ob wir Platz haben, und dann rufe ich dich an, okay?« Das ist mehr als fadenscheinig, denn wenn es hier eines im Überfluss gibt, dann ist es Platz. Aber was soll ich machen? Ich gebe ihm meine Nummer, vielleicht tue ich ihm ja Unrecht.

Frierend und frustriert fahre ich vom Parkplatz, als mir ein medical center auf der anderen Straßenseite ins Auge fällt. Mein Herz hüpft: Wärme! Ruhe! Heiße, viel zu süße Schokolade aus dem Automaten! Illustrierte auf Niedrigniveau! Füße hochlegen! Das Paradies ist nur eine Straßenkreuzung entfernt. Und es ist der perfekte Ort, um auf den Anruf zu warten.

Es ist tatsächlich paradiesisch. Ich schlendere durch das Krankenhaus, wärme mich auf und entspanne. Ich blicke in offene Zimmer und bin dankbar dafür, gesund zu sein. Eine Tür führt in einen mittelgroßen Raum, in dem, so reime ich es mir nach einer Weile zusammen, Patienten nach ihrer Behandlung auf ihre Angehörigen warten können, die sie dann durch eine automatische Schiebetür aus der Krankenhauswelt hinaus- und nach Hause bringen. Etwa zwei Stunden verbringe ich hier, halb auf den Aufruf aus der Kirche wartend, halb ihn fürchtend, weil ich dann mein gemütliches Plätzchen verlassen müsste. Zwei Dinge kommen, wie sie kommen müssen: Der Mensch von der Kirche ruft nicht an, und ich habe mich dazu entschlossen, in diesem Raum zu übernachten. Wie es hier nachts wohl zugeht?

Die Antwort auf diese Frage bekomme ich Punkt 21 Uhr. Der Raum ist seit Längerem leer, alle Patienten wurden abgeholt. Gerade betrachte ich von meinem Sessel aus den Sonnenuntergangshimmel, als ein Wachmann den Raum betritt, direkt und ohne mich zu bemerken auf die Automatiktür zugeht und sie verriegelt. Als er sich umdreht, bemerkt er mich endlich. Ein bulliger Wachmann am Ende eines langen, vielleicht unangenehmen Arbeitstages – nun gut.

»Warten Sie hier auf jemanden?«

Langsam schüttele ich den Kopf.

»Dann müssen Sie jetzt gehen, ich schließe ab.«

Ich hole tief Luft – aus irgendeinem Grund ist dieser Wachmann ein anderes Kaliber als die Polizisten bisher.

»Ich hab gehofft, hier übernachten zu können. Ich reise mit Motorrad und Zelt durch die Staaten. Und es ist soooo kalt!«

Da ist er wieder, dieser eindeutig irritierte Blick.

»Das geht nicht.«

Mist. Aber ich will nicht so schnell aufgeben. »Ach schade … Und warum nicht?«

»Ich muss den Raum abschließen, bis morgen früh könnten Sie nicht raus!«

Ja, und? »Das wäre kein Problem!«

»Sie könnten die ganze Nacht nicht auf die Toilette!«

»Kein Problem, in meinem Alter geht das noch!« Frech, aber wirksam.

»Und ich muss den Raum um 5 Uhr öffnen.«

Genau meine Zeit … »Das ist okay, solange ich dann irgendwo Kaffee kaufen kann!«

Zögern seinerseits, Hoffen meinerseits.

»Alles klar. Machen Sie sich fertig, ich komme in zehn Minuten wieder und schließe ab.«

Manchmal kann ich mein Glück kaum fassen.

Nach einer warmen, trockenen und stillen Nacht wache ich vom Geräusch eines Schlüsselbundes auf – mein persönlicher Wachmann betritt den Raum. Er blickt sich um, scheint beruhigt, dass noch alles heil ist und ich wach, und beschreibt mir den Weg zum Kranken-hausbistro. Dort frühstücken wir entspannt zusammen, bis ich ihm sage, dass ich auf dem Weg nach Seattle in Portland übernachten will. Er richtet sich auf und legt los: das schlechte Wetter, der viele Regen, alles sei schimmelig und eklig, und überhaupt: »There's not a Republican to save your soul!« Na, dann werde ich da ganz vorsichtig sein.

Ich mache mich auf den Weg, noch immer dankbar für dieses unkonventionelle Nachtlager. Mit dem Geld, das ich in den letzten Nächten gespart habe, werde ich mich in Portland in einem Hostel einmieten.

Obwohl Zeit und Geld knapp sind, folge ich einer Empfehlung von unterwegs: In der Gegend soll es heiße Quellen geben, und bei dieser Kälte ist jede wärmende Wohltat Pflicht. Allein der Weg zu den Quellen bei Buhl ist ein Traum: Durch herbstlich verfärbte Bäume geht es ins Tal, durch das sich der Snake River sanft schlängelt – ein Hauch von Indian Summer.

Bei den Quellen angekommen, lese ich, dass es auch Privatpools gibt – wenn schon, denn schon. Meine Vorstellung von einer dampfenden Luxus-Oase löst sich jedoch mit dem Öffnen der Tür in heißem Dampf auf: Das nach oben offene Kabuff erinnert an ein Bad aus den 70ern, das seit seiner Fertigstellung Wind und Wetter ausgesetzt war. Der Putz bröckelt, die Farben sind ausgeblichen und der Fußboden lässt mich wehmütig an meine verlorenen Flipflops denken. Egal, für eine Stunde ist dies mein Reich. Das Wasser ist wohltuend warm, und mein Blick verliert sich im blauen Himmel.

Erholt fahre ich weiter, bis es dunkel wird. Morgen werde ich Portland erreichen, übermorgen Seattle. Und dann ist es erst einmal vorbei mit dem Alleinreisen.

BY THE WAY — ALLEIN REISEN

»Du bist so mutig!« Wie oft habe ich diesen Satz gehört – vor der Reise von Freunden und Verwandten, auf der Reise von Menschen, denen ich begegnet bin. Er klingt bewundernd und war sicher meist als Kompliment gemeint. Aber er trifft nur bedingt zu, denn ich war nicht mutig, als ich aufgebrochen bin. Zum einen wollte ich sie schon so lange machen, dass sie mir selbstverständlich zu sein schien. Natürlich war ich aufgeregt, aber ich musste mich nie überwinden, nie »all meinen Mut zusammennehmen«. Zum anderen begibt man sich mit einer Reise durch die USA kaum in Gefahr – auch nicht als allein reisende Frau. Und wenn, dann wird man von deputy sheriff Gynsburgh beschützt. Aber im Ernst: Es gibt ganz andere Länder, die zu bereisen wirklich Mut erfordert.

Natürlich kann etwas passieren – immer und überall. Ich kenne Frauen, die allein durch Afrika getrampt sind, während Paare trotz Mietwagen und aller Vorsicht überfallen wurden. Insgesamt passiert Reisenden wenig, aber berichtet wird nur über Unglücksfälle. Menschen erzählen Schlimmes eher weiter als Gutes. Das mag evolutionär sinnvoll sein, beeinträchtigt aber die realistische Einschätzung – und die gute Laune.

Es kann immer etwas passieren, das zu leugnen hilft niemandem. Man kann und muss seinen Teil für die eigene Sicherheit tun, aber selbst dann bleibt immer noch ein Rest Unsicherheit. Und man braucht Glück. Das Verrückte ist: Es reist heimlich mit.

Oregon

Oregon durchfliege ich förmlich – was soll ich auch anderes tun in einem Staat, in dem es keinen Republikaner gibt, der mir das Leben retten könnte? Im Ernst: Ich scheue mich, nach links oder rechts zu blicken. Oregon soll wunderschön sein, und eine Freundin hat mir Menschen und Orte empfohlen, die ich unbedingt besuchen soll. Aber ich kann mich in diesen Tagen nicht auf fremde Menschen oder neue Ecken einlassen. Ich will zu meinem Schatz.

Washington

Von Portland nach Seattle brauche ich ein paar Stunden – genug Zeit, um mich weiter nervös zu machen. Wie es wohl wird mit meinem Liebsten? Natürlich freue ich mich auf ihn, aber es ist auch klar, dass das Reisen mit ihm ein ganz anderes sein wird. Er hat keinen Motorradführerschein und wird deshalb hinter mir auf Josi mitfahren. An das Fahren mit mehr Gewicht und einem höheren Schwerpunkt werde ich mich schon gewöhnen, und außerdem finde ich es cool, dass es nicht an seiner Männlichkeit kratzt, hinten mitzufahren. Mulmig wird mir allerdings bei dem Gedanken, knapp zwei Wochen lang 24 Stunden pro Tag in Gesellschaft zu sein – das ist das Gegenteil von Alleinreisen. Werde ich das aushalten? Und wie wird es sein, nach seiner Abreise allein weiterzufahren? Es bringt wenig, mich das jetzt zu fragen – die Antworten werden die nächsten zwei Wochen geben.

An der Westküste

Zu zweit

Nachdem ich am Flughafen endlich wieder in seinen Armen sein konnte, bringe ich meinen Liebsten auf Josi zu unserem Hotel. Puh, das wird eine Umstellung – und Großstadtverkehr werde ich mit ihm und unserem Gepäck definitiv meiden.

Wir haben uns viel zu erzählen, wollen dreieinhalb Monate aufholen. Auf unseren Handys zeigen wir uns Fotos und Videos. Eines der Filmchen ist seltsam: Ein Motorrad naht, auf ihm ein schlanker, in schwarz gekleideter Typ, supercool. Er fährt seine Maschine bis vor die Kamera, öffnet den Helm – und sieht meinem Liebsten verblüffend ähnlich. Was natürlich daran liegt, dass er es ist! Mit leuchtenden Augen lässt er mich wissen, dass er heimlich seinen Führerschein gemacht hat und sich auf mich und unsere Tour freut. Spricht's, klappt den Helm herunter und fährt, natürlich wieder supercool, aus dem Bild.

Für unsere Fahrt von Seattle nach San Francisco ändert es alles: Er soll fahren, solange er mag, ich entspanne hinten. Schon nach wenigen Stunden fährt mein Held sicher und souverän – wir tauschen kaum noch. Umgeben von sicher festgezurrten Reisetaschen kann ich Kilometer um Kilometer der weltberühmten Küstenstraße genießen und mich an seiner Begeisterung erfreuen. Es werden wundervolle Tage zu zweit.

Schön mit Spuren von schrecklich

Ich bin wieder allein, und mir fehlt etwas. Was heißt »etwas« – mein Liebster fehlt mir. Gerade habe ich ihn in San Francisco zum Flughafen gebracht. Jetzt muss ich mich neu sortieren, mir meine Reise zurückerobern. Schließlich will ich während der restlichen Wochen nicht mit dem Gefühl unterwegs sein, dass das Fahren ohne ihn nur halb so schön ist. Darum – und weil ich heute Geburtstag habe – verwöhne ich mich mit einem leckeren Essen, einem Glas Wein und einem Buch.

Am Morgen checke ich aus und entscheide mich gegen einen längeren Aufenthalt in downtown San Francisco. Mit der vollgepackten Josi will ich nicht im Gewühl umherfahren – Cable Car, Lombard Street und Ozeanorgel müssen bis zum nächsten Mal warten.

Knapp 50 Kilometer südlich von San Francisco liegt das Städtchen Half Moon Bay, das seinen Namen dem entsprechend geformten Strand verdankt. Es ist Herbstwetter: 15 Grad, neblig grau und trotzdem wunderschön. Am Strand finde ich ein verlassenes Haus mit einem riesigen umzäunten Garten; ach, ich bin eben ein Sonntagskind. In einer windgeschützten Ecke des Gartens baue ich das Zelt auf, verstecke Josi hinter hohen Sträuchern und bleibe vier Nächte – Nächte, in denen ich zu Meeresrauschen eindöse und aufwache. Niemand stört mich in meinem Versteck, nur ein Waschbär kraxelt in der Nacht den Zaun empor und erschreckt mich damit fast zu Tode, so menschlich klingen seine Bewegungen. Die Tage verbringe ich im »Ebbtide Café« des Düsseldorfers Jürgen »Harpo« Marx, der sich in den 80ern in eine Tänzerin aus San Francisco verliebte und auswanderte. Bis heute sind sie verheiratet und veranstalten im »Ebbtide Café« weithin bekannte Jazz-Sessions.

Diese Inseltage müssen unbedingt sein. Ich brauche Zeit, um mich über die vergangenen Tage mit meinem Schatz zu freuen, und ich möchte schreiben, arbeiten, aufs Meer schauen, Leute beobachten, lecker essen und spazierengehen. Und darüber nachdenken, wie ich nach meiner Rückkehr leben und arbeiten will. Dafür habe ich noch keine Idee – ich weiß nur, dass mir das selbstbestimmte Leben der vergangenen Monate unendlich guttut. Ein Bekannter sagte, die Reise werde mich für den Arbeitsmarkt verderben. Ich hoffe, es wird nicht so schlimm.

Schließlich mache ich mich auf nach Süden. Zwischen San Francisco und Los Angeles soll der Highway 1 am schönsten sein. Da muss er sich aber anstrengen, denn die Küste Oregons war trotz miserablen Wetters grandios.

Die Strecke ist wirklich toll – viel mehr American Dream als in diesen Tagen geht kaum: Kalifornien, Strand, Meer, Motorrad. Aber wie bei so vielem gibt es auch hier zwei Seiten: Damit man die ganze Zeit am Wasser oder am Strand entlangfahren kann, muss die Straße die ganze Zeit direkt am Wasser oder am Strand verlaufen – was sie auch tut. Sind deshalb nur so wenige Menschen an den Stränden? Für mich wäre das Naturerlebnis durch Lärm und Abgase erheblich gestört. Oder bin ich verwöhnt von den straßenfreien Stränden, die meine Heimatstadt Kiel und ihre Umgebung so schön machen?

Der Hunger treibt mich weg vom Highway und hinein in das Dörfchen Pescadero. Kaum sitze ich gemütlich in einem Café, wird die Hauptstraße gesperrt, und ein Polizeiwagen fährt vor. Unwillkürlich überlege ich, ob das irgendetwas mit mir zu tun haben könnte, werde aber schnell von diesen Ängsten erlöst: Der Polizeiwagen führt den Halloween-Umzug der örtlichen Grundschule an. Die Kostüme der Kids sind phantasievoll und mit Liebe gemacht, und nicht nur die Kinder sind verkleidet, sondern auch Erwachsene und sogar Hunde.

Ich kehre zurück auf den Highway 1. Entspannt fahre ich am Ozean entlang, bis ein süßer Leuchtturm in mein Blickfeld gerät.

Wenig später lässt mich der Hinweis, dass sich genau dort ein Hostel befindet, meine finanziellen Bedenken über Bord werfen. Bei bestem Wetter miete ich mich in eines der Häuschen am Fuß des Leuchtturms ein. In dem mir dort zugeteilten Vierbettzimmer treffe ich Lisa von der britischen Insel Guernsey, die seit sieben Monaten durch die Welt radelt. Radelt! In solchen Momenten merke ich, wie bequem ich im Grunde bin.

Auf der Holzterrasse, die um den Turm herumführt, schauen Lisa und ich der Sonne beim Untergehen zu, am nächsten Morgen sehe ich sie von meinem Bett aus aufgehen. Beseelt frühstücke ich und mache mich wieder auf den Weg.

Das Städtchen Carmel-by-the-Sea versprüht einen entzückenden Charme. Wobei »versprühen« zu viel Energie suggeriert – hier verläuft das Leben geruhsam.

By the Way — Carmel-by-the-Sea

In dem Städtchen, welchem Schauspieler Clint Eastwood in den späten 1980ern als republikanischer Bürgermeister vorstand, gibt es weder Briefkästen noch Hausnummern, keine Straßenlampen, Fußgängerwege, Parkuhren oder Leuchtreklamen. Direkt an der Küste dürfen keine Geschäfte eröffnen, neue Gebäude müssen um Bäume herum gebaut werden, und wer High Heels tragen will, braucht wegen des unebenen Bodens eine Genehmigung des Ordnungsamtes – die Vorschrift aus den 1920er Jahren soll Schadensersatzklagen verhindern.

Langsam fahre ich durch die schmalen Straßen, vorbei an kleinen Häusern mit verwunschenen Gärten und an einem alten cremefarbenen Mercedes, dessen Besitzer barfuß und in legerer Kleidung liebevoll an ihm herumputzt. Man spürt, dass die Stadt etwas Besonderes ist, selbst wenn man nichts Genaueres über sie weiß. Eine Weile lese ich in der Bibliothek, und auch die ist mit ihren übergroßen Fenstern ein besonderer Ort. Zum Übernachten ist es mir hier allerdings zu voll und zu teuer, ich will lieber in der Region um Big Sur einen Campingplatz finden.

BY THE WAY — BIG SUR

Big Sur ist der gebirgige, 150 Kilometer lange Küstenstreifen zwischen Carmel-by-the-Sea und dem südlichen San Simeon. Der Name setzt sich aus dem englischen Wort big (»groß«) und dem spanischen Wort sur (»Süden«) zusammen, bedeutet also »Großer Süden« und stammt aus der Zeit, als die Region noch die spanische Kolonie Alta California/Oberkalifornien war.

Big Sur wurde erst ab 1937 erschlossen. In den 1960er Jahren verfügte die County-Verwaltung, dass keine von der Straße aus sichtbaren Gebäude errichtet werden dürfen, was die Region bis heute wild und unberührt wirken lässt.

Im Leuchtturm-Hostel höre ich Gerüchte, dass die Küstenstraße wegen eines Erdrutsches auf der Hälfte gesperrt sei. Wie doof! Vielleicht komme ich da aber doch irgendwie durch? Ich will es mir zumindest einmal ansehen, denn mit dem Motorrad gibt es oft mehr Möglichkeiten als mit dem Auto. Schlimmstenfalls muss ich wieder 50 Kilometer zurückfahren, um dann im Inland weiter nach Süden zu kommen.

Die Fahrt ist spektakulär. Der Highway windet sich an steilen Felsen entlang, und dort, wo sie sich zu weit zurückziehen, überwinden beeindruckende Brücken die Schluchten. Leider erweisen sich die Gerüchte aus dem Hostel als wahr: Die Straße ist komplett gesperrt, und dahinter sieht es nicht gut aus. Eine riesige Erdmasse hat die Straße verschluckt und sie einfach unter sich begraben. Weil ich zwar abenteuerlustig bin, aber nur selten richtig blöd, sehe ich ein, dass mein Weg hier nicht weitergeht. Es ist später Nachmittag, als ich umdrehe.

Zum Glück liegt die Abfahrt zum State Park Camp Ground vor der Sperrung – dort will ich übernachten. Ich erreiche den Platz im

213

Dunkeln und fahre am verlassenen Pförtnerhäuschen vorbei auf den Platz, um einen Überblick zu gewinnen und eine Lücke für mich zu finden. Aus Wohnwagen und Hütten fällt warmes Licht auf die schmalen, geschwungenen Wege, alles sieht sehr gemütlich aus. An einem Bächlein finde ich einen leeren Platz, der, wie so oft auf amerikanischen Campingplätzen, mit Holztisch, Bänken und Feuerstelle ausgestattet ist. Eine Gruppe junger Leute gegenüber heißt mich willkommen, und wir plaudern ein wenig, während ich mein Zelt in Josis Scheinwerferlicht aufbaue.

Mir ist etwa eine Stunde Schlaf vergönnt, dann werde ich von zwei Stimmen geweckt – Angestellte des Campingplatzes. Sie fragen nach meinem Ticket, und ich antworte, dass ich wegen meiner späten Ankunft keines kaufen konnte. Dann machen sie mir ein Angebot, das sicher korrekt ist, das ich aber nicht annehmen kann: 60 Dollar für den Rest der Nacht. Mir fehlen die Worte, aber die brauche ich auch nicht, um eine Entscheidung zu treffen: Das ist mir zu teuer für eine Nacht, die schon halb vorbei ist.

Die beiden haben kein Problem damit, dass ich mein Zelt wieder abbaue und den Platz verlasse, und so fahre ich in tiefster Dunkelheit die bewaldete Straße vom Park zurück zum Highway. Irgendwann bin ich wieder an der Küste, aber ich ahne den Pazifik mehr, als dass ich ihn sehe. Trotz meiner Müdigkeit ist es einfach toll, so allein durch die friedliche Dunkelheit zu fahren. Mit klopfendem Herzen und einem Lächeln unterm Helm erreiche ich schließlich das Örtchen Carmel Highlands.

So leise wie möglich fahre ich durch die Straßen, fast alle Häuser liegen im Dunkeln. Ein »For Sale«-Schild lässt mich schließlich anhalten. Das Haus wirkt unbewohnt, und in der Auffahrt steht ein Container, der gefüllt ist mit herausgerissenen Gegenständen von Fliesen über Holzvertäfelungen bis hin zu Toilettenschüsseln. Auf der Rückseite des Hauses wartet ein wind-, regen- und blicksicherer Platz auf mein Zelt und mich.

Auch am Morgen ist mir das Glück treu: Gegen 8 Uhr wache ich auf und zurre um kurz vor neun gerade die letzten Gepäckriemen auf Josi fest, als zwei Pick-ups mit Arbeitern vorfahren. Wie rücksichtsvoll von ihnen, erst jetzt zu kommen!

Ich will parallel zur Küste weiterfahren, nur eben ein Stück östlich des Big Sur-Gebirgszugs. Das 30 Kilometer entfernte Salinas scheint mir der perfekte Ausgangspunkt dafür zu sein und bietet Gynsburgh und mir mit dem National Steinbeck Center einen ganz besonderen Anlaufpunkt. Zunächst aber staune ich über diesen Landstrich, der auf meiner inneren Karte nicht verzeichnet war: das kalifornische Hinterland. Grüne Hügelketten, die sich bis zum Horizont erstrecken; kleine, meist ausgetrocknete Flussläufe; weite Felder, auf denen Menschengruppen in gebückter Haltung Erdbeeren und Salat ernten; und Städtchen, deren Namen, Häuser und vor allem Kirchen deutliche spanische Einflüsse zeigen. Kein Wunder, denn ich befinde mich im Gebiet der spanischen Missionsbestrebungen, die im 19. Jahrhundert im ganzen Südwesten ihre Spuren hinterließen.

Als ich Salinas, dessen Name sich von den nahe gelegenen Salzwiesen ableitet, erreiche, bin ich mal wieder hungrig, und so lasse ich mich im Außenbereich eines Cafés mit Blick auf das Steinbeck Center nieder. Erst den Leib füttern, dann Hirn und Seele. Und schnell noch einen Dank an den Erdrutsch bei Big Sur schicken – ohne ihn wäre ich schließlich nicht hierhergekommen. Da es bei seinem Abgang im Juli keine Verletzten oder gar Toten gab, brauche ich wegen meiner Dankbarkeit kein schlechtes Gewissen zu haben.

Wohl fühle ich mich auf diesem Platz im Herzen Salinas' nicht, aber ich kann diese Empfindung nicht richtig greifen. Es sind kaum Menschen unterwegs, Familien schon gar nicht, dafür aber zwei cops, die bewaffnet auf und ab schlendern. Ist das gegenüberliegende Islamic Center der Grund dafür? Gibt es einen konkreten Anlass, oder ist das hier immer so? Da tauche ich lieber so schnell wie möglich in Steinbecks Welt ein.

BY THE WAY — JOHN STEINBECK

Steinbeck wurde 1902 in Salinas geboren und zählte als Nobel-
und Pulitzerpreisträger zu den erfolgreichsten amerikanischen Au-
toren des 20. Jahrhunderts. Am bekanntesten ist wohl sein Werk
»Früchte des Zorns«, ein Roman über eine Familie, deren Mitglieder sich während der Großen Depression in Kalifornien als Wan-
derarbeiter durchschlagen. Über die Zustände in den
Fischkonservenfabriken von Monterey, einem Städtchen unweit
von Salinas, schrieb er den Roman »Die Straße der Ölsardinen«.
Die damals von Fischfabriken gesäumte Hauptstraße Montereys
taufte Steinbeck in »Cannery Row« um. Nachdem sein Roman zum
Bestseller geworden war, erhielt die Straße auch offiziell diesen
Namen. Heute besuchen mehr Touristen die Cannery Row als den
New Yorker Broadway. Steinbecks Roman »Jenseits von Eden«
enthält Elemente seiner eigenen Familiengeschichte und wurde
mit James Dean in der Hauptrolle verfilmt.

Das Museum haut mich um. Detailgetreue Nachbauten von Buch-
und Filmszenen entführen mich in die Welt, in der Steinbeck aufgewachsen ist, in die Bücher, die er geschrieben hat, sowie in die Filme,
die aus ihnen entstanden sind. Ein Oldtimer steht neben einer nach-
gebauten Scheune, Besucher können originale Werkzeuge bedienen,
während weiße Laken und altmodische Unterwäsche zwischen den
Gebäuden trocknen und der Zuber mit dem Waschbrett noch neben
dem Brunnen steht. Filmsequenzen erwecken die Räume zum Leben.
Sogar Rosinante ist da, der Kleinlaster, den Steinbeck für seine drei-
monatige USA-Rundreise mit Pudel Charley zu einem Wohnmobil
umbaute. Auf der Fahrt entstand der Bericht »Reise mit Charley. Auf
der Suche nach Amerika«, der mich in diesen Monaten begleitet.

Es ist nach sechs, als ich das Steinbeck Center verlasse. Ich fühle
mich etwas verloren, wie aus einer Zeitkapsel geworfen. Noch weiß
ich nicht, wo ich übernachten will, aber hier in Salinas ganz bestimmt
nicht. Also sattle ich Josi und fahre weiter in Richtung Süden.

Eine Stunde später erreiche ich Soledad und weiß: Allmählich muss ich einen Ort für die Nacht finden. Zum einen bin ich hundemüde, zum anderen dämmert es schon. Aber irgendwie durchschaue ich die Struktur dieses Ortes nicht; es scheint kein Zentrum zu geben, sondern nur rechtwinklige Straßenzüge mit eher vernachlässigten Häusern, Vorgärten und Autos. Ich beginne, mein Zelt hinter zwei dichten Gebüschen aufzubauen, die Straße scheint ruhig zu sein. Oder doch nicht? Eine Gruppe von etwa acht Halbwüchsigen kommt die Straße entlang, sieht Josi, sieht mich, hält an, beobachtet mich neugierig und zieht dann langsam weiter, ohne mich aus dem Blick zu lassen. Mist. Wie soll ich das deuten? Waren die jetzt einfach erstaunt, oder haben sie schon überlegt, wem sie welche Teile von Josi verkaufen könnten? Oder kommen sie angesichts einer Frau in einem Zelt auf dumme Gedanken? Ich weiß es nicht, will auch niemandem Unrecht tun, aber alles, was ich jetzt habe, ist mein Bauchgefühl – und das rät mir zur Weiterfahrt. Innerlich bitte ich die Kids um Verzeihung, falls ich mich irren sollte, und baue das Zelt wieder ab.

Etwas später erreiche ich Greenfield, inzwischen bin ich richtig müde. Wie üblich erkunde ich die Straßen, suche links und rechts nach einem leeren Grundstück, einer geschützten Rasenfläche, einem Hausvorsprung. Dass es nun völlig dunkel ist, macht die Sache nicht einfacher. In der Hoffnung auf menschenleere Flächen folge ich dem Schild in ein Industriegebiet und wähne mich sofort in einem schlechten Krimi, als ich das schummrig-gelb beleuchtete Auto sehe, an dem zwei Personen miteinander sprechen. Mir wird ein wenig übel – störe ich hier gerade zwei Gauner? Die Übelkeit weicht großer Erleichterung, als ich erkenne, dass es sich um zwei Frauen handelt. Ich fahre heran und frage nach einem guten Plätzchen für mein Zelt.

»Are you alone?!«

»Yes, I am.«

»You will sleep on my couch, come in!«

Es ist eher Aufforderung als Einladung, und bald erkenne ich den

Grund dafür. Toni bewohnt das knapp 50 Quadratmeter große Haus mit ihrem Lebensgefährten, zwei schulpflichtigen Enkelkindern und vier äußerst lebhaften Hunden. Ein solches Haus muss entweder pingelig ordentlich oder das absolute Chaos sein – Tonis ist Letzteres. Mit der Einladung, mich wie zu Hause zu fühlen, zeigt sie mir die verschiedenen Räume. Sie sind liebevoll eingerichtet, aber deutlich von zu wenig Geld und zu vielen Bewohnern gezeichnet. Eine Heizung gibt es nicht, nur einen kleinen Heizlüfter, der immer dort steht, wo er gerade am meisten gebraucht wird. Die Fenster schließen nicht richtig, sie sind mit Kleidungsstücken abgedichtet. Der Weg durch die Küche ist ein Slalom um Stühle, Wäschebehälter, Eimer, Wasserkisten, Einkaufstaschen und Hundenäpfe. Der große runde Tisch scheint Ess- und Schreibtisch zugleich zu sein; zwischen benutztem Geschirr und einer riesigen aufgerissenen Kellogg's-Packung liegen aufgeschlagene Hefte und Schulbücher. Der Wasserzulauf für das Waschbecken im Bad ist kaputt, aber ich kann mich auf eine Dusche freuen.

Zurück im Wohnzimmer versucht Toni, mit ein paar Handgriffen Platz auf dem Sofa freizumachen, aber was weggeräumt wird, findet keinen anderen Platz als auf dem Fußboden. Ich bin geschockt und gerührt, dass ich hier übernachten darf – mich würde es große Überwindung kosten, eine fremde Person in solch ein Durcheinander zu lassen.

Die Wände des kleinen Wohnzimmers sind übersät mit Fotos, und Toni stellt mir ihre Familienmitglieder vor. Zwischendurch fallen die Worte abducted, raped und killed. Anfangs bin ich nicht sicher, ob ich sie richtig verstanden habe – Toni hat nur zwei sichtbare Zähne und nuschelt daher etwas. Nachfragen? Nicht nachfragen? Nun, sie hat es erwähnt und ich bin ja schließlich auch unterwegs, um Land und Leute kennenzulernen. Also frage ich nach. Christina, die Tochter von Tonis Lebensgefährten, wurde mit 14 Jahren entführt, vergewaltigt und ermordet. Und Tonis Sohn und seine Freundin wurden mit Anfang 20 von einer lokalen Gang ermordet, aus der sie aussteigen wollten. Ich weiß nicht, wie ich darauf reagieren soll, fühle mich wie im falschen Film. Wie kann man in einem solchen Umfeld leben, wie nach diesen Verlusten weitermachen?

Christinas Mörder war ein illegaler Einwanderer. Ihr Vater fand Trost und Unterstützung bei Gruppen, die illegale Einwanderer bekämpfen. Diese Gruppen wiederum unterstützt Präsident Trump sehr gern und lädt sie regelmäßig zu Treffen ein. Auf einem Foto trägt Christinas Vater denn auch ein Shirt mit Christinas Foto und einer Beschreibung all dessen, was seiner Tochter angetan wurde – während er Arm in Arm mit Trump dasteht und seinen Daumen hochhält.

So dankbar ich Toni bin, dass ich auf ihrem Sofa übernachten darf, so froh bin ich, am nächsten Morgen wieder auf der Straße zu sein. Es gibt Lebensumstände, in denen ich kaum atmen könnte, und ich habe großen Respekt vor jedem, der es mit Würde schafft, dort sein Schicksal zu meistern. Ich traue mich nicht, Toni nach ihrem größten Traum zu fragen. Ist das Reden über einen großen Traum nicht reiner Hohn, wenn schon die kleinen unerreichbar sind?

Irgendwann führt mich die US 101 an die Küste zurück. Die Zeit bei Toni und ihre Geschichte haben mich ziemlich mitgenommen, ich will gar nichts anschauen oder genießen, sondern einfach nur fahren und verdauen.

Erst am Nachmittag halte ich wieder; das »1880 Union Hotel« in Los Alamos sieht in puncto Essen, Cocktails, Gemütlichkeit und WLAN vielsprechend aus. Hier will ich bleiben. Nach einem kurzen Spaziergang habe ich auch meinen Platz für die Nacht gefunden: Die netten Jungs von der Feuerwehr lassen mich das Zelt direkt neben der Fahrzeughalle aufbauen. Perfekt, denn hier wird mich bestimmt niemand stören. Die Hoffnungen, die ich in die Tapas Bar des »Union Hotel« gesetzt habe, erfüllen sich, und auch die Nacht wird ruhig. Irritierend (und belebend) sind die Feuerwehrmänner, die schon vor 8 Uhr mit freiem Oberkörper ihre Kraftübungen absolvieren.

In den kommenden Tagen arbeite ich mehr als sonst, und in Kalifornien fällt das leicht: Unzählige Cafés und Restaurants mit tollem

Ausblick laden dazu ein, das Laptop aufzuklappen und zu verweilen. So komme ich zwar kaum auf meinem Weg voran, genieße es aber sehr, zumal das Übernachten draußen sehr angenehm ist.

In Goleta klingele ich bei einem Haus, in dessen Vorgarten ich mir mein Zelt sehr gut vorstellen könnte. Meine Anfrage beglückt das Ehepaar Mary und Rick augenscheinlich sehr: »Oh, gerade heute hat unser Pastor in der Predigt gesagt, wir sollen Fremde aufnehmen!«

Ob ich auch auf ihrem Rasen hätte zelten dürfen, wenn der Pastor ein anderes Thema gewählt hätte? Darf ich bleiben, damit sie ihrem Pastor davon erzählen können oder weil so ihr Platz im Himmel ein wenig sicherer wird? Hätten sie auch zugestimmt, wenn ich ein Mann gewesen wäre? Ich mache es mir leicht und schiebe diese Fragen beiseite. Mary und Rick sind wirklich nett; ich darf ihre Dusche benutzen, werde zum Abendessen eingeladen und am nächsten Morgen zum Frühstück. In Gedanken schicke ich dem Pastor meinen Dank.

Nach dem Frühstück fahre ich nur die 20 Kilometer bis Santa Barbara. Für die TV-Serie »California Clan«, die hier spielte, habe ich in meinen Jugendzeiten mehr als einmal die Schule geschwänzt; der Ort und vor allem sein Yacht Club wurden durch die Serie für mich zum Inbegriff des Mondänen. Langsam fahre ich durch die Stadt, die wirklich hübsch ist – halb mexikanisch, halb europäisch, mit viel Grün, kleinen Straßen und hübschen Geschäften.

Ich fahre zum Hafen und dann am Strand entlang. Plötzlich wird mir klar: Ich will hier am Strand übernachten. Warm genug ist es, ich müsste nur eine Ecke finden, die ein wenig geschützt ist. Ein wenig wundere ich mich darüber, dass der Strand bei den aktuellen Nachttemperaturen nicht voll von Obdachlosen mit der gleichen Absicht ist. Ich sehe aber niemanden – sollte ich misstrauisch werden?

Im Hafenbereich trinke ich einen Kaffee, um die Lage zu sondieren. Mein Blick fällt auf das Gebäude des »Santa Barbara Yacht Club«. Es steht auf Stelzen, die einen Hohlraum von knapp einem Meter Höhe schaffen; besser könnte ich es kaum treffen. Ich bräuchte kein Zelt, wäre trotzdem vor Regen und Blicken geschützt, würde mit Meeresrauschen im Ohr einschlafen und hätte am Morgen das Hafencafé gleich um die Ecke. Eines weiß ich: Meine Vorstellung vom Paradies weicht nicht sehr davon ab.

Die Zeit bis zum Einbruch der Dunkelheit verbringe ich auf dem Hafengelände – es ist wie ein Urlaub im Urlaub. Dann bringe ich meinen Schlafsack zum Club, um ihn schwungvoll und so weit wie möglich in die Dunkelheit unter dem Gebäude zu werfen. Doch plötzlich ist es nicht mehr dunkel. Ein roter, unsympathisch blinkender Laserstrahl und ein weiteres helles Licht leuchten über den Boden. Lichtschranken, wie ärgerlich! Zwar geht kein lauter Alarm los, aber ich vermute dennoch, dass irgendein Sicherheitsmensch ein Signal bekommen hat und gleich auftauchen wird. Weil wegrennen mir zu albern und das Kind ohnehin schon in den Brunnen gefallen ist, hole ich meinen Schlafsack in aller Ruhe wieder unter dem Gebäude hervor. Zuerst geht das helle Licht aus, danach der Laserblinker – und noch immer ist kein Wachdienst in Sicht. Ich verstehe das als Einladung zu einem zweiten Versuch, prüfe die Verteilung der Lichtschranken und richte mich schließlich von einer anderen Seite aus tief unter dem Gebäude ein.

Ich habe eine traumhafte Nacht, gestört nur von seltsamen Metall- und Glasgeräuschen vom anderen Ende des Parkplatzes. Ich beschließe, keine Angst zu haben, sicher ist es nur ein bedürftiger Mensch, der die Container nach Verwertbarem durchsucht. Geweckt werde ich erst von einem Hund, der mich auf seiner morgendlichen Strandrunde irritiert beschnüffelt. Er läuft weiter, aber nun bin ich wach, drehe mich in meinem Schlafsack um und kann mein Glück beim Anblick des Meeres kaum fassen. Viel schöner geht es kaum.

Zwei oder drei Nächte will ich so verbringen. Ich bringe mein Schlafzeug bei Josi in Sicherheit, lese, arbeite, schlendere durch Santa Barbara und den kleinen Hafen, lasse mich am Strand nieder und wage mich sogar ins eiskalte Wasser. Jetzt verstehe ich, warum hier niemand schwimmt! Während ich bibbernd trockne, joggen drei braungebrannte und durchtrainierte Jungs an mir vorbei durch den Sand. Unwillkürlich drehe ich mich auf der Suche nach einer Filmcrew um, die diese fleischgewordenen California dream boy-Klischees filmen könnte, aber Fehlanzeige. Etwas später sehe ich sie unter den öffentlichen Duschen wieder: einander fotografierend, posend und – Deutsch sprechend.

Auch die zweite Nacht unter dem Yacht Club lässt keine Wünsche offen. Übermütig beschließe ich, meine Schlafstätte dieses Mal nicht abzubauen. Wer sollte da schon drunterschauen?

Nun, irgendjemand hat es getan, denn als ich am späten Nachmittag nachsehe, ist alles weg – nur eine deckenbreite Schleifspur im Sand verrät, dass meine Sachen wirklich einmal hier waren. Große Sorgen mache ich mir jedoch nicht um sie; am helllichten Tag wird hier schon niemand klauen. Mein Gang nach Canossa führt mich über das Personal des Yacht Clubs zum Hafenmeister:

»Sie wissen, dass es verboten ist, am Strand zu übernachten?«

»Nein, aber ich hab mich schon gewundert, warum es kein anderer tut!«

Er schickt mich zur Polizei, dort warten meine Sachen.

»Wie viele Nächte haben Sie da schon übernachtet?«

»Zwei.«

»Zwei sogar? Hm, das war einmal meine Schicht und einmal mein Kollege. Verdammt, das hätte nicht passieren dürfen!«

Eigentlich kontrollieren sie den Yacht Club jede Nacht, damit dort keine Obdachlosen übernachten. Ich hatte echt Glück, dass ich zwei Nächte dort genießen konnte!

Ohne Probleme und ohne Strafe bekomme ich mein Gepäck zurück. Die beiden cops sind entspannt, und wir plaudern über meine Tour. Vielleicht bin ich eine nette Abwechslung zu den möglicherweise weniger zugänglichen Obdachlosen.

Montecito ist eine kleine Stadt in den Hügeln bei Santa Barbara. Langsam fahre ich durch die schmalen Straßen und staune über die sorgsam angelegten Gärten und die mit geschmackvollem Understatement gebauten Häuser. In lässig-teurer Leinenkleidung genießen die Gäste eines Bio-Cafés ihren Latte Macchiato, ich folge ihrem Beispiel in weitaus dreckigerer und günstigerer Kleidung. Mal sehen, was Wikipedia mir zu Montecito zu sagen hat. Mein Eindruck wird bestätigt: Ich befinde mich in einer der wohlhabendsten Städte der USA, man scheint weit weg zu sein von den Übeln dieser Welt. Während der Schriftsteller T. C. Boyle hier in einem von Frank Lloyd Wright erbauten Haus lebt, errichte ich mein Nachtlager auf einem Spielplatz, nicht ahnend, dass die seltsamen Schläuche, die sich durch den Rasen schlängeln, mein Zelt am Morgen mit sanften, gleichmäßigen Schauern überziehen werden.

Am Strand von Malibu mache ich das obligatorische Foto und fahre dann am breiten Strand und den imposanten Häusern entlang. Während man in Montecito dezent und entspannt stinkreich ist, schreit man hier seinen Wohlstand in die Welt hinaus. Die Landschaft ist postkartenschön, immer gleich und langweilt mich immer mehr. Wäre ich nicht in San Diego mit einer Bekannten verabredet, würde ich nach Osten in die Berge abbiegen und nach Nevada fahren.

Der Abend bringt endlich Abwechslung: Los Angeles. Ich weiß noch nicht, ob ich genügend Lust und Energie habe, um durch diese riesige Stadt hindurchzufahren, aber ich versuche es. Zweieinhalb Stunden später gebe ich auf: Der Verkehr ist so dicht, so laut und so nervtötend, dass ich komplett erledigt in ein Schnellrestaurant flüchte. Ich bestelle einen Kaffee und setze mich ans Fenster, um Josi im Blick zu behalten; die Gegend ist mir nicht geheuer. Offenbar bin ich in einem der schlimmeren Hafenviertel, aber ich bin zu müde, um in ein besseres zu fahren. Online suche ich nach dem günstigsten Motel in der Nähe und finde nicht nur das günstigste, sondern wahrscheinlich auch das heruntergekommenste.

Der Check-in erfolgt im ganz in rosa gehaltenen Innenhof. Allerdings sehe ich die Angestellte nicht, die mir durch eine Sprechanlage Anweisungen gibt. Sie sitzt hinter einer verspiegelten Scheibe, vor die wiederum ein Gitter gesetzt wurde. Himmel, wo bin ich hier gelandet? Über eine Schublade werden Ausweis, Geld und Schlüssel getauscht. Dann schickt die Stimme mich zu Apartment 7.

Das Räumchen, wohl nicht ohne Grund in beruhigendem Lila gestrichen, besteht aus einem wackeligen Holzschränkchen, einem kleinen Röhrenfernseher ohne Stromanschluss, einem Einbauschrank und einem Bett. Auf dieses werfe ich mein Gepäck, um das Bad zu begutachten, halte aber sofort inne, weil vor meinen Füßen die größte Kakerlake liegt, die ich seit Jahren gesehen habe. Einige Sekunden stehe ich reglos da und warte mit einer Mischung aus Faszination und Ekel auf Bewegungen des Untiers. Ich habe Glück – es ist tot. Über Facebook suche ich emotionalen Beistand von Freunden und bekomme ihn in Form der Zusicherung, vor mir liege ein klassischer Einzelgänger, weitere Exemplare seien nicht zu erwarten. Wider besseres Wissen spüre ich Erleichterung und puste (berühren käme nie infrage) das Vieh in eine Ecke.

Im Badezimmer kommen Fragen auf, und das nicht nur zu der zartgrünen Wandfarbe, die zusammen mit der spartanischen Einrichtung und den Gittern vor dem Fenster an Gefängnis-, bestenfalls an Psychiatrietoiletten denken lässt. Warum ist die Tür durchschlagen – von innen?! Die möglichen Antworten gefallen mir gar nicht. Und warum sind die Fenster vergittert? Egal, ich will hier nur übernachten, und das möglichst störungs- und keimfrei. Also verschließe ich Tür und Fenster so fest wie möglich, wickle mich in meinen Schlafsack und breite zusätzlich meine Picknickdecke über mich. Keine zehn Pferde könnten mich dazu bringen, auch nur für eine Minute in das Motelbettzeug zu kriechen.

Am Morgen reißt mich die durchdringende Stimme einer Angestellten aus dem Schlaf, die laut klopfend und noch lauter rufend durch das Motel geht. Mal fragt sie nach Bettzeug, mal nach dem

Auszugsdatum und oft nach Geld. Ich verstehe: Hier kann man auch dauerhaft wohnen, von Wochenmiete zu Wochenmiete.

BY THE WAY — MOTELS ALS ZUHAUSE

Viele Amerikaner ziehen in Motels. Was für uns nach Urlaub klingt, ist alles andere als das – diese Motels, die oft die letzte Station vor der Obdachlosigkeit sind, entdecken Touristen nur selten. Ganze Familien hausen in einem Raum mit zwei Betten. Von einer Küche, einem Zimmer für die Kinder, einem vernünftigen Ess- und Schreibtisch oder gar Privatsphäre können Jung und Alt nur noch träumen. Die Wände sind sehr dünn, die Nachbarn sehr nah. Man kann sich vorstellen, dass die Nerven aller und die Schulleistungen der Kids unter diesen Bedingungen massiv leiden – schlechte Abschlüsse sind vorprogrammiert.

Die dauerhaft in Motels lebenden Menschen und die zahllosen leerstehenden Häuser sind Folgen der Immobilien- und Finanzkrise 2007/08. Vor der Krise lag die Eigenheimquote in den USA bei über 80 Prozent, das eigene Haus gehörte zum Selbstverständnis. Dann verloren innerhalb weniger Jahre zehn Millionen Menschen ihr Zuhause, vor allem aufgrund steigender Kreditraten. Die meisten blieben mit den Hypothekenschulden ihrer inzwischen unverkäuflichen Häuser zurück.

Es ist schwer, wieder aus diesem Motelleben herauszufinden. Um eine Wohnung oder ein Haus zu mieten, muss man neben der Kaution die erste Monatsmiete und einen Betrag für Nebenkosten vorstrecken.

So schnell wie möglich verlasse ich am Morgen diese deprimierende Gegend. Es verschlägt mich nach Rolling Hills – noch so eine Wohlstandsoase. Es ist verrückt, wie nah die Extreme in dieser Region beieinanderliegen. Nach dem Großstadtverkehr und dem tierfreundlichen Motel ist der Anblick der weitläufigen und ruhigen Anwesen unsagbar wohltuend. Ich bleibe einige Stunden in einem Café und

komme mit zwei Jungs ins Gespräch. Sie diskutieren gerade leiden-
schaftlich über Trump – und sind in unterschiedlichen Lagern. Schon
oft habe ich gehört, dass Freundschaften und Familien über diesem
Konflikt zerbrechen, bei den beiden scheint es aber noch nicht so
weit zu sein. Die Amerikaner scheinen überhaupt mehr Anteil an der
nationalen Politik zu nehmen, als man es in Deutschland tut.

Ich verbringe die Nacht am Rande eines Parkplatzes, wo ein
Container, ein begrünter Hang und ein paar Sträucher mein Zelt
ausreichend schützen. Und so trostlos eine Nacht auf dem Parkplatz
auch sein mag, so sehr wird sie verzaubert durch den Blick auf das
nächtliche Los Angeles.

In San Diego ändere ich ein letztes Mal die Hauptrichtung meiner
Reise. Von jetzt an geht es ostwärts bis nach Florida. Und dann noch
weiter nach Osten – bis nach Hause.

NACH OSTEN

Das Hinterland von San Diego ist so gut erschlossen, dass ich noch lange das Gefühl habe, in der Stadt zu sein, ein Vorort geht in den anderen über. Schließlich lande ich in Lakeside. Der Campingplatz, den ich im Auge hatte, ist gesperrt. Blöd. Mein Blick schweift die ruhige Straße entlang, vielleicht kann ich ja hinter der Betonbegrenzung schlafen? Das wäre eine Möglichkeit, zumal es nicht nach Regen aussieht und ich das Zelt nicht aufbauen müsste. Dann aber weckt der Eingang zu einem kleinen Wohngebiet meine Neugier. Ich betrete das gepflegte Gelände und brauche eine Weile, bis ich an den verkleideten Sockelelementen erkenne, dass es sich bei den Häuschen mit Vorgärten und Hausnummern nicht um richtige Häuser handelt, sondern um transportable Fertighäuser, sogenannte trailer homes.

BY THE WAY — TRAILER PARKS

Die Immobilienkrise hat die Wohnkultur in den USA deutlich verändert. Weil das eigene Haus für immer mehr Menschen unerschwinglich ist und auch Mieten rasant steigen, entscheiden sich viele für einen trailer. Diese Wohneinheit hat mit einem klassischen Wohnwagen nicht mehr viel zu tun, es ist eher ein Häuschen, das gezogen oder auf einem Truck transportiert werden kann. Die Grundform ist straßenfreundlich, also langgezogen rechteckig (single) und kann durch ein zweites Modul ergänzt werden (double), auch zweigeschossige Varianten sind im Angebot. In Gewerbegebieten können Interessierte die Modelle anschauen, die oft vollständig möbliert und dekoriert verkauft werden.

Viele Gemeinden weisen inzwischen Flächen für trailer parks aus. Noch vor wenigen Jahren war das Wohnen in solchen Parks eher ein Phänomen der unteren Schichten; für die Bewohner gibt es sogar das Schimpfwort trailer trash, »Trailer-Abschaum«. Jetzt ist es oft die Mittelschicht, die sich für diese günstige Wohnform entscheidet – natürlich in deutlich komfortableren trailern. Die Nebenkosten sind geringer, und ein jobbedingter Umzug ist mit einem trailer deutlich leichter zu bewerkstelligen.

Gerade für die sozial schwächeren Bewohner von trailer parks könnte es in den kommenden Jahren ungemütlich werden, und das liegt nicht nur an Tornados und Hurrikans, denen ihre Behausungen kaum etwas entgegensetzen können. Nein, es ist ein neuer Geschäftszweig, der vielen attraktiv erscheint: »Kaufe einen trailer park und werde Millionär!« In Seminaren lernen die Interessenten, wie sie marode Anlagen kaufen, aufpeppen, die Mieten erhöhen und (wichtig!) das Ganze regelmäßig wiederholen, um ordentlich Profit zu machen.

Inzwischen gibt es sogar Parks für spezielle Zielgruppen, zum Beispiel für entlassene Straftäter, die infolge ihrer Verurteilungen wegen Mordes, Kinderschändung oder Ähnlichem in normalen Wohnparks nicht akzeptiert werden. Sie leben in sogenannten pervert parks – und damit in sozialer Quarantäne.

Der mobile home park »Lakefront«, den ich entdeckt habe, ist ein schicker trailer park mit umzäunten Vorgärten, in denen Kinderspielzeug auf perfekt gemähtem Rasen liegt, mit amerikanischen Mittelklassewagen unter rosenumrankten Carports, »Beware of the dog«-Schildern ohne Hund in Sichtweite und einem zentralen Platz mit Pool und Spielplatz. Wäre ich nicht in den USA, würde ich mich nach einem »Unser Dorf soll schöner werden«-Plakat umschauen.

Ein junger Mann kommt mir entgegen, und die Tatsache, dass er zwei Hunde mit sich führt, lässt vermuten, dass er im »Lakefront Park« wohnt. Einer der Hunde lässt sich von mir kraulen, und ich frage unumwunden, ob es hier irgendwo eine Rasenfläche für mein Zelt und mich gibt. Rob überlegt, verneint und lädt mich dann ein, bei sich und seiner Mutter zu übernachten. Ach, ich liebe dieses Land!

Rob und Shirley leben mit den beiden Hunden in einem der trailer, der aus drei Zimmern und einem süßen Badezimmer besteht – alles liebevoll eingerichtet. Shirley sitzt strickend in einem gemütlichen Fernsehsessel, Rob und ich fallen ins Sofa, und die Hunde machen das Idyll perfekt. Manchmal gibt es nichts Schöneres als einen anspruchslosen Fernsehabend mit lieben Menschen. Shirley strickt und strickt. Am Morgen zeigt sie mir einige Outfits, die sie für ihre Enkel gemacht hat. Und auch ich werde beschenkt – sie ist einfach zum Knutschen!

Ich verlasse Lakeside in Richtung Osten, und schon bald scheint die Zivilisation zu verschwinden. Die Straße führt durch strauchbewachsene Berge, mit jedem Kilometer wird die Landschaft karger, rauer und trockener. Ich muss gestehen, dass mir das mehr gefällt als die lieblichen Strandregionen an der Küste.

Ein Gedanke, der sich lange in meinem Hinterkopf versteckt hat, drängt sich mit jeder Kurve weiter nach vorn und macht sich dann richtig breit: Las Vegas! Trotz meiner Abneigung gegen Großstädte bin ich neugierig auf diese Stadt. Also gut, Richtungswechsel nach Norden! Das ist eines der Dinge, die ich am Alleinreisen liebe: Ich kann machen, was ich will – auch spontan 470 Kilometer in eine andere Richtung fahren.

Dass die Wüste viele Gesichter hat, habe ich schon oft gehört, es aber immer auf die Licht- und Dünenverhältnisse in reinen Sandwüsten bezogen. Doch es ist mehr als das. Ich fahre jetzt durch Wüste, und soweit das Auge reicht, ist der Boden trocken und versandet, es wächst kaum etwas. Die Hitze der 30,5 Grad spüre ich selbst im Fahrtwind, zum Glück habe ich genügend Wasser dabei. Am Salton Sea mache ich eine Pause, der Kontrast ist einfach zu spannend: In Richtung Osten liegt trockenstes Wüstengelände, in Richtung Westen der See. Trotz des nahen Wassers ist der Boden unter meinen Füßen so trocken, dass sich im Boden unzählige mehrere Zentimeter tiefe Risse gebildet haben, und selbst Palmen vertrocknet sind. Der See hat keine Zuflüsse, dazu wird er durch Verdunstung immer kleiner und immer salziger.

Die Straße führt geradewegs in den Horizont, vorbei an verkrusteten Salzflächen, an staubtrockener Wüste und verlassenen Häusern, die es müde sind, dem sandigen Wind Widerstand zu leisten. Weit und breit ist kein Mensch zu sehen. Spät am Abend dann der Kontrast: Palm Springs.

BY THE WAY — PALM SPRINGS

Palm Springs pflegt schon seit den 60er Jahren seinen Mythos als Erholungsort für die amerikanische High Society. Stars wie Cary Grant, Liberace und Frank Sinatra lebten sogar dauerhaft hier. Und wohlhabende Senioren aus dem Norden verbringen hier gern ihre Winter, was ihnen den Spitznamen winter birds eingebracht hat.

Nach den Stunden in der Wüste wirkt Palm Springs mit seinen Palmen und Lichtern surreal – eine gute Vorbereitung auf Las Vegas. Spät in der Nacht weist mir ein Schild den Weg zu einem Campingplatz am Joshua Tree Nationalpark. So leise wie möglich fahre ich an den Wohnwagen vorbei, nirgends brennt noch Licht. Am erstbesten Felsen baue ich mein Zelt auf. Die Nacht ist richtig kalt, schließlich bin ich in der Wüste. Entschädigt werde ich durch den klaren Sternenhimmel, vor dem sich die Umrisse der Felsen geheimnisvoll abzeichnen. Trotz dieses Anblicks halte ich die Kälte nicht allzu lange aus, schon bald geht es ins Zelt und in den Schlafsack. Es dauert eine Weile, bis ich mich richtig eingekuschelt habe, warm werde und zur Ruhe komme. Sofort wünsche ich, länger und mehr Lärm gemacht zu haben, denn ein Tier läuft schnuppernd um das Zelt. Regungslos versuche ich, von den Geräuschen auf die Größe meines Besuchers zu schließen. Bald lasse ich es sein, es ist ohnehin zwecklos. Und solange ich das Wesen nicht bedrohe, dürfte ich sicher sein – im Zweifelsfall hat es hier Hausrecht. Ich krame meine Ohrenstöpsel hervor und schlafe ein.

Erst am Morgen nehme ich die Felsformation hinter meinem Zelt wahr – sie wirkt wie perfekt arrangiert. Eigentlich müsste ich einen Tag im Joshua Tree Nationalpark verbringen, denn hier sind sicher weniger Touristen unterwegs als im Arches Nationalpark, oder sie verteilen sich besser. Aber irgendwie ist mir nicht danach, und so lasse ich es und fahre zum Ausgang des Platzes, wo ich meinen Obolus für die Nacht in eine Box werfe. Die Schilder neben der Box lösen das Rätsel der Nacht: Ich denke, ich hatte Coyotenbesuch. Ist mir allemal lieber als eine Tarantel.

In einem diner in der Stadt Twentynine Palms bekomme ich einen Tipp: Wenn ich nach dem Ortsausgang eine kleine Straße nach Norden nehme, dann eine Weile nach Osten und dann noch einmal ein Stück nach Norden fahre, lande ich in Amboy – direkt auf der alten Route 66! Das lasse ich mir nicht zweimal sagen, fülle meine Flasche mit Leitungswasser auf und mache mich auf den Weg. Die kommenden 80 Kilometer sind noch einsamer, trockener und weiter als die Strecke gestern. Hier zu fahren ist unwirklich und schön zugleich. Immer wieder sehe ich vereinzelte Häuser und staune darüber, dass selbst vor den schäbigsten ein oder zwei Stühle stehen – offenbar die schlichteste Variante der traditionellen amerikanischen Veranda. Dass in der Umgebung gar nicht so wenige Menschen leben, zeigen die vielen Briefkästen, die nebeneinander auf einem langen Holzpfahl aufgereiht sind. Die Hinweise auf ein Gewerbegebiet hingegen braucht niemand mehr, die verblichenen Metallschilder quietschen im Wind.

In der Dunkelheit erreiche ich Amboy und biege nach Osten ab. Weit komme ich nicht – zwei weiße Ziffern auf dem Asphalt lassen mich eine Vollbremsung hinlegen. Wahnsinn. Das ist echt, und ich bin hier – es ist kaum zu glauben! Obwohl die besten und leider auch die guten Zeiten der Route 66 längst vorbei sind, klopft mein Herz, als ich absteige, mich hinhocke und die Ziffern berühre.

Auf einem der letzten befahrbaren Teilstücke der Route 66 geht es in Richtung Oatman. Die Strecke ist gut erhalten, allerdings ist links und rechts nichts zu erahnen, was mich die Dunkelheit bedauern ließe. Für den Ausflug nach Las Vegas muss ich die 66 jedoch bald wieder verlassen. Vorher wärme ich mich noch an einer Tankstelle auf und komme mit einem Pärchen ins Gespräch, das mich nach meiner Reise fragt. Besonders meine Übernachtungen interessieren die beiden. Ich erzähle von einigen Begebenheiten und von Menschen, bei denen ich übernachtet habe, und ernte Bewunderung für meine Zuversicht und mein Vertrauen in die Menschen. Das ist merkwürdig, denn im Moment fehlt mir diese Zuversicht. Ich kann nicht sagen, woran es liegt, aber irgendwie sehe ich mich heute die ganze Nacht schlaflos durch die kalte Wüste fahren.

Wüstenwelten

Auf dem Weg nach Norden passiere ich die Grenze zu Nevada. Fahre weiter, friere weiter und habe noch keine Idee, wo ich in der Nacht warm schlafen könnte. Als meine Tankanzeige aufleuchtet, fahre ich kurz vor Las Vegas ab – überall wird Tanken günstiger sein als dort. Und einen heißen Kaffee brauche ich sowieso.

Ich tanke in Boulder City, hole mir den Kaffee, an dem ich mir gleichermaßen die Hände wie mein Inneres wärme, und gehe zurück zu Josi. Neben ihr stehen ein gelber Flitzer und ein Typ, der sie genauer betrachtet, während er seine Einkäufe in den kleinen Kofferraum seines Maserati legt. Er heißt Curtis, fährt auch Motorrad und lädt mich ein, bei ihm zu übernachten. Ja, is klar. Ich schaue ihn halb spöttisch, halb skeptisch an, denn sein Angebot kommt unerwartet und vielleicht mit Hintergedanken. Curtis deutet mein Zögern richtig, aber seine nächste Bemerkung macht es nicht viel besser:

»Du brauchst dir keine Sorgen zu machen – du hättest ein eigenes Gästehäuschen.«

Ich habe nichts zu verlieren und werde direkt. »Ein Gästehäuschen? Bist du reich?«

Curtis grinst und nickt. Der spinnt doch!

»Is klar … Und zu Hause hast du bestimmt noch so einen Wagen.«

»Drei«, antwortet er, muss selbst lachen und fügt hinzu: »Und zwei Flugzeuge.«

»Ach komm, das geht jetzt zu weit!«

»Nein, ehrlich. Bei mir lief es beruflich ganz gut, jetzt arbeite ich als Pilot und fliege einfach gern.«

Entweder ist Curtis der sympathischste Aufschneider oder der sympathischste reiche Kerl, dem ich je begegnet bin. Inzwischen bin ich so neugierig, dass ich sein Angebot annehme.

Ich folge dem Maserati durch die Dunkelheit, grinsend bei dem Gedanken daran, dass der Kofferraum dieses Schlittens so profane Dinge wie Milch und Klopapier enthält. Wir erreichen den Stadtrand von Boulder City. Die Häuser werden nobler, die Gärten größer und die Straßenzüge hügeliger, bis wir schließlich unser Ziel erreichen. Jede Villa scheint auf einem eigenen Hügel oder Vorsprung zu stehen – durch die versetzte Anordnung dürften die Bewohner sich fast allein auf der Welt fühlen.

Eine extrem steile Auffahrt führt auf einen dieser Hügel und direkt vor Curtis' Haus. Die automatische Innenhofbeleuchtung holt ein Anwesen im mexikanischen Stil aus der Dunkelheit, an dem Rosen emporranken. Wir parken unsere Fahrzeuge, ich mit vor Staunen offenem Mund, Curtis schelmisch lächelnd. Ein Mosaikgang führt in einen Hof, von dem rechts die Tür zum Haupthaus, der casa, und links die Tür zur casita, einem kleinen Gästehaus, abgeht. Er hat nicht gelogen! Die casita besteht aus einem großen, gemütlichen Raum sowie einem Badezimmer mit riesiger Wanne und Luxusdusche. Wahnsinn!

Drüben in der casa schaue ich mich staunend um. Alles ist weitläufig und mit Naturmaterialien eingerichtet. Eine Längsseite des Wohnzimmers besteht nur aus Fenstern und wird von der Terrasse verlängert. Der Blick über die schlafende Stadt ist seltsam wohltuend. Dass ich heute sicher, trocken und warm schlafen werde, trägt bestimmt dazu bei.

Bei Snacks und Wein erzählt Curtis, dass er und seine Geschwister in armen Verhältnissen aufgewachsen seien – genügend Geld zu haben, um sich keine Sorgen mehr machen zu müssen, sei immer sein Ziel gewesen. Er scheint es erreicht zu haben und wirkt dabei nicht abgehoben. Grinsend erzählt er, dass er das Haus deutlich unter dem Marktpreis kaufen konnte: Viele Interessenten sind abgesprungen, weil

sie Zweifel daran hatten, ihr Boot die steile Einfahrt hinauftranspor-
tieren zu können. Wieder glaube ich, dass er mich auf den Arm nehmen will, denn wozu bräuchte man hier ein Boot?! Ich erfahre es: für
Fahrten auf dem Lake Mead, an dem der berühmte Hoover-Stau-
damm liegt. Dann scheint also auch diese verrückte Geschichte zu
stimmen, und die Wendung »jammern auf hohem Niveau« erhält
hiermit eine neue Bedeutung.

Curtis beendet den Abend früh, er muss am nächsten Morgen für
drei Tage weg. Als sei es die selbstverständlichste Sache der Welt, bietet
er mir an zu bleiben, solange ich möchte; einen Schlüssel bräuchte ich
nicht, er schließe nie ab. Ich kann mein Glück kaum fassen.

Hat jemand wie er noch Träume? Als ich ihn danach frage, denkt
Curtis kurz nach und antwortet: »Mein größter Wunsch ist, körperlich
und geistig gesund zu bleiben, bis ich sterbe. Und zufrieden. Und ich
möchte die Welt ein wenig besser machen – dazu gehört auch, dass
man teilt, was man hat.« Ich vermute, dass er diesbezüglich einiges tut,
und bin froh, dass er sein Zuhause mit mir teilt. Ich verabschiede
mich von ihm und schlafe in meiner casita selig ein.

Ausschlafen, dösen, in Gammelklamotten und mit aller Zeit der
Welt frühstücken – wann hatte ich das zum letzten Mal? Das muss in
Deutschland gewesen sein. Nein, das war bei Porky in South Dakota!
Diese Reise ist so unglaublich facettenreich, voller unerwarteter Erlebnisse. Am frühen Nachmittag bin ich für das Kontrastprogramm
bereit: das knapp 35 Kilometer entfernte Las Vegas, die einzige Großstadt, die ich lieber am Tag erkunde als in der Nacht.

Las Vegas ist ein Miniaturwunderland für Erwachsene. Wer Künst-
lichkeit, Neonlicht, Imitationen und Massentourismus mag, wer Paris
und Venedig fußläufig voneinander entfernt sucht, der wird hier
glücklich. Die Shows der großen Stars und so manche Installation
sind sicher beeindruckend. Ich hatte darauf gehofft, die berühmten
Wasserspiele vor dem Hotel »Bellagio« zu sehen, aber ich bin zur
falschen Zeit hier.

By the Way — Las Vegas

19 der 25 weltweit größten Hotels stehen in Las Vegas, insgesamt gibt es über 150.000 Hotelzimmer. Wollte man in jedem auch nur eine Nacht verbringen, bräuchte man dafür 411 Jahre. Man würde auch zu jeder Zeit Zerstreuung finden: In Las Vegas ist alles 24/7 geöffnet. Zum letzten Mal schlossen die Casinos am Tag der Beerdigung von John F. Kennedy, und auch das nur unter Protest.

Hotels, Casinos und viele andere Freizeitaktivitäten locken nicht nur Touristen, sondern auch Geschäftsleute an, die hier Konferenzen besuchen und das Notwendige mit dem Erquicklichen verbinden können. Hat man in ungebührlicher Weise gesündigt, ist die nächste Kirche nie weit: In der Sin City, der »Stadt der Sünde«, gibt es mehr Kirchen pro Einwohner als irgendwo sonst auf der Welt.

A propos sündigen: In der Stadt lebt eine der größten Mormonengruppen weltweit, und das, obwohl Glücksspiel ihnen streng verboten ist. Was der beste Grund dafür war, sie in den Casinos zu beschäftigen. Verboten sind in Las Vegas Lotterien und, auch wenn man sich wundert, Prostitution.

Explizit erlaubt und erwünscht ist dagegen das Heiraten: Durchschnittlich 315 Paare geben sich hier täglich das Ja-Wort. Lange warten muss niemand, die Stadt kann mit über 50 Kapellen aufwarten. Und wer die Flitterwochen im Paradies verbringen will, muss gar nicht weit fahren, gleich südlich von Las Vegas liegt die Stadt Paradise.

Las Vegas begeistert mich nicht, aber das ist nicht schlimm. Ich habe mich entschieden, noch eine Nacht in Curtis' casita zu verbringen. Per SMS frage ich ihn, der inzwischen in Baltimore ist, ob das wirklich okay ist – ist es. Am nächsten Tag räume ich mein Traumdomizil endgültig und schaue mir den nahegelegenen Hoover-Damm an, dessen Größe und Architektur mich wider Erwarten beeindrucken.

Mitten durch den Damm verläuft die Grenze zu Arizona – bye, Nevada! Es war eine kurze Begegnung, aber ich will zurück auf die 66.

ARIZONA

Bei Kingman beginnt ein weiteres Stück der ursprünglichen 66 mit einer Länge von 140 Kilometern. Parallel dazu verläuft die zweispurige Interstate 40, und zusammen erzählen beide die Geschichte der Verkehrsentwicklung in den USA.

BY THE WAY — ROUTE 66

Die Route 66 war ab 1926 eine der ersten durchgehend befestigten Straßenverbindungen der Vereinigten Staaten. Sie verband Chicago, Illinois, mit Santa Monica, Kalifornien. Die Main Street of America, auch liebevoll Mother Road genannt, war ursprünglich 3.944 Kilometer (2.451 Meilen) lang. Heute sind nur noch wenige Abschnitte befahrbar.

Die 66 wurde gebaut, um dem zunehmenden landesweiten Handel und dem damit verbundenen steigenden Verkehrsaufkommen gerecht zu werden. In ihrer Blütezeit verzeichneten die Orte links und rechts der Straße eine unverhoffte Blüte, sogar neue Orte wurden gegründet. Zahllose Tankstellen, diner und Motels entstanden und florierten. Im Grunde aber war die Route 66 als einspurige Straße von vornherein verloren: Der Verkehr nahm weiter zu, Trucks kamen auf und wurden bald größer, schwerer und länger. Die Mother Road war hoffnungslos überlastet.

In den 1950er Jahren entstanden die ersten Interstate Highways, kurz Interstates. Mit ihrer Eröffnung war die 66 quasi über Nacht vom Durchgangsverkehr abgeschnitten und verlor fast ebenso schnell ihre Bedeutung. Die diner, Motels und Tankstellen entlang der Strecke verfielen und mit ihnen die Orte, die sich erst einige Jahrzehnte zuvor entwickelt hatten.

Die 66 führt nicht zwangsläufig durch die schönsten Gegenden, schließlich diente sie nicht als Panoramastraße. Und so fahre ich auf einer einfachen Straße, links und rechts trockenes Grasland, in der Ferne rötliche Berge. Was trist klingt, hat seine eigene Schönheit, zumal die Straße oft schnurgerade in den Horizont zu führen scheint.

Alle paar Meilen werde ich daran erinnert, dass ich noch auf der 66 unterwegs bin, sei es durch ein verwittertes Schild, eine bemalte Hofeinfahrt oder einen verfallenen diner. Das Motel, in dem ich übernachte, könnte allerdings überall stehen. Nichts deutet auf seine besondere Vergangenheit hin, dabei würden schon der Geruch von Benzin oder Haarwachs die nostalgischen Gefühle wecken, die hier bestimmt jeder finden will.

Seligman, das ich am Nachmittag erreiche, rühmt sich, »Geburtsstätte der historischen Route 66« zu sein. Belege dafür gibt es nicht, aber der Ort ist ganz sicher einer der Motoren der nostalgischen Wiederbelebung der Mother Road. Hier leuchten die Neon-Reklamen der diner und Motels, Touristen können in die Vergangenheit eintauchen und sich mit Andenken eindecken. Neben dem nostalgischen good old feeling entdecke ich hier deutsche Spuren, zum Beispiel das »Westside Lilo's Café«, das von der inzwischen 75jährigen Deutsch-Amerikanerin Lilo betrieben wird. Ich esse aber im »Roadkill Café«, dessen witziger Speisekarte ich nicht widerstehen kann.

Auf der 66 verlasse ich Seligman in Richtung Osten, um 70 Kilometer weiter nach Norden abzubiegen, vorbei am Grand Canyon und bis an die Grenze zu Utah. Mein Ziel ist der Bryce Canyon, aber die letzten 250 Kilometer bis dorthin sind heute nicht mehr drin.

In Page versuche ich mein Übernachtungsglück mal wieder in einer Kirche, platze in einen Reisevortrag über Österreich und werde von Donna und Bill eingeladen, die Nacht in ihrem Gästezimmer zu verbringen. Die spontane Gastfreundschaft der Amerikaner begeistert mich jedes Mal aufs Neue – irgendwann muss ich ausprobieren, ob die Deutschen ebenso reagieren.

UTAH

Allmählich, ungefähr vier Wochen vor dem Ende der Tour, wird das Geld wirklich knapp. Dass meine Reserven auf Konten und Karten leer sind, wird deutlich, als ich in Kanab, einem Städtchen im Grenzgebiet von Utah, 50 Dollar abheben will.

Gerade habe ich mir bei einem Mexikaner den Bauch vollgeschlagen und mit meiner Karte bezahlt. Auf dem Campingplatz, den ich mir zum Übernachten ausgesucht habe, kann man nur in bar bezahlen, und so muss ich den Gang zum Geldautomaten antreten. In letzter Zeit habe ich den Blick auf meinen Kontostand vermieden – jeder weiß, dass man nicht pleite sein kann, solange man nicht nachschaut.

Der Automat rückt nichts mehr raus. Ich bin nicht überrascht, nur sauer auf mich und meinen Umgang mit Geld. Zwar bekomme ich noch ein paar hundert Euro von meinem Job, doch das dauert noch eine Woche. Gerade heute bin ich aber so kaputt und durchgefroren, dass ich mir eigentlich eine der kleinen Hütten auf dem Platz gönnen wollte. Mit den 13 Dollar in meiner Tasche werde ich nun wohl wieder im Zelt frieren.

Ich frage Jo, die Platzwartin, nach Kirchen im Ort und nach für mein Zelt geeigneten Plätzen. Sie versucht, telefonisch einige Stellen zu erreichen, vergebens. Am liebsten würde ich weiterfahren; die Situation ist mir unendlich peinlich. Aber mir fehlt einfach die Energie. Jo schaut mich an, fordert mich auf, ihr zu folgen, und bringt mich zu einer Ecke, in der ich kostenlos zelten kann. Ich könnte heulen, nehme sie in den Arm und baue das Zelt auf, bevor es noch dunkler und vor allem kälter wird.

Es kommt noch besser. Gerade werfe ich mein Gepäck ins Zelt, als zwei Lichtpunkte auf mich zu hüpfen: Jo und ihr Mann bringen eine Tüte mit Lebensmitteln und stecken mir, als ich sie dankbar umarme, eine Rolle Geldscheine zu. Vergeblich versuche ich ihnen zu erklären,

ROAD KILL
MENU

APPETIZERS
(Taste Near Fresh Off The Street)
Chicken That Didn't Cross The Road Flat Cat

WILD SIDE ENTREES
(Better Tried Still In The Hide)
Served with Fresh Squash & Dead Old Bread
Center Line Bovine
Smidgen of Pigeon
Outta Luck Duck
Rigor Mortis Tortoise

LATE NIGHT DELIGHT
Smear of Deer

BROWN BAG 'N GAG
Take Out Special
Anything Dead Between 2 Slabs of Bread

CHEF'S SPECIAL
Guess That Mess!

dass ich nicht bedürftig bin und bald wieder an Geld komme – sie wollen es nicht hören. Jo stellt nur eine Bedingung: »Pay it forward!« Ich kenne dieses Motto und es gefällt mir sehr: einen Gefallen nicht (nur) zu erwidern (to pay it back), sondern ihn weiterzugeben (to pay it forward) an jemanden, der ihn gerade braucht. Gern verspreche ich das, auch wenn es nicht gegen mein schlechtes Gewissen hilft.

Ich schaue vor dem Schlafengehen gar nicht mehr, wie viel Geld mir die beiden gegeben haben. Denn egal, ob 5 Dollar oder 20 – ihr Geschenk rührt mich sehr. Am nächsten Morgen bin ich fassungslos: Es sind 100 Dollar und damit viel zu viel, um es anzunehmen. Ich versuche, Jo das Geld zurückzugeben, vergebens.

Die Region zwischen Kanab und Bryce Canyon war jahrzehntelang die Traumkulisse für Western-Filme; mehr als 100 Streifen wurden hier gedreht. Außerdem sind abseits der US 89 Dinosaurierspuren zu bewundern, die über 100 Millionen Jahre alt sind. Bei dieser Gelegenheit habe ich auch endlich die Erklärung für das Aussterben der Urtiere gefunden: Sie wurden von einem vorlauten Fusseltier zu Tode gequatscht.

Gegen Mittag erreiche ich den Bryce Canyon. Er ist der Grund dafür, dass ich Utah doch noch eine Chance gebe. Die Vorstellung, dass ich nur 150 Kilometer von Moab entfernt bin, ist dabei mehr als seltsam – so viele Erlebnisse liegen zwischen diesem Ort und der Gegenwart.

Der Canyon ist atemberaubend. Nicht nur die Farben der Felsen, die von cremeweiß bis korallenrot reichen, beeindrucken, vor allem bei sich ändernder Sonneneinstrahlung. Es sind die Formen, die den Bryce Canyon so besonders machen: Riesige, steile Felswände lassen nur schmale Gänge frei, durch die Besucher gehen können. Zwischen den Felsen wachsen schlanke Bäume zum Licht empor, dann wieder bilden die Felsen Tunnel und Schluchten, in die man hinabsteigen kann. Von oben erkennt man das Labyrinth aus fragilen Felswänden, auf denen kleine Trolle sitzen.

Moment mal, Trolle? Natürlich nicht, aber bei ihrem Anblick könnte man auf den Gedanken kommen. Oder aber an die Kleckerburgen denken, die man als Kind an Seeufern oder Stränden gezaubert hat. Es handelt sich um hoodoos, Felstürmchen, die durch die spezifische Verwitterung des besonderen Gesteins entstehen. Und wenn man genau hinschaut, erkennt man doch den einen oder anderen Troll.

Inzwischen ist es halb sechs, dämmrig und – ich befinde mich in 2.750 Metern Höhe – auch richtig kalt. Die meisten Besucher bewegen sich in Richtung Ausgang, ich aber will noch etwas mehr vom Park sehen. Auf fast leeren Straßen fahre ich noch 30 Kilometer in den Park hinein, habe den eisigen Sonnenuntergang, die mystisch anmutenden Felsen und den Schnee, der hier oben liegt, ganz für mich allein.

In der Dunkelheit verlasse ich den Canyon und fahre, soweit ich kann. Die Nacht verbringe ich blick- und windgeschützt hinter einer Tankstelle, am Morgen sind Waschraum und Kaffee nur ein paar Schritte entfernt. Weiter geht es durch die weite Landschaft mit unzähligen Canyons, Wanderwegen und Sehenswürdigkeiten. Allein hier könnte man einige Wochen Urlaub machen und sich dabei unter anderem die Geisterstadt Fruita anschauen. Ich fühle mich sofort in die Vergangenheit versetzt, die sich mit den roten Felsen, den wunderschönen Bäumen und einigen gut erhaltenen Gebäuden so friedlich und entspannt anfühlt, wie sie es wahrscheinlich keinen einzigen Tag lang war.

By the Way — Fruita

Die Siedlung Fruita wurde um 1880 von Mitgliedern der Kirche Jesu Christi der Heiligen der Letzten Tage (den Mormonen, von denen schon in Utah und in Las Vegas die Rede war) gegründet und 1966 wieder aufgegeben. In den Hochzeiten lebten hier ca. zehn Siedlerfamilien. Erhalten geblieben sind das Schulgebäude, ein

Farmhaus und eine Scheune, allesamt zu besichtigen und Kulisse für Living History-Veranstaltungen. Berühmt wurde Fruita für seine Obstplantagen: Die 2.700 Kirsch-, Aprikosen-, Pfirsich-, Apfel- und Birnbäume werden noch heute vom National Park Service gepflegt.

Wieder fahre ich, bis es nicht mehr geht – ich will endlich nach Arizona ins Monument Valley. Spät am Abend erreiche ich das Örtchen Blanding. Ich bin müde und durchgefroren, ein Gefühl, das inzwischen wie selbstverständlich dazugehört. Zum Glück brauche ich nicht über Essen nachzudenken, der Vorrat in Jos Tüte reicht noch. Aber ein schöner Cocktail, der auch noch von innen wärmt, wäre jetzt toll. Ich frage Passanten nach einem entsprechenden Lokal und werde enttäuscht: »Hier gibt es nichts dieser Art. Dies ist eine trockene Stadt.« Ach, ich bin ja wieder im Mormonenstaat Utah, und hier in der dry town Blanding meint man es ernst. Oder hat wirklich niemand Geld für eine Lizenz? Eine Stadt gänzlich ohne Alkohol kann ich mir kaum vorstellen. Vielleicht gibt es geheime Kneipen und Brauereien in Kellern?

Alles scheint hier früh zu schließen, nur bei »Pop's Burritos« brennt noch Licht. Die Stühle sind schon hochgestellt, eine Angestellte wischt den Boden, doch Inhaber Dave hat noch einen Kaffee für mich. Auf die Frage, wo ich mein Zelt aufbauen könne, antwortet er: »In meinem Garten, kein Problem!« Und damit nicht genug: »Du kannst auch gern mit uns frühstücken! Meine Kinder und Enkel sind da, wir werden ein großes Thanksgiving-Frühstück haben.« Wahnsinn, das scheint die berühmte Danktradition zu sein, die auch fremde Menschen miteinbezieht.

Die Nacht ist perfekt. Sogar an die Temperaturen habe ich mich gewöhnt, und der Gedanke an ein richtig amerikanisches Frühstück mit netten Menschen und Kindern, die um alles herumwuseln, ist zu schön, um wahr zu sein. Am Morgen gehe ich ins Haus und muss feststellen: Das ist er wirklich. Ein paar Familienmitglieder hängen in den Sofas, Daves Frau begrüßt mich mit einem knappen Nicken, er selbst verschwindet fast auf einem Stuhl in der Ecke und winkt nur unauffällig ab. Von Frühstück keine Spur. Zu gern hätte ich gewusst, was sich hier abgespielt hat, aber ich kann ja schlecht nachfragen. Stattdessen bedanke ich mich herzlich für den Platz im Garten und nehme ganz schnell Abschied.

In Richtung Süden fahre ich durch Bluff und Mexican Hat. Beide Orte sind schon Teil eines großen Navajo-Reservats, das bis fast zur Mitte Arizonas reicht. Auf einmal liegt die Straße leer vor mir, sie führt schnurgerade zu den Felsen des Monument Valley. Zwar sind sie noch ein ganzes Stück entfernt, aber selbst aus dieser Distanz ist ihr Anblick beeindruckend und, so kitschig es klingen mag, Ehrfurcht einflößend. Ich stelle Josi am Straßenrand ab, setze mich auf den Boden und schaue einfach nur. Und als wollte Utah mich mit einem besonderen Augenblick verabschieden, ist die Luft klar und der Himmel blau, während die Sonne mein Gesicht wärmt. Na gut, Utah. Freunde.

Grenzpunkte und Zeitenwenden

Ganz langsam fahre ich zwischen den Felsen des Monument Valley hindurch und genieße jeden Meter auf dem roten Staub. Seltsam, wie vertraut sich dieses fremdartige Land anfühlt – Werbung und Film sei Dank.

BY THE WAY — MONUMENT VALLEY
250 Millionen Jahre ist der Sandstein alt, aus dem die markanten Felsen bestehen. Wer möchte, kann sich von Navajo Native Americans durch das Gebiet führen lassen, sie verwalten das Valley. Rund 300 Navajos leben direkt im Monument Valley. Sie nutzen, was das Tal hergibt, um Produkte für den täglichen Bedarf herzustellen. Aus der Yucca-Pflanze zum Beispiel produzieren sie Bestandteile für Schuhe, Körbe, Kleidung und Seife.

Ich verlasse das Valley in Richtung Osten. Noch lange fahre ich durch das riesige Reservat, das bis nach Colorado und New Mexico reicht. Wie in allen Reservaten ist das Land karg und Landwirtschaft kaum möglich. Aber einiges gehört den Navajos inzwischen doch: Ich sehe ein Elektrizitätswerk und eine Tankstellenkette mit entsprechenden Hinweisen.

Der Four Corners Point ist ein weiterer Punkt auf meiner to-see-Liste. An ihm treffen Colorado, New Mexico, Arizona und Utah aufeinander. Und natürlich muss ich meinen Finger einmal auf diesen Punkt legen. Ich erreiche das Four Corners Monument am späten Nachmittag, genauer gesagt um 16:53 Uhr. Sonst bin ich echt nicht pingelig, was Uhrzeiten angeht, aber diese bleibt hängen – denn ich stehe vor verschlossenen Toren. Das kann ja mal passieren, aber wenn neben dem Tor ein Schild verkündet, dass man um 16:50 (!) Uhr schließt, dieser Zusatz aber frisch über das »5 pm« genagelt zu sein scheint, als hätten die Mitarbeiter einfach keine Lust mehr gehabt, dann macht mich das sauer. Four Corners steht auf meiner Liste – ich will da rein!

Spätestens jetzt kann ich meine trotzig-kriminelle Ader nicht mehr leugnen. Ich suche eine Lücke unter dem Stacheldrahtzaun und krieche auf das Gelände. Selbstschussanlagen wird es kaum geben, und mit allem anderen werde ich schon fertig. Dass eine junge Familie, die ebenfalls enttäuscht vor dem geschlossenen Tor steht, nachher einen Blick auf meine Fotos werfen möchte, legitimiert meine Aktion sicher auch moralisch. Das Gelände, das vom Navajo Parks and Recreation Department betrieben wird, ist menschenleer, aber die ausgeräumten Verkaufsflächen lassen ahnen, dass sonst einiges los ist.

Ich gestehe, dass ich es grandios finde, alles für mich allein zu haben. Um mich herum herrscht Wüstenstille, die nur selten von einem Auto unterbrochen wird, und der Abendhimmel ist sicher extra für mich so schön.

Mitten auf einer großen Granitfläche liegt der magische Punkt. Wenn man nicht um seine Bedeutung wüsste, wäre es nur irgendein Punkt, aber dass sich ganz genau hier vier Staaten treffen, ist schon cool. Ich lege meinen Finger auf ihn und kann nicht anders, als ganz fest zu drücken, damit er auch ganz gewiss in allen vier Staaten gleichzeitig ist. Irgendwann werde ich bestimmt erwachsen – aber jetzt noch nicht.

Ich schlendere in Richtung Ausgang, wo gerade ein Kleinbus vorfährt. Eine Handvoll Menschen steigt aus. Die werden auch enttäuscht sein. Oder nicht? Sie scheinen sich nicht über das geschlossene Tor oder das Schild zu ärgern. Stattdessen stellen sie sich im Kreis auf und fangen an zu singen. Ich erkenne fromme Lieder,

die ich in einer sehr weit zurückliegenden Vergangenheit selbst gesungen habe. Warum sie wohl gerade hier singen? Lange kann ich
mich mit der Frage nicht beschäftigen, denn auf dem Rückweg bleibt
meine Jacke am Rücken im Stacheldraht hängen. Wenig elegant versuche ich, mich zu befreien, ohne sie zu zerreißen – vergebens. Eine
der singenden Frauen erkennt meine Misere, verlässt den Kreis und
hilft mir, noch immer singend, aus der Falle. Wäre ich noch fromm,
hätte ich gerade die Antwort auf die Frage bekommen, warum die
Gruppe gerade hier ausgestiegen ist.

NEW MEXICO

Es geht weiter nach Südosten, ich will noch ein bisschen auf der 66
fahren. Zunächst wirkt New Mexico weiter, leerer und trister als
Nebraska. Oder liegt es an der Kälte? Auf dem Handy will ich die
Temperatur prüfen und stutze: Offenbar herrschen hier im Reservat
gar keine Temperaturen, es gibt nicht einmal Netz. Hat das etwas mit
Rechten zu tun oder mit Kosten? Bei der nächsten Gelegenheit
schaue ich in das wieder verfügbare Internet und kann über die
Antwort nur staunen:

BY THE WAY — NAVAJOS IM NETZ

Auf nur 60 Prozent der Navajo-Region gibt es Zugang zum 3G-
Netz; Empfang hat man – mit Glück – auf den wenigen Hügeln. Bei
den Navajo haben sich daraus zwei vielsagende Wendungen für
»Handy« entwickelt: bil n'joobal bezeichnet »etwas, das man benutzt, während man sich im Kreis dreht«, während hooghan bik bil
dahjilwo etwas beschreibt, »das man benutzt, wenn man den Berg
hinaufrennt«.
Es ist fraglich, ob die Navajos genügend Druck auf die Verant-
wortlichen ausüben können, um diesen Zustand zu verändern, zumal die Netzanbindung nur einer von vielen Punkten auf ihrer
Zu-verbessern-Liste sein dürfte.

Bald wird es dunkel, und mit der Dunkelheit kommt die inzwischen vertraute Kälte. In Farmington finde ich einen Kirchenkomplex, dessen Innenhof mir Schutz vor Wind bieten könnte. Nachdem ich erfolglos an alle Türen geklopft habe, baue ich mein Zelt eben ohne Erlaubnis auf einer kleinen Rasenfläche auf. Ganz perfekt steht es dieses Mal nicht, weil ich vor Kälte zittere und den Aufbau schnell hinter mich bringen will. Diesem Umstand ist es wohl geschuldet, dass ich mir den Innenhof nicht genauer anschaue und am Morgen zu Jesu Füßen aufwache. Ein verschlafener Blick in den Hof erklärt den Kontext: Hier ist der Kreuzweg in Form von kleinen Skulpturen dargestellt – und ich bin mittendrin.

Das ist selbst mir zu respektlos, also packe ich schnell meine Sachen. Inzwischen ist das Gemeindehaus geöffnet, und offenbar wird eine große Feier vorbereitet. Das ist mein Glück: Ich darf mich frisch machen, und eine kleine mexikanische Frau drückt mir einen Kaffee und einen Doughnut in die Hand. Ob sie mein Zelt draußen gesehen hat? Da wir sprachlich nicht zusammenkommen, umarme ich sie und genieße die unverhoffte Gabe.

Zwei Tage später finde ich mich in Jemez Springs wieder. Das Dörfchen scheint nur aus ein paar Dutzend gelben und roten Lehmhäusern zu bestehen, die in der Sonne einen friedlichen Charme ausstrahlen. Der »Jemez Stage Stop« scheint wie geschaffen für eine Aufwärmpause. Auf der Terrasse vor dem Eingang bietet eine indianisch aussehende ältere Frau auf einem Verkaufstisch handgefertigten Schmuck an. Ich nicke ihr zu und will einerseits schnell vorbeigehen, weil ich ohnehin nichts kaufen werde, sie aber andererseits einen Moment lang anschauen. Ihre Kleidung ist einfach, ihr olivbraunes Gesicht faltig, sie strahlt Wärme und Würde aus.

Ich betrete das Lokal und bleibe staunend stehen. Zu meiner Linken brummen mehrere Kühlschränke mit Getränken leise vor sich hin. Geradeaus blicke ich in eine Küche, die man in jedem Privathaushalt finden würde: nicht groß, dafür gemütlich unordentlich und so liebevoll dekoriert, dass eigentlich nur noch der Familienkalender fehlt. Ein Mittfünfziger hantiert mit Tellern und Töpfen und heißt mich willkommen. Zwischen der Küche und mir lädt eine lange Tafel zusammengewürfelter Tische und Stühle zum Sitzen ein. Die Geräusche einer Schießerei ziehen meine Aufmerksamkeit nach rechts, wo über einem Kamin der unvermeidliche Fernseher hängt. Gerade geht ein Western in Schwarz-Weiß zu Ende. Ronald Reagan erscheint auf dem Monitor, und mir fällt ein, dass er vor seiner Präsidentschaft ja den einen oder anderen Westernhelden gab, was ihm den Spitznamen »James Stewart für Arme« einbrachte. Während Ronald den nächsten Western ankündigt, nehme ich den Raum weiter in mir auf. Vor dem Kamin stehen zwei Stühle, gemütlich ausgepolstert mit Decken und Kissen. Wer sich setzen will, muss sich diese Plätze allerdings erst erobern, denn zwei Hunde schlafen darin. Nichts könnte besser zu diesem Stillleben passen als das Schild, das über dem Kamin »Another Day in Paradise« ankündigt. Auf Regalen und Mauersimsen stehen winzig kleine Cowboystiefel, die nur an Kleinkindfüße passen. Die können doch unmöglich echt sein!

Ich setze mich an den langen Tisch und fühle mich sofort wie bei Freunden, wo man in der Küche ungezwungen plaudern kann. Es ist früher Nachmittag, ich esse eine Kleinigkeit und arbeite dann einige Stunden. Immer wieder schauen Gäste und Bewohner des Ortes herein, plaudern mit dem Koch und verschwinden wieder. Langsam aber findet eine Veränderung statt: Vor den Kühlschränken werden Instrumente aufgebaut – später wird es Live-Musik geben!

Der Abend wird so großartig, wie der Nachmittag es verhieß. Die Bandmitglieder im Alter von 20 bis 80 geben alles, mit Blues und Rock holen sie jeden auf die Tanzfläche. Auch die Verkäuferin vom Nachmittag ist da, ihr Name ist Connie. Ich freue mich, sie zu sehen, und darüber, dass es ihr offenbar ähnlich geht. Sie hat weder indianische noch spanische Wurzeln, obwohl ich darauf gewettet hätte. Aber sie ist hier aufgewachsen, liebt New Mexico und seine Kultur. Viel mehr reden wir nicht miteinander, denn die Musik ist viel zu laut,

aber das ist auch gar nicht nötig. Kurz nach Mitternacht bieten die Inhaber des »Stage Stop« mir an, auf einem Sofa im Keller zu übernachten. So gern – und die Nacht wird ein bisschen länger.

Wieder einmal fällt mir der Abschied von einem Ort und seinen Menschen schwer. Ich überlege, ob ich noch eine Nacht bleiben soll – die Einladung dazu habe ich. Aber so sehr es mich auch ärgert: Ich habe nicht die Ruhe dafür. In weniger als einem Monat hebt in Miami mein Flieger nach Deutschland ab, und bis dahin will ich nicht hetzen müssen. Doof ist nur, dass es sich schon wie hetzen anfühlt, nicht einmal 24 Stunden länger bleiben zu können.

Eine durch die Jemez Mountains führende dirt road vertreibt die Traurigkeit. Das Schild »In den Wintermonaten unpassierbar« erinnert mich zwar an das Matschabenteuer in Utah, aber der Winter wird hier wohl nicht über Nacht kommen wie der Regen damals. Jetzt müssen nur noch meine Reifen mitmachen – ihr Profil wird immer flacher. Bald steht ein Wechsel an.

Auf der Schotterstraße in den Bergen unterwegs zu sein, macht einfach nur Spaß. Ich bin allein, kann die Natur und die Ausblicke in die Ferne genießen und die Kurven in meinem Tempo angehen. Das ist pures Glück, und erst in diesem Moment wird mir wirklich klar: Ich bin mit meinem Motorrad in den USA unterwegs! Es ist Bauchschmerzglück.

Ich erreiche Santa Fe – eine Stadt, die bei mir hohe Erwartungen weckt. Hier soll es wunderschöne traditionelle Adobe-Gebäude geben, ich bin gespannt. Für zwei Nächte miete ich mich in einem Hostel ein, das fußläufig zum Zentrum liegt. Schon beim ersten Gang durch die Straßen und Gassen bin ich angesichts des Stadtbildes hin und weg.

By the Way — Santa Fe, Pueblo und Adobe
Santa Fe ist die Hauptstadt des Bundesstaates New Mexico. Ihr knackiger Name ist eigentlich viel länger, nämlich La Villa Real de

la Santa Fé de San Francisco de Asís, was »Die königliche Stadt des heiligen Glaubens des heiligen Franziskus von Assisi« bedeutet. Ihre Gründung 1610 macht sie zur ältesten Bundeshauptstadt der USA, und der im selben Jahr errichtete und noch heute zu besichtigende Gouverneurspalast ist das älteste öffentliche Gebäude der Vereinigten Staaten.

Mitte des 20. Jahrhunderts erließen die Stadtväter ein »Gesetz, das zur Schönheit verpflichtet«, wie der Reisejournalist Andreas Altmann es ausdrückt. Bestehende Pueblo- und Adobe-Gebäude wurden unter Denkmalschutz gestellt und restauriert. Jeder Neubau musste von diesem Zeitpunkt an in der traditionellen Pueblo-Bauweise errichtet werden. Pueblos sind hell verputzte Gebäude aus Adobe, einer Mischung aus Sand, Lehm und Wasser.

Das Bebauungsgesetz von 1957 hat ein Wunder geschaffen: Santa Fe ist »vom Schrecken gnadenloser Profitarchitektur unverwüstet« (noch einmal Andreas Altmann), fast jedes Gebäude ist schön und wirkt gepflegt, keines hat mehr als fünf Stockwerke. Das gilt nicht nur für Santa Fes historisches Zentrum, sondern für die ganze Stadt: für das Krankenhaus, den Supermarkt und die Autowerkstatt am Stadtrand, für das Einfamilienhaus in der ruhigen Nebenstraße und das Reihenhaus neben dem Gewerbegebiet. Sogar McDonald's sieht als Pueblo-Gebäude akzeptabel aus. Die Stadt wirkt entspannt, bodenständig und menschenfreundlich. Hier ist spürbar, dass Architektur auf Menschen wirkt. Allerdings frage ich mich immer wieder, was es mit den unansehnlichen Plastikzinnen auf sich hat, die die meisten Dächer säumen. Schutz für Holzteile? Restaurierungsarbeiten? Ich bin ratlos.

Auf meinem Spaziergang fallen mir Stände auf, an denen neben Weihnachtsbäumen Chilis verkauft werden. Offenbar werden diese in den Wintermonaten geerntet und dann nicht nur als Gewürz verwendet, sondern außerdem zu Kränzen, Girlanden und anderen Dekorationsstücken gebunden; ich entdecke die Chilikunstwerke an vielen Haustüren, Gebäuden und auf Plätzen. Durch ihr kräftiges Rot wirken die Schoten weihnachtlich, die Kombination mit dem Tannengrün ist perfekt.

Ein besonderes Ereignis habe ich um wenige Tage verpasst: das traditionelle »Santa Fe Christmas Tree Lighting«, das Entzünden der öffentlichen Weihnachtsbeleuchtung. Dazu finden sich am Abend nach Thanksgiving tausende Menschen auf der zentralen Santa Fe Plaza ein – sicher ein magischer Moment. Doch auch jetzt, ein paar Tage später, erfreue ich mich an der heimelig beleuchteten Innenstadt. Natürlich – schließlich sind wir in Amerika – gibt es zu viele Farben, aber es ist kein grelles, sondern ein sanftes Leuchten, das Kinder und Erwachsene gleichermaßen verzaubert. Bäume und Häuser, Laternen und Parkbänke tragen Lichterketten, während rote Chilischoten und Tannengrün ihren Teil zur Wirkung beitragen. Endlich erkenne ich auch den Sinn der kleinen Dachzinnen: Jede einzelne enthält ein Licht, und zusammen bilden sie zarte Lichterketten über alle Häuser hinweg. Es ist wunderschön.

Beim Stadtbummel am folgenden Tag entdecke ich ein Denkmal für Kateri Tekakwitha – die einzige Native American, die je heiliggesprochen wurde. Ihr Leben war ebenso kurz (sie starb mit 24 Jahren) wie schwer: Als Kind überlebte sie eine Pockenerkrankung, die ihr Gesicht komplett vernarbt zurückließ und ihr das Augenlicht nahm. Ihr Name Tekakwitha bedeutet »Die gegen Dinge stößt« oder »Die mit der Hand vorausgeht«, interessanterweise aber auch »Die, die Dinge voranschiebt«. Sie lebte zwar lange mit ihren indigenen Angehörigen, versuchte aber zugleich, den Vorgaben jesuitischer Lehren zu folgen, denen sie ihr Leben schließlich ganz widmete. Als sie starb, verschwanden die Pockennarben angeblich innerhalb von Sekunden aus ihrem Gesicht – ein Zeichen ihrer Heiligkeit.

Versöhnt mit mir und beschenkt durch die Atmosphäre in Santa Fe, fahre ich am nächsten Tag weiter. Es geht an Albuquerque vorbei nach Süden, bis ich wieder auf die Route 66 treffe; ein wenig will ich die Mother Road noch genießen. Doch bald muss ich anhalten, wenden und zurückfahren: Etwas seltsam Buntes war dort am Straßenrand. Ich finde den Felsvorsprung aus rotem Sandstein und kann jetzt auch erkennen, was die Farbtupfer sind, die mir beim ersten Vorbeifahren ins Auge gesprungen sind: Blumen aus Plastik, kleine Marienfiguren, Postkarten mit der Heiligen Familie, Kerzen, dazu handgeschriebene Schilder mit der Bitte um Gnade für Rachel und Respekt für diesen Ort. Wurde Rachel hier überfahren? Erinnert und mahnt hier jemand so, wie wir in Deutschland es von Holzkreuzen an der Straße kennen? Befremdlich finde ich, dass bei all der Trauer nicht einmal hier die amerikanische Flagge fehlt.

Bei Moriarty (welches nicht nach Sherlock Holmes' Gegenspieler, sondern nach seinem ersten Bewohner benannt wurde) erreiche ich die Interstate 40. Als Verbindung zwischen Ost- und Westküste ist sie eine der zweispurigen Straßen, die einst das Ende der 66 besiegelten. In New Mexico wurde sie fast durchgängig neben oder sogar auf der Route 66 gebaut. Entsprechend ist die Strecke nur für Fahrer attraktiv, die sich an Gradlinigkeit bis zum Horizont und Agrarflächen erfreuen können. Kein Ort lädt auf den rund 130 Kilometern zwischen Moriarty und Santa Rosa zum Halten ein. Die Holzplatten der billboards, der riesigen Werbetafeln am Straßenrand, sind zerstört, man kann nur noch ahnen, wovon die Vorbeifahrenden überzeugt werden sollten. Jetzt zeugen die Tafeln nur noch von Vergänglichkeit.

Ob der Wandermönch, der am Straßenrand entlangschlurft, sich ähnliche Gedanken macht? Ich halte bei dem Mann, der nur mit einer langen Kutte, Sandalen und einem sichtlich schweren Rucksack ausgestattet ist. Er wirkt, als habe er noch weniger Geld als ich, also gebe ich ihm etwas von meinem Proviant ab. Natürlich frage ich, was ihn zum Wandern bewegt – ein großer Fehler. Grimmig zieht er über die schlechte Welt im Allgemeinen und die schlechten Menschen im Besonderen her. Ob er beides mit seinem Marsch verbessern oder allem entfliehen will, wird nicht deutlich. Ich schaffe es nicht, seine Tirade zu unterbrechen, murmele ein bemüht freundliches »Good bye« und gebe Gas. Manche Begegnungen sind seltsam.

In Cuervo glaube ich für einen Moment, wieder zurück in der Zivilisation zu sein – es gibt ein Ortsschild, Gebäude und Autos. Doch der Moment geht vorüber, und es wird klar: Dem Ortsschild fehlt der Vermerk »Ghost Town«. Die meisten Häuser stehen leer, Autos rosten vor sich hin. Noch gibt es einige Einwohner, aber auch dieser Ort wurde Opfer der I 40. Das Gleiche gilt für Tankstellen, Motels und Werkstätten auf dem Weg ins 70 Kilometer entfernte Tucumcari. Bei jedem einzelnen Halt schmerzt der Anblick: das große Motel mit Pool, das noch immer stolz »Sorry, no vacancy« anzeigt, aber vollständig ausgebrannt ist; die zugewucherte ESSO-Tankstelle, deren aufgemalter Tiger noch immer frech in die Gegend schaut; das verblichene Schild, das den Weg zum »Ranch House Café« wies. Hier muss früher richtig was los gewesen sein.

Tucumcari ist deutlich lebendiger als Cuervo, hier leben über 5.000 Menschen. Es gibt unzählige Motels, leider sind die meisten schon lange geschlossen. An allen Ecken finde ich Bezüge zur Route 66, aber die Bedienung im diner kann mir nicht sagen, in welcher Richtung Chicago liegt und in welcher Los Angeles.

Kann ein Mythos ewig bestehen? Sind nicht auch Menschen und Ereignisse nötig, die diesen Mythos leben? Gehören dazu nicht auch die wundervollen, großen Autos von damals, die Lust am Fahren selbst und das Lebensgefühl, dass alles möglich ist? Geht das auch mit E-Autos? Hier wirkt es nicht so, als könne man den Mythos der 66 erhalten oder auch nur sein Erbe verwalten – hier fällt er in sich zusammen.

Ich verlasse Tucumcari und suche mir abseits der Straße einen Platz für die Nacht. Da ich zuletzt sehr gefroren habe – es gab den ersten Bodenfrost – gönne ich mir jetzt den ersten Tetrapak Wein meines Lebens. Zum Aufwärmen müsste er reichen, mir ist egal, wie er schmeckt. Einmal mehr denke ich an obdachlose Menschen, die nicht nur ein paar Nächte in der Kälte überstehen müssen, sondern Monate.

Ein Schild an der Interstate 40 zeigt den »Exit 0 – Glenrio« an. Eine »Abfahrt 0«? Das könnte etwas Besonderes sein, also fahre ich ab. Und tatsächlich: Glenrio liegt genau auf der Grenze New Mexico – Texas.

By the Way — Glenrio

Früher hatte das Städtchen nie mehr als einige Dutzend Bewohner. Dann machte die Route 66 es zu einem florierenden Ort mit Motels, dinern und Cafés – mit einer Besonderheit: Die Grenze zwischen New Mexico und Texas verlief mitten durch den Ort. So kam die Post für Glenrio auf der texanischen Seite per Zug an und musste dann an das Postamt in New Mexico geliefert werden. Die Wartezeit konnten sich die Bewohner der New Mexico-Seite mit einem Drink versüßen – hier befanden sich sämtliche Bars von Glenrio, da der texanische Teil zu einem dry county gehörte. Dafür standen dort alle Tankstellen des Ortes, denn die Benzinsteuer war in New Mexico höher.

Auch hier hat die Interstate 40 der Route 66 und dem Ort den zum Leben notwendigen Verkehr genommen. Wobei es den Verkehr ja weiterhin gab, es hielt nur niemand mehr an. Die immer schneller werdenden Autos rauschten auf der Schnellstraße vorbei. In den 80er Jahren lebten noch zwei Menschen in Glenrio, nach ihrem Verschwinden wurde es zur Geisterstadt. Heute finden Besucher nur noch wenige Gebäude, zum Beispiel »The Little Juarez Diner« und das »State Line Motel«, sowie Reste von Schildern, die Letzteres als das »First Motel in Texas« oder als das »Last Motel in Texas« auswiesen, je nachdem, von wo sich schlafbedürftige Autofahrer näherten.

Durch Getreidefelder fahre ich nach Süden und bin gespannt, was mich in Texas erwartet. Mein erster Eindruck: Weite, Weite und nochmals Weite. Überall ist es flach, kein einziger Hügel krümmt den Horizont, alle Straßen verlaufen schnurgerade. Im Vergleich dazu ist

Ostfriesland ein Mittelgebirge. Bekommen Texaner eigentlich Platzangst, wenn es sie in eine Stadt oder ins Gebirge verschlägt?

By the Way — Texas

Texas ist nach Alaska der zweitgrößte Staat der USA, worauf die Texaner mächtig stolz sind. Sie veranschaulichen seine Größe gern bildhaft: Wenn man zum Beispiel Polen auf Texas legt und es ein wenig zurechtruckelt, könnte man noch innerhalb der texanischen Grenzen um Polen herumfahren.

Texas verfügt über 480 Kilometer Sandstrand, überraschende 350 Weingüter und über mehr als 800 Golfplätze. Den Beinamen Lone Star State (»Staat des einsamen Sterns«) pflegt es mit Hingabe. Die Bezeichnung geht auf die 1845 eingeführte Flagge zurück, die in Farben und Gestaltung zwar die »Stars and Stripes« aufgreift, aber eben nur einen einzigen Stern zeigt. Für diese Sparsamkeit gibt es unterschiedliche Deutungen; die glaubwürdigste ist, dass mit diesem Stern die Einheit der texanischen Bevölkerung betont werden soll. Ein Alleinstellungsmerkmal ist er jedoch nicht – auch die Flaggen von Arizona, Kalifornien und Nevada ziert nur ein einziger Stern. Offenbar hat Texas das bessere Marketing: Lone Star trifft Lonesome Cowboy.

In Friona bin ich auf einmal so müde, dass ich nicht weiterfahren kann, dabei ist es noch nicht spät. Wieder ist es eine ruhige Seitenstraße, in der ein Schlafplatz auf mich wartet: ein leer stehendes Haus (»For Sale«), eine offene Gartentür, keine Alarmanlage und ein Garten, den die Nachbarn nicht einsehen können. Es dauert etwas, bis mir in meinem Schlafsack warm wird, doch dann ist alles gut.

Am Morgen ist das Glück mir wieder auf den Fersen, wenn auch zunächst unauffällig. In Sichtweite »meines« Hauses steht eine Klinik – und wo eine Klinik ist, gibt es Kaffee. Ich hoffe auf einen Automaten für Patienten, aber als ich eine Angestellte darauf anspreche, weicht sie fast unmerklich zurück und schüttelt den Kopf. Hat sie mich nicht verstanden, oder will sie mich loswerden? Ich frage nach einer Toilette und muss angesichts meines Spiegelbilds zugeben, dass die zweite Option durchaus verständlich wäre. Also versuche ich, ein wenig Ordnung in meine Erscheinung zu bringen, aber viel ist nicht zu machen. Ich muss einfach mal wieder duschen. Und zum Friseur. Und ich brauche dringend Kaffee. Auf dem Weg nach draußen nicke ich der Dame noch einmal freundlich zu, beeile mich aber mit meinem Abgang; sie soll ja nicht traumatisiert zurückbleiben.

Kaum bin ich draußen, ruft eine weibliche Stimme nach mir. Ich drehe mich um und kann nicht glauben, was ich sehe: Eine Angestellte kommt mit einem großen Becher Kaffee und einem Doughnut auf mich zu. Ihr Name ist Monia Ann, und ich könnte sie umarmen. Sie gibt mir nicht nur Speis und Trank, sondern auch eine Kosmetiktasche mit Zahnbürste, Kamm und Spiegel – alles einzeln in Plastik verpackt. Als Krankenhaus ist man natürlich auf alles vorbereitet. Wir plaudern kurz, bis Monia Ann wieder zum Dienst muss. Schade, mit ihr hätte ich gern noch einen zweiten Kaffee getrunken.

Die bisher vorherrschenden Getreidefelder werden allmählich von Baumwollfeldern abgelöst; irgendwann reicht die braune Erde mit den weißen Tupfen bis zum Horizont. Eigentlich will ich Texas zügig durchfahren, mehr als die Bestätigung einiger Klischees erwarte ich ohnehin nicht. Die riesigen Baumwollfelder, in denen ab und zu Ölförderpumpen stoisch ihre Arbeit verrichten, überraschen mich dann doch. Ich halte am Straßenrand und schaue mir die kniehohen Sträucher genauer an, deren zarte Wattebällchen einen spannenden Kontrast zu ihren stacheligen Stämmchen und Ästchen bilden.

BY THE WAY — DIE BAUMWOLLE UND DER WIND
Den mit Abstand größten Baumwollbedarf haben die Textil- und die Kosmetikindustrie. Weniger bekannt ist, dass sie auch für die Herstellung von Banknoten, Fischernetzen und Sprengstoff eingesetzt wird.

Texas stellte bis in die 2010er Jahre fast die Hälfte der Baumwolle der USA, die wiederum der größte Exporteur weltweit waren. Auch heute spielt das »weiße Gold« eine wichtige Rolle, wird aber nicht mehr mühsam von Menschen, sondern von selbstfahrenden Maschinen geerntet. Weil aber die Kosten für Saatgut, Pestizide und Maschinen unaufhörlich steigen, während der Abnahmepreis langsam, aber stetig sinkt, müssen immer mehr Familienbetriebe aus dem Baumwollgeschäft aussteigen. Konzerne wie Monsanto übernehmen gern.

Eine neue Einkommensquelle könnten diese Familien in der Windenergie finden. Denn obwohl in Texas noch immer das meiste Öl der USA gefördert wird, wendet sich das Blatt: Texas hat sich zum Vorreiter für Windenergie gewandelt; die weiten Ebenen sorgen für eine optimale Ausbeute. Immer mehr große US-Konzerne investieren in den Lone Star State. So errichtete Facebook ein riesiges Datencenter in Fort Worth, das vollständig mit Windkraft läuft, die Unternehmen Mars und Procter & Gamble beziehen ihre komplette Energie aus texanischem Windstrom.

Texas scheint der Staat der seltsamen Ortsnamen zu sein, zumindest deuten Cuba, Sudan und Eden darauf hin. In einer Pizzeria in Eden mache ich die Bekanntschaft von Monica. Haltung und Kleidung der schmalen Frau wirken, als lebe sie in einer Hippie-Gemeinschaft. Ich liege fast richtig: Monica ist Künstlerin und aus Santa Fe hierhergekommen, um zu erfahren, welches Lebensgefühl Menschen in einem Ort dieses Namens haben. Welche Antworten sie wohl in Cuba und Sudan bekäme?

Toni, der Inhaber der Pizzeria, lässt mich im Hof übernachten. Der ist fast vollständig asphaltiert, aber zum Glück so aufgesprungen, dass ich die Heringe für mein Zelt in die Risse schlagen kann. Toni verabschiedet sich mit dem Hinweis auf Schlangen, die sich hier in der Nacht gern tummeln sollen. Na super – wer fragt mich jetzt nach meinem Lebensgefühl?

Ich werde weder gestört noch gebissen und fahre am Morgen weiter. Zwei Straßenschilder fallen mir auf: die charmante Aufforderung »Drive friendly« und die deutliche Warnung »Don't mess with Texas«. Welche Reaktionen solche Schilder wohl in Deutschland auslösen würden?

In der Dunkelheit erreiche ich Blanco. Ich bin durchgefroren, hundemüde und will alles, nur nicht bei 2 Grad im Zelt schlafen und frieren. Leider ist ein Mittelklassehotel die einzige Alternative, also zähle ich mein Geld. Es ist nicht viel, aber vielleicht bekomme ich für die 60 Dollar irgendein Kämmerchen? Eine Bekannte sagte einmal zu mir: »Ein Nein hast du, ein Ja kannst du kriegen.« Ich parke Josi unter dem Dach vor dem Eingang, um sie vor dem einsetzenden Schneeregen zu schützen. Bitte, das muss jetzt klappen!

Am Empfang begrüßt mich Harry. Laut Namensschild ist er der Manager des Hotels, ich bin also gleich an der richtigen Adresse.

»Hallo, wie geht es Ihnen?«

»Hi, sehr gut, nur ein bisschen kalt. Und Ihnen?« Smalltalk muss sein, schließlich sind wir in den Staaten.

»Mir geht es gut. Was kann ich für Sie tun?«

»Wie teuer ist Ihr günstigstes Zimmer?«

Er scheint die Frage zu kennen und antwortet: »120 Dollar.«

»Mist, dann bin ich raus. So viel hab ich nicht.« Es wäre auch zu schön gewesen.

Harry schaut mich an, zögert und sagt: »Ich könnte es Ihnen für 90 Dollar geben.«

»Das ist total nett, und ich weiß das wirklich zu schätzen. Aber ich hab nur noch 60.«

»Und was werden Sie jetzt machen?«

»Ich werde mir einen Platz für mein Zelt suchen.«

Harry sieht mich so entgeistert an, dass ich ihn beruhige: »Ich bin das gewohnt, alles in Ordnung!«

Er scheint zu begreifen, dass ich wirklich nicht mehr Geld habe und dass ich es mit dem Zelten ernst meine, was er zu meinem Glück inakzeptabel findet: »Nein, dafür ist es viel zu kalt! Ich gebe Ihnen ein Zimmer für 60 Dollar.«

Nun schaue ich ihn mit großen Augen an, denn damit habe ich wirklich nicht gerechnet. »Sind Sie sicher? Können Sie das einfach so machen?«

Er grinst breit: »Bin ich. Und kann ich.«

Und so kann ich ein feines Zimmer beziehen, mich warm duschen und im Queensize-Bett einschlafen. Es ist immer wieder erstaunlich, wie viel Gutes einem auf Reisen passieren kann.

Weiter geht es bei Kälte, Schnee und Regen. Eigentlich will ich mich nicht mehr über dieses Wetter aufregen, aber ich kann es nicht lassen. Schließlich habe ich meine Tour so geplant, dass ich überall erträgliche Temperaturen haben würde. Es ist Dezember, ich bin im Süden der Staaten, ich will Wärme und Sonne! Wehe, es wird an der Golfküste und in Florida nicht besser – dann werde ich mich beschweren. Wenn ich irgendwo halte, dann nur, um mich mit heißer Schokolade aufzuwärmen, um zu tanken und um etwas zu essen; die Etappen dazwischen sind wegen der Kälte erschreckend kurz.

In Flatonia wage ich einen Versuch am Geldautomaten und habe Glück: Das Gehalt für meinen Online-Job hat den Weg auf mein Konto gefunden. Ich erlaube mir einen Besuch in »Robert's Steak House«. Es ist kurz nach vier, und außer mir ist kein Mensch zu sehen. Wie gut, denn so kann es auch niemanden stören, dass ich meine tropfenden Klamotten mit spitzen Fingern auf sämtliche Haken, Stühle und Bänke um mich herum verteile. Auf Strümpfen tapse ich in den restroom und lasse warmes Wasser über meine Hände laufen. Allmählich taue ich auf.

Als ich zum Tisch zurückkomme, steht dort Kellner Timmy mit meiner heißen Schokolade. Ist es Smalltalk oder Trost, wenn er sagt, dass es dieses Jahr ungewöhnlich kalt für die Jahreszeit ist? Dass es in Flatonia zum ersten Mal seit 30 Jahren schneit? Zwar wird mir davon nicht wärmer, aber mich tröstet, dass meine Planungen nicht ganz abwegig waren. Ein paar Stunden bleibe ich in »Robert's Steak House«, arbeite, esse, schreibe meinen Blog, genieße die Wärme. Und erfreue mich an dem ebenso tierfreundlichen wie hedonistischen Rat auf einem Schild: »Save a horse, ride a cowboy«.

Am frühen Abend stelle ich Timmy meine Standardfrage nach einem Platz für mein Zelt. Er schaut mich so entgeistert an, wie ich es angesichts von 2 Grad und Schneegestöber bei jedem anderen auch getan hätte, und sagt: »Warten Sie!« Dann verschwindet er in Richtung Küche. Hat er eine andere Idee? Bitte, ich nehme alles! Für das »Best Western« im Ort würde das frische Geld zwar reichen, aber ich will nicht gleich so viel ausgeben.

Timmy kommt mit Lisa, der Managerin, und einem schüchternen, dunkelhäutigen Kerl zurück. Sie fragt kurz nach meiner Geschichte und weist dann auf den jungen Mann neben sich: José kommt aus Mexiko, arbeitet für drei Monate im Restaurant und geht dann wieder zurück. Er wohnt wie die anderen mexikanischen Kellner und Küchenhilfen in einem Haus, das Lisa zur Verfügung stellt. In diesem Haus könne ich übernachten; ich solle keinen Luxus erwarten, aber es stehe mir kostenfrei zur Verfügung. Unglaublich! Natürlich sage ich zu, denn ich brauche ja nur vier Wände um mich herum und ein Dach über mir. Und das bekomme ich kostenlos, es ist einfach zu schön.

»Schön« ist allerdings keines der Wörter, die mir einfallen, als ich das Haus am späten Abend betrete. Von dem nicht zu erwartenden Luxus ist die Unterkunft meilenweit entfernt, aber selbst mir, die ich wirklich nicht viel brauche, steht der Mund offen. Die Türen hängen schief in den Angeln, die Fenster sind kaputt und teilweise oder komplett durch Pappe ersetzt. Die wenigen Möbel sind zerschlissen. Warmes Wasser gibt es nicht, was angesichts der vorhandenen Badewanne umso trauriger ist. Meine kurz aufgeflammte Sehnsucht nach einem Bad verfliegt beim Anblick des Wanneninneren. Im ganzen Haus liegen Kleidungsstücke, Pizzakartons und Dreck auf dem

Boden. Und hier wohnt – oder eher haust – José monatelang mit anderen? Hoffentlich wird ihnen dafür nichts vom Lohn abgezogen! Da es Strom und immerhin kaltes Wasser gibt, fürchte ich, dass dies aber doch der Fall sein wird.

Lisa hat mir das Zimmer beschrieben, in dem ich schlafen kann. Eine Matratze mit Decke, ein kleines Schuhregal, ein Stuhl und ein Heizlüfter warten auf mich. Den Müll auf dem Boden schiebe ich an den Rand, stelle meine Sachen ab und sondiere die Lage: Einige Fensterscheiben sind kaputt, eiskalte Luft strömt in den Raum. Dafür funktioniert der Heizlüfter, er kommt direkt an die Matratze. Stuhl und Schuhregal sind bald von meinen Klamotten bedeckt, die am nächsten Morgen bestimmt nicht einen Deut trockener sein werden. Egal. Ich krieche in meinen Schlafsack, decke mich mit allem Geeigneten zu und schlafe bald ein. Immerhin liege ich trocken und sicher.

Wie groß muss die Not der Mexikaner sein? »Gast«-Arbeiter kann man sie kaum nennen, sogar einen ungeliebten Gast würde man besser behandeln. Saison um Saison kommen sie in die Staaten, wo sie vor allem in der Landwirtschaft und im Dienstleistungssektor arbeiten. Viele von ihnen sprechen auch nach Jahren kaum Englisch, was für möglicherweise zwielichtige Arbeitgeber praktisch ist: Beschwerden über Arbeitsbedingungen, Unterkünfte oder fehlende Sozialleistungen dürfte es kaum geben.

Am Morgen ist Flatonia von einer dünnen Schneeschicht bedeckt, Josis Griffe sind vereist. Der Abschied von meinem Quartier fällt leicht, ist es darin doch nur wenige Grad wärmer als draußen. Am späten Vormittag setzt Regen ein, zunächst nur leicht, dann aber richtig. Lohnt eine längere Pause? Der Blick auf das Regenradar zeigt, dass mich das miese Wetter bis Louisiana begleiten wird, ich kann also ebensogut weiterfahren.

Nach einer weiteren verregneten und kalten Fahrt verbringe ich die letzte Nacht auf texanischem Boden in Rosenberg. In einer Kirche treffe ich auf zwei Herren, stelle meine übliche Frage und werde an den Obdachlosendienst der Stadt verwiesen. Gut, dann lerne ich den auch mal kennen. Auf dem Parkplatz der Kirche versuche ich mehrfach, den Dienst telefonisch zu erreichen – zum Glück vergeblich. Denn inzwischen sind die Herren in der Kirche fertig, und einer der beiden kommt auf mich zu. Er fragt nach meiner Geschichte und hakt so detailliert nach, dass ich mich wie in einem Verhör fühle. Sogar meinen Ausweis will er sehen. Davon, dass ich wirklich nur ganz unschuldig einen Schlafplatz suche, ist Rob, der sich inzwischen als Polizist zu erkennen gegeben hat, erst überzeugt, als ich die 20 Dollar ablehne, die er mir anbietet. Ich will kein Geld, ich will nur eine warme, sichere Ecke. Schließlich gewähren er und seine Frau Fanny mir Asyl im Zimmer ihres erwachsenen Sohnes.

So ganz hat Rob mir nicht getraut: Am Morgen gesteht er, kein Auge zugetan zu haben. Außerdem waren seine Kollegen informiert, die die ganze Nacht über anriefen um sicherzugehen, dass alles in Ordnung sei. Wahrscheinlich hat Rob zu viel erlebt, um Fremden noch vorbehaltlos vertrauen zu können. Umso dankbarer bin ich für seine Hilfsbereitschaft.

Von Rosenberg sind es 100 Kilometer bis zur Küste. Ich bin gespannt auf den Golf von Mexiko, den ich im Grunde nur aus Hurrikan-Meldungen kenne – und den Google für US-Nutzer eine Woche nach Trumps zweitem Amtsantritt musterschülerhaft als »Gulf of America« anzeigt. Obwohl Texas hier dichter besiedelt ist als in den Regionen, durch die ich bisher gefahren bin, sind die Straßen schnurgerade und unendlich lang – es gibt keine Hügel oder Berge, die man um- oder überfahren müsste. Wasserläufe ziehen sich durch die Landschaft, einige sind natürlich, andere künstlich angelegt. Bei Freeport ist die Region eine Mischung aus Natur- und Industriegebieten. Dass es sich um chemische Industrie handelt – auch BASF und Monsanto sind hier – mag erklären, warum alles so sauber wirkt.

Wohnsiedlungen liegen oft in der Nähe von Industrieanlagen. Die Häuser ähneln einander, vielleicht gehört alles irgendwie zusammen.

Auffällig ist, dass sie im wahrsten Sinne des Wortes in der ersten Etage stehen: Sie sind auf Stelzen errichtet. Der Grund für diese Erhöhungen sind regelmäßige Hurrikans und damit einhergehende Überschwemmungen. Die Stelzen bringen das Haus und seine Bewohner in sicherere Höhen und lassen das Wasser ungehindert passieren.

Ich frage mich, wie ich über all das Wasser weiter nach Osten kommen soll, denn ich habe keine Lust, mich durch die Großstadt Houston zu quälen. Ein Blick auf die Karte beruhigt mich: Auf mehr als 100 Kilometern wird ein Highway mich am Wasser entlangführen. Die Strecke ist nicht langweilig, immer wieder passiere ich kleine Siedlungen mit Stelzenhäusern. Bei vielen waren offenbar architektonische Künstler oder künstlerische Architekten am Werk; mal wurden unterschiedliche geometrische Formen kombiniert, mal eine Villa oder gleich ein Reihenhaus höher gesetzt.

Hinter der trubeligen Stadt Galveston biege ich vom Highway in eine dieser kleinen Stelzenhaussiedlungen ab. Bei den meisten führen Treppen zum Wohnbereich in der ersten Etage, bei einigen Rampen; die Luxusausführungen haben Fahrstühle. Fast alle Häuser stehen leer, in ihren Fenstern werben Schilder um Feriengäste.

Die Parkfläche unter einem leeren Ferienhaus wird Josis Schlafplatz für diese Nacht, während ich zum ersten Mal in meinem Leben unter einer Brücke campiere, wenn auch nur unter einer winzigen Holzbrücke, die zum Strand führt. Die Nacht ist wunderbar, und endlich kann ich wieder einen Tag am Meer beginnen – welch ein Luxus! Nach einem Spaziergang baue ich in Ruhe das Zelt ab, belade Josi, winke einer Dame, die mich interessiert aus ihrem Stelzenhaus heraus beobachtet, und fahre wieder auf den Highway.

Lange bin ich noch nicht unterwegs, als ein ungewohnter Anblick mich anhalten lässt. Auf der Wiese jenseits des Straßenrands hat jemand ein altes Flugzeugcockpit abgestellt. Ist das Kunst, oder konnte das weg? Während ich, noch immer auf Josi sitzend, tiefsinnig nach der Bedeutung suche, werde ich plötzlich durch einen kräftigen Stoß

nach vorn geschoben. Metall kratzt auf Metall, Plastik bricht, und ehe ich mich umdrehen kann, schließen sich zwei Arme fest um meine Taille. Scheiße, jetzt passiert es doch – ich werde angegriffen! War ja auch naiv zu glauben, dass ich als Frau so einfach durchkomme. Merkwürdig ist nur, dass der Griff sich löst, Josi wieder ruhig steht und auch verbal keine Drohungen folgen. Dafür höre ich ein stammelndes, alkoholgeschwängertes »Sorry, sorry, I'm so very sorry!«

Bis mein Puls wieder etwas ruhiger geworden ist, habe ich die Lage einigermaßen erfasst: Ein offensichtlich betrunkener Kerl in ziemlich abgerissenen Klamotten und mit einem Kaffee in der Hand ist mit seinem klapprigen Fahrrad auf Josi aufgefahren. Inzwischen hat er es wieder aufgerichtet; die Lampe baumelt lose am Lenker, der ebenfalls leicht verbogen ist. Dafür hängt meine Kennzeichenbeleuchtung nur noch an einem kupfernen Faden, das Kennzeichen ist geknickt. Jerry, so heißt der gute Mann, ist nicht ganz so betrunken wie zuerst befürchtet; er hat einfach vor sich hingeträumt und nicht auf die Straße geachtet. Jerry ist auf dem Heimweg aus der Stadt, wo er Arbeit für den Tag gesucht hat – erfolglos. »Wo wohnst du denn?«, frage ich ihn; allzu weit sollte er in diesem Zustand nicht mehr fahren müssen.

»Ach, in einem Zelt ein paar Kilometer weiter.«

»Immer?«

»Ja, immer.« Mein geschockter Blick lässt ihn erklären: »Meist ist es in Ordnung, weil es warm genug ist. Aber dieses Jahr ist anstrengend, weil es so kalt ist.« Ach, Jerry, wem sagst du das?

Wir verabschieden uns voneinander. Mist, ich hätte ihn noch fragen sollen, welche Art Arbeit er sucht oder auch mal findet. Dass es in den Staaten noch Tagelöhner gibt, war mir gar nicht bewusst. Eines aber weiß ich: Mein Nummernschild soll den Knick als Andenken an diese Begegnung behalten.

Irgendwann biegt der Highway nach Norden ab, und ich muss die Küste wegen eines Nationalparks verlassen. Dafür begrüßt mich bald ein Schild: »Welcome to Louisiana – Bienvenue en Louisiane«.

Wasserwelten

Louisiana wirkt auf mich wilder, ursprünglicher als Texas. Die Stelzenhäuser sind schlichter, und manchmal sind es auch einfach nur Container, die da oben schweben. Ich komme an vielen verfallenen Häusern, verrosteten Brücken und zugewucherten dinern vorbei. Nach Durchzug der letzten Hurrikans ist die Ölindustrie zu großen Teilen nicht wieder aufgebaut worden. Keine Arbeit und eine Heimat, die durch die Natur immer wieder gefährdet ist, sind gute Gründe, sein Glück woanders zu suchen.

By the Way — Mensch gegen Wasser

In Louisiana steigt der Meeresspiegel um etwa einen Zentimeter pro Jahr, die mittlere Wellenhöhe an den US-Küsten sogar um etwa 1,5 Meter. Stürme nehmen an Häufigkeit und Stärke zu. Wer sein Haus von Meer und Stürmen bedroht weiß, hat drei Möglichkeiten: 1. Das Haus auf Stelzen setzen. Wer es sich leisten kann, nimmt Stahlträger, sonst sind Steinstelen oder zumindest festes Holz die Materialien der Wahl. Danach ist Vertrauen gefragt: in das Material, in die Konstruktion und in die Wetterverhältnisse. 2. Das Haus ab- und ein paar hundert Meter landeinwärts und/ oder höher wiederaufbauen – wenn man das Geld dafür hat und seine Umgebung nicht verlassen will. 3. Das Haus aufgeben und ins Landesinnere umziehen. Diese Option wird subventioniert: Washington hat Louisiana 48,1 Millionen Dollar für Umsiedlungshilfen zur Verfügung gestellt; komplette Ortschaften sollen verpflanzt werden. Die Heimat, die bald vom Wasser bedeckt sein wird, kann das nicht ersetzen.

Neue Häuser werden in Küstenregionen kaum noch gebaut. Wer
ein Haus kaufen und dafür einen Kredit aufnehmen will, muss eine
inzwischen unerschwingliche Hochwasserversicherung vorweisen.

Überall um mich herum ist Wasser, als Fluss, Bach, Kanal, Sumpf oder
Golf – und zahllose Wasservögel fliegen über meinen Kopf hinweg.
Während des Sonnenuntergangs entsteht eine unwirklich schöne
Stimmung, allerdings mag ich mir die Mückenparty, die die Viecher
über meinem schlafenden Haupt feiern würden, nicht vorstellen. Die
1-Grad-Anzeige auf dem Handy bestärkt mich in meiner Überlegung, mir vier Wände für die Nacht zu suchen. Das dauert nicht
lange: Ich frage die Verkäuferin in einer Tankstelle, ob sie eine Idee für
mich habe, und sie führt mich umstandslos in einen benachbarten
Bungalow. Wo sich sonst ihr Mann mit seinen Angelkumpels trifft,
darf ich mich nun ausbreiten.

Am nächsten Tag fahre ich wieder an unzähligen verfallenen Ge-
bäuden vorbei, deren Anblick schmerzt. Die Überreste von Fabriken,
Wohnhäusern und Scheunen stehen wie vergessene Koffer in der
Landschaft herum.

Das allgegenwärtige Wasser ist wohltuend. Natürlich auch, weil es sich
im Moment auf akzeptabler Höhe befindet. Rechts und links der
Straße dehnen sich unendlich weite Sumpfgebiete aus, in denen Zypressen Platz für den einen oder anderen Bayou lassen.

BY THE WAY — LEBEN IM BAYOU
Der Bayou ist die Wasser- und Sumpflandschaft der Südstaaten,
insbesondere in Louisiana. Die Bezeichnung geht wahrscheinlich
auf das Wort für »kleiner Strom« der Choctaw-Native Americans
zurück und bezeichnet auch die kleinen stehenden oder langsam
fließenden Gewässer in den Sümpfen. Oft sind sie die einzigen
Verkehrswege in den nur schwer zugänglichen Landschaften des
Mississippi-Deltas.

Die Öl- und Gasindustrie hat die kleinen Ströme um zahlreiche Kanäle für Schiffe und Pipelines ergänzt. Neben wirtschaftlichem Wohlstand brachten sie der Region ein großes ökologisches Problem: Über die Kanäle dringt Salzwasser vom Golf von Mexiko ins Landesinnere vor, das Bäume und andere Pflanzen langsam sterben lässt. Die ausgedehnten Geisterwälder aus gebleichten Stämmen toter Bäume zeugen davon, dass sich die Landschaft gerade von einem Wald in eine salztolerante Vegetation wandelt. Ein weiteres Problem: Mikroplastik im Wasser sowie Öl- und Chemieunfälle. Die Lebensgrundlage der Bayou-Bewohner, der Shrimp- und Fischfang, wird zerstört.

Ich nähere mich New Orleans und überlege wie immer bei Großstädten: Hineinfahren oder nicht? Ich entscheide mich dagegen, die beginnende Dämmerung gibt den Ausschlag. Ich will weder Geld für eine Unterkunft ausgeben noch mich in dunklen Ecken unwohl fühlen. Also weiter – über die Grenze nach Mississippi.

MISSISSIPPI

Von Mississippi werde ich nur die 130 Kilometer kennenlernen, die ich am Wasser von der louisianischen bis zur alabamischen Grenze zurücklege. Es macht mich ein wenig traurig, keine Zeit für das Binnenland mit seinen legendären Südstaatenvillen zu haben. Mit dem Wissen um alle verrückten Unwahrscheinlichkeiten, die in den vergangenen Monaten wahr geworden sind, bin ich ziemlich sicher, dass ich es irgendwie in eine dieser Villen geschafft hätte. Irgendwann muss ich wiederkommen, um das nachzuholen.

BY THE WAY — DIE FLAGGE VON MISSISSIPPI

Als einziger Bundesstaat trug Mississippi bis Ende 2020 das sternenbesetzte blaue Kreuz auf rotem Grund in seiner Flagge, das an die Konföderierten Staaten erinnerte und damit auch ein

Symbol für die Sklavenhalterei ist. Das war erstaunlich, schließlich ist Mississippi der US-Bundesstaat mit der größten schwarzen Bevölkerung (38 Prozent).

Erst landesweite antirassistische Proteste stärkten langjährige Bemühungen, das Motiv abzuschaffen. Im November 2020 entschied sich die Bevölkerung in einem Referendum für eine weiße Magnolienblüte als zentrales Motiv. Die neue Flagge bezieht sich auf die ursprüngliche Flagge Mississippis, die einen Magnolienbaum zeigte. Sie trägt den Namen »The New Magnolia«.

Wie in Louisiana fahre ich an Sümpfen entlang, aber auch an traumhaft langen Stränden. Und natürlich hat auch Mississippi mit Hurrikans, Überflutungen und Erosion zu kämpfen. Wie es wohl ist, in einem doppelt höhergelegten Container zu wohnen? Wie ist es, in einer Region zu leben, in der Särge wegen des steigenden Wassers nicht mehr unter der Erde bleiben, und Verstorbene deshalb in Gruften beigesetzt werden müssen?

In Pass Christian (Städtenamen gibt es!) will ich übernachten. Wie so oft scheint die Bibliothek der vielversprechendste Ort dafür zu sein. Wegweiser führen mich dorthin, ich stelle Josi mit Warnblinklicht an der Straße ab und stapfe um das Gebäude herum. Und dann noch einmal, weil ich nicht glauben kann, dass tatsächlich jeder Winkel ausgeleuchtet sein soll. Aber es ist so. Ich kann mich nur kurz darüber ärgern, denn ein Polizeiwagen hält direkt vor Josi. Ach Jungs! Ich weiß, ihr macht nur euren Job, aber lasst mich bitte einfach mal mein Ding machen und vor allem schlafen! Natürlich behalte ich das für mich und gehe lächelnd auf den älteren cop zu, der Josi von allen Seiten begutachtet. Hat er etwas auszusetzen? Ist es wieder das deutsche und jetzt außerdem noch verbogene Nummernschild?

Der cop richtet sich auf, seufzt lächelnd und gesteht voller Sehnsucht: »Ich wollte auch immer so eine Tour machen – ich beneide dich!« Mehr ist als Gesprächsauftakt nicht nötig, und wir plaudern entspannt über unsere Maschinen, Fahrten und Pläne. Irgendwann biegt ein zweiter Polizeiwagen um die Ecke und kommt hinter Josi zum Stehen. Hat der junge cop, der aus dem Auto steigt, sich Sorgen um den älteren gemacht? Ich empfand es gleich als sonderbar, dass der allein unterwegs war; hat die Polizei von Pass Christian Nachwuchsprobleme? Sobald der Neuankömmling merkt, dass die Lage entspannt ist, quatschen wir zu dritt weiter. Irgendwann erwähne ich, dass ich einen Platz zum Campen suche. Die beiden schauen sich an, überlegen, machen Vorschläge und verwerfen sie. Als Gesetzeshüter dürfen sie natürlich nichts Illegales vorschlagen, die Sache muss sauber sein. Schließlich eskortieren sie mich zu einem Umspannwerk am Stadtrand. »Hier kannst du bleiben, hier stört dich niemand!« Das glaube ich sofort, denn dieser Ort hat den Charme eines Raketenstartgeländes – inklusive Beleuchtung und Kameras. Mit besten Wünschen und dem Versprechen, ab und zu an der Anlage vorbeizufahren, lassen die Jungs mich allein.

Obwohl ich hier im Vergleich zu meinen anderen halbwilden Übernachtungsplätzen wahrscheinlich am sichersten bin, ist gleich klar, dass ich an diesem Ort nicht schlafen will. Es ist zu gruselig, zu metallisch, zu surrend, zu hell. Leider kann ich meine cops nicht von dem Umzug auf ein wenige Kilometer entferntes, unbebautes Grundstück informieren; hoffentlich machen sie sich keine Sorgen.

Am nächsten Tag geht es weiter auf der angenehm leeren US 90. Auf der rechten Seite begleiten mich traumhaft breite Strände und der Golf von Mexiko, auf der linken ärmliche und oftmals verlassene Häuser.

BY THE WAY — MISSISSIPPI

Viele Amerikaner sehen Mississippi nur als The Lost South, »den verlorenen Süden« oder »den abgehängten Süden«. Das überrascht kaum, wenn man weiß, dass der Staat das geringste Pro-Kopf-Einkommen aller US-Bundesstaaten hat. Und obwohl das auch für die Lebenshaltungskosten gilt, ist das Leben der meisten Menschen hier schwer: In den Bereichen Lebenserwartung, Zugang zu gesundheitlicher Versorgung und Bildung liegt Mississippi innerhalb der Vereinigten Staaten auf den hintersten Plätzen. Einer von fünf Menschen lebt unterhalb der Armutsgrenze, in einigen Bezirken sind es fast 40 Prozent.

In vielen Bereichen kämpft Mississippi mit ähnlichen Problemen wie sein Nachbarstaat Louisiana, vor allem mit der Umweltverschmutzung und dem Schwinden von Fischen und Shrimps als Ernährungs- und Verdienstgrundlage sowie der daraus entstehenden Armut. In einem Punkt jedoch unterscheiden sie sich eklatant voneinander: The Lost South ist ein Glücksspielparadies. Die ärmlichen Gebiete sind durchzogen von Hotels und Motels, und allein auf den sieben Kilometern von Biloxi nach Ocean Springs zähle ich zwölf Casinos, dabei verlaufen zwei Drittel dieser Strecke casinofrei nur durch Wasser.

By the Way — Glücksspiel

Mississippi war der dritte Staat der USA, der das Glücksspiel im 20. Jahrhundert wieder erlaubte. Mit knapp 40 Casinos ist es inzwischen die zweitgrößte Glücksspielindustrie nach Nevada. Möglicherweise hat dies mit seiner langen Geschichte im illegalen Glücksspiel zu tun: Bereits seit den 1960er Jahren betrieb die sogenannte »Dixie-Mafia« in Biloxi Casinos, deren Gewinne sogar die des berüchtigten Atlantic City in New Jersey überstiegen. Seit 1990 ist auch das Glücksspiel auf Schiffen legalisiert. Sie müssen dafür festgemacht sein und selbsttätig schwimmen, Seetüchtigkeit ist nicht vonnöten. Im Gegenteil: Es ist sogar verboten, sie loszumachen.

Hinter Ocean Springs scheint ein anderes Mississippi zu beginnen: Die Küste ist für den Verkehr tabu, ein Naturschutzgebiet geht ins nächste über. Die US 90 verläuft durch kaum bewohntes Gebiet, nicht einmal Industrieanlagen sind zu sehen. In gewisser Weise ist es schön, gleichzeitig aber trostlos – es ist eine seltsame Mischung. Als könne man sich entspannen, weil ohnehin keine Verbesserung mehr möglich scheint. Ob sich diese resignierte Atmosphäre in Alabama fortsetzt?

ALABAMA

Das tut sie. Denn auch wenn viele beim Wort »Alabama« riesige weiße Südstaatenvillen vor Augen haben, gehört es zu den ärmsten Bundesstaaten der USA. Von den Villen sehe ich auf meiner Fahrt, die nur durch einen kleinen Zipfel Alabamas führt, wenig. Dafür aber würdevoll gewachsene Bäume, von denen Spanisches Moos hängt, wieder kilometerlange Strände und verlassene Grundstücke, zugewucherte Spielplätze und menschenleere Stadtzentren. Am Straßenrand lächelt ein farbiger Jugendlicher selbstvergessen vor sich hin, während sein Papierdrachen im Wind schwebt.

Und dann kommt der Moment, den ich seit Tagen gefürchtet habe: Ich erreiche die Grenze zu Florida. Als das obligatorische Schild auftaucht, rutscht mir das Herz in die Hose. Der letzte Staat auf meiner Reise, die letzte Station vor dem Ende der Freiheit – es fühlt sich einfach schrecklich an. Von mir aus kann auf dem Schild dreimal »Sunshine State« stehen und die Sonne noch so sehr darauf scheinen, es ist einfach zu früh. Ich will nicht, dass meine Tour, dass mein freies Leben zu Ende geht.

Alles hat seinen Preis

Ich weiß nicht, wo die letzten Monate geblieben sind. Sowohl mein Handy als auch mein Laptop zeigen an, dass wir den 14. Dezember haben – aber kann das wirklich sein? Ich habe doch gerade erst meine Suite auf der INDEPENDENT SPIRIT bezogen, vergeblich nach Bruce Springsteen gesucht, Josi im Schlamm von Utah zurückgelassen, in Wyoming gefroren, in Jemez getanzt und auf der Route 66 breit gegrinst. Aber die geschmückten Häuser und die verrückte Weihnachtsdekoration in den Läden sagen mir, dass es wohl stimmt.

In Navarre entdecke ich ein weitläufiges Kirchengelände und biege ein. Die Türen sind verschlossen, aber ein Container am Rande ist geöffnet, er enthält Hausmeister- und Gartengeräte. Weil ich jedoch zu sehr Frischluftfanatikerin bin und nicht gern in einer kleinen Blechbüchse schlafe, baue ich mein Zelt im Windschatten des Containers auf. Ich bin noch nicht fertig, als ein Typ mit Kapuzenpulli kaum zwei Meter entfernt an mir vorbeigeht. Ich erschrecke mich fast zu Tode – was macht der hier? Der nächste kommt, dieses Mal mit einer Taschenlampe, sodass ich ihn rechtzeitig sehe und forsch grüßen kann. Er grüßt entspannt zurück. Ist in der Nähe irgendwo ein Drogentreffpunkt? Ich sehe nur Dunkelheit und bleibe ratlos, bis ein Pärchen mit schweren Einkaufstüten auftaucht: Es ist ein Walmart! Ich bin beruhigt – wer einkauft, ärgert mich nicht.

Am Morgen ist es frostig, mein Handy zeigt 1 Grad. Wie sich die Zeiten ändern! In der Nacht muss es unter 0 Grad gewesen sein und ich habe durchgeschlafen – noch vor wenigen Wochen konnte ich bei 5 Grad kaum schlafen. Aber ich muss gestehen: Unter »Überwintern in Florida« habe ich mir etwas anderes vorgestellt.

Ich packe meine Sachen und werfe meinen Abfall in einen Müll-eimer neben dem Container. Freundlich grüße ich den Mann, der mich dabei beobachtet, und ahne nicht, dass ich gerade seinen Tag verschönert und mir zu einem großartigen Start in den Tag verholfen habe. Jimmy ist nämlich der Hausmeister der Gemeinde und freut sich darüber, dass der Müll nicht einfach auf dem Boden landet. Er bietet mir Kaffee und einen Doughnut an, die ich in einem der warmen, sonnendurchfluteten Räume genieße. Sekretärin Angela, eines dieser Wunderwesen, die schon morgens vor herzlicher Energie strahlen, stellt mir eine üppige Lunch-Tüte mit Drinks, Snacks und Süßigkeiten zusammen. Florida, du bist ein Traum!

Gegen Mittag halte ich an einer Tankstelle, schaue in die Tüte und stelle fest, dass ich so gut wie nichts davon mag, denn viel süßer, klebriger, chemischer und kalorienreicher hätte der Inhalt kaum sein können. Aber wegschmeißen will ich die Sachen auch nicht, zumal es in diesem Land Menschen geben soll, die darauf stehen. Ich blicke von der Tüte auf den Kaffeeautomaten in der Tankstelle, vom Auto-maten wieder zur Tüte und dann zu einem fülligen Menschen, der gerade seinen Truck betankt. Ich beschließe, mein Glück bei ihm zu versuchen:

»Hi, wie geht's?«

Skeptisch antwortet er: »Okay, und dir?«

»Ich hätte so gern einen Kaffee, habe aber kein Geld, sondern nur diese Süßigkeiten hier. Könnte ich sie dir für zwei Dollar verkaufen?«

Sein Gesichtsausdruck lässt vermuten, dass er zum ersten Mal in seinem Leben von einer Frau mit BMW-Motorrad angebettelt wird. Ich erkläre ihm, dass ich mit wenig Geld durch die Staaten fahre, und wirke zum Glück selbst ungeschminkt und mit ungewaschenen Haa-ren vertrauenswürdig. Oder bemitleidenswert? Was auch immer es ist, er lächelt und sagt: »Weißt du was? Behalt die Süßigkeiten, ich geb dir das Geld einfach so.« Das nehme ich gern an, weil mir so meine Tauschware erhalten bleibt. Ich danke ihm enthusiastisch und eile in

Richtung Kaffee. Der wärmt mich nicht nur, sondern macht mich auch noch mutiger. Ehe ich meine verbliebenen drei Dollar vertanke, starte ich lieber einen weiteren Versuch: Ein Mittfünfziger, der gerade den Zapfhahn zurückhängt, bekommt die Chance, sein gutes Herz zu zeigen. Ich erzähle meine Geschichte und bitte ihn um fünf Dollar Tankzuschuss; zehn bräuchte ich, um Josi vollzutanken. Er wirft einen Blick auf Josi, einen auf mich und holt fünf Dollar aus seiner Brieftasche. Ich kann mein Glück kaum fassen und will ihm danken, aber er nickt nur lässig, zahlt seinen Sprit an der Zapfsäule und fährt davon. Ich kann mich nur wiederholen: Florida, du bist großartig!

Ich komme bis Perry, etwa 300 Kilometer habe ich zurückgelegt. Bis zu den Everglades im Süden will ich einfach nur Strecke machen, um dann noch zwei, drei Tage auf den Florida Keys, der 290 Kilometer langen Inselkette, zu verbringen.

Gleich am Ortseingang von Perry steht eine Kirche, bei der ich mein Glück versuche. Es ist schon dunkel und ich bin durchgefroren, vielleicht klappt es ja. Ich betrete den Vorraum und habe kaum Zeit, mich aufzuwärmen, als ein Mitglied mich in den Hauptraum einlädt. Na super, ich bin mitten in einem Gottesdienst! Aber eigentlich ist es nur fair, ich will ja auch etwas von ihnen. Ich setze mich in die letzte Reihe, einige Anwesende drehen sich kurz um und nicken mir freundlich zu. Es ist eine farbige Gemeinde – mit mir schwarz-weiß. Die Lieder werden inbrünstig und bewegt gesungen, die Predigt ist lang, intensiv und von zahlreichen »Halleluja!«, vielen »Oh, yeah!«- und noch mehr »Praise the Lord!«-Rufen begleitet. Nach dem Gottesdienst gehe ich auf den Pastor zu und frage nach einer Ecke in der Kirche für mich und meinen Schlafsack. Es folgt der vertraute prüfend-nachdenkliche Blick, dann bittet er mich, in einer Bankreihe Platz zu nehmen und einen Moment zu warten.

Ich folge seiner Bitte, will jedoch gleich wieder aufspringen, als ich sehe, dass er mehrere Gemeindemitglieder anspricht und auf mich weist, woraufhin diese in ihre Taschen greifen und ihm Geld geben.

Aber kann ich ihm jetzt hinterherlaufen und ihn davon abhalten? Vielleicht verstehe ich die Situation ja auch falsch und das Geld hat gar nichts mit mir zu tun? Ich bleibe sitzen, beobachte die Vorgänge beschämt und – in einer Kirche! – ungläubig.

Natürlich hat das Geld mit mir zu tun. Mit einer Handvoll Scheinen kommt der Pastor auf mich zu: »Hi, ich bin übrigens Pastor Jerry. Ich fahre eine Harley.« Na, dann kann ja nichts mehr schiefgehen! Die Sache geht nicht nur nicht schief, sondern wird richtig verrückt, denn Pastor Jerry hat nicht vor, mich auf dem Kirchenboden übernachten zu lassen. Mit der Ansage, ich solle nicht schlechter schlafen, als er es auf seinen Reisen tut, bringt er mich in ein Hotel, zahlt das Zimmer mit dem eingesammelten Geld und verabschiedet sich mit einem freundlichen Lächeln. So richtig kann ich nicht glauben, was gerade passiert ist, aber vielleicht wird es wahrer, wenn ich erst einmal in diesem traumhaft einladenden Bett liege. Kurz beneide ich Pastor Jerry um seine Art des Reisens, bis mir einfällt: Er erlebt dabei nie so tolle Überraschungen wie ich gerade.

Florida ist größer, als ich dachte – ich muss mich beeilen, wenn ich auf den Keys noch Zeit haben will. In Tampa lege ich eine Pause ein und treffe in einem McDonald's auf Kevin. Er sitzt in der Nachbarecke, ist um die 50, wirkt etwas abgerissen und ist ebenso wie ich an den Nachrichten aus dem Fernseher vor uns interessiert. Über Trump und das Wetter kommen wir ins Gespräch; Kevin ist ein netter und fröhlicher Kerl. Soll ich ihm einen Kaffee spendieren? Der kostet hier nur einen Dollar, und ich habe noch Geld übrig. Ich überlege zu lange: Kevin erhebt sich und fragt, ob er mich auf ein Stück Kuchen einladen könne. Mit großen Augen schaue ich ihn an und nicke dann. Offenbar wirke ich ähnlich bedürftig wie er. Sollte ich ihm etwas dazugeben? Immerhin sieht er aus, als könnte er selbst Unterstützung brauchen! Ich lasse es, schließlich habe ich ihn nicht zu dem Angebot genötigt. Ich würde ihm vielleicht etwas von der Freude nehmen, mir etwas gegeben zu haben.

In Venice bin ich zu erschöpft um weiterzufahren. Der Ortsname ist Grund genug für eine Übernachtung. Außerdem gibt es eine Bibliothek, an der ich mein Zelt aufbaue. Vorher muss ich mir allerdings Mut zusprechen, denn ein Alligatoren-Warnschild in nur zehn Metern Entfernung lässt auf unheimliche Nachbarschaft schließen. Aber wenn die Viecher im zugehörigen Tümpel wirklich gefährlich wären, gäbe es doch zumindest einen Zaun, oder? Oder?! Erst bietet mein dicker Gynsburgh noch heldenhaft an, Wache zu halten, dann will er doch mit ins Zelt.

Am Morgen befrage ich Wikipedia, das mich darüber informiert, dass Alligatoren jedes Beutetier fressen, dessen sie habhaft werden können. Ich weiß schon, warum ich das erst jetzt lese. Wie kann es sein, dass hier nicht ständig jemand gefressen oder zumindest gebissen wird? Ratlos fahre ich weiter. Plötzlich wird mir etwas ganz anderes klar: Ich habe in dieser Nacht nicht einen Gedanken an die Temperaturen verschwendet! Und das liegt nicht an meiner fortgeschrittenen Abhärtung, sondern daran, dass es gestern Mittag schon schweißtreibende 16 Grad waren – nach all den kalten Wochen wird es endlich wärmer!

Fort Myers hat einen BMW-Händler mit Service-Werkstatt, hier will ich endlich Josis Reifen wechseln lassen. Seit New Mexico habe ich mit Schrecken und Faszination zugleich beobachtet, wie an einigen Stellen des Hinterreifens zuerst das Profil und dann das Reifengummi selbst verschwanden. Sichtbar wurde die sogenannte Karkasse, ein festes Stütz- und Trägergewebe. Ich weiß, dass der Reifen längst hätte gewechselt werden müssen. Die relativ hohen Kosten und die geringe BMW-Werkstattdichte standen dem im Weg.

Beim Anblick der Karkasse wird sogar mir mulmig. Dass darunter nicht mehr viel kommt, zeigt mir der fassungslose Blick des Mechanikers. Auf meine Frage, wie weit ich damit noch komme, schüttelt er nur sehr langsam den Kopf. So ein Mist. Tapfer füge ich mich in mein Schicksal und frage nach dem Preis für Reifen und Montage.

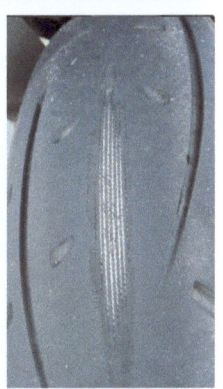

»Alles zusammen um die 600 Dollar.«

Ich wusste, warum ich das Thema beiseitegeschoben hatte.

»Aber die Reifen sind nicht da, wir müssten sie bestellen.«

Ich hätte damit rechnen müssen, habe aber auf mein Glück gebaut. »Bestellen dauert zu lange, ich bin auf der Durchreise. Sind sie irgendwo vorrätig?«

Die Jungs sind super, sie telefonieren alle Werkstätten durch. In Tampa (von dort komme ich gerade), Jacksonville (ganz weit im Norden) und Miami kann mir geholfen werden. Also kommt nur Miami infrage, und nun muss ich mich entscheiden: Nehme ich neue Reifen oder sehe ich die Florida Keys? Die Zeit vor meinem Abflug reicht nicht aus, um nach einem Reifenwechsel von Miami aus in Ruhe auf die Keys zu fahren. Aber was soll ich mit schicken neuen Reifen in Miami? Im Kreis fahren und mich fragen, wie schön es auf den Keys gewesen wäre? Darauf habe ich keine Lust. Außerdem musste ich auf der Tour wetterbedingt schon so vieles streichen, das ich gern gesehen hätte – die Keys lasse ich mir nicht nehmen! Ich darf es nur niemandem erzählen. Mache ich auch nicht.

Etwa 170 Kilometer hinter Fort Myers wird es waldiger, uriger, geheimnisvoller. Die besondere Atmosphäre lässt mich an einem Rastplatz anhalten, auf dem ich neben einem Tümpel einen Holzsteg und eine Informationstafel finde. Ich befinde mich im Big Cypress National Preserve, einem der ältesten Schutzgebiete der USA. Im Süden geht es in den Everglades Nationalpark über, ist aber deutlich artenreicher als dieser. Zwischen den Sumpfzypressen, die mich schon in Illinois fasziniert haben, soll es bis zu viereinhalb Meter lange Alligatoren geben; die Besucher werden zur Vorsicht ermahnt. Bestimmt 20 Minuten lang schaue ich aufs Wasser, das nur von Insekten in Unruhe gebracht wird. In der festen Überzeugung, dass es sich um einen Marketinggag handelt, rolle ich wieder auf die Straße.

Weit komme ich nicht, halte am Schild »Panther kreuzen« an. Panther, hier? Ich suche im Netz nach Informationen, und wirklich:

Das Schutzgebiet ist der wichtigste Lebensraum des stark gefährdeten Florida-Panthers, nur 150 Tiere gibt es noch. Ich fotografiere das Schild und will gerade losfahren, als ich auf der anderen Straßenseite einen riesigen kahlen Baum entdecke, in dem unzählige Vögel sitzen. Ich wechsle die Straßenseite und schleiche mich so vorsichtig wie möglich heran. Aber irgendetwas müssen die Vögel gehört haben, denn sie flattern mit riesigem Lärm davon. Auch ich erschrecke mich fast zu Tode, doch nicht wegen der Vögel, sondern weil jenseits der Leitplanke plötzlich ebenfalls Action ist: An mehreren Stellen scheint das Wasser zu brodeln, nur langsam beruhigt es sich wieder. Ich schaue genauer hin und entdecke ein Augenpaar, ein zweites, ein drittes. Und natürlich hängt an jedem Augenpaar ein Alligator, nur knapp drei Meter von mir entfernt. Für die Einwohner Floridas mag das normal sein, ich hingegen finde es absolut surreal. Langsam bewege ich mich an der Leitplanke entlang und kann es einfach nicht fassen: Von den zwei Millionen Alligatoren, die es in Florida geben soll, liegt sicher die Hälfte direkt vor mir.

Voller Ehrfurcht fahre ich weiter. Wie viele Alligatoren dösen wohl links und rechts der Straße? Mein Vorsatz, wegen des Reifens langsam zu fahren, leidet unter den möglichen Antworten – hier will ich nicht übernachten. Ein Alligator passt einfach nicht in meinen Schlafsack.

Am Nachmittag erreiche ich die US 1, auf deren nördlichen Abschnitten ich schon in Neuengland unterwegs war. Ab der Küste wird sie Overseas Highway genannt und verbindet über 40 der 200 Florida Keys. Beim Anblick der Straße, die direkt auf dem Wasser zu liegen scheint, spüre ich Aufregung und Dankbarkeit: Rechts liegt der Golf von Mexiko, links der Atlantik, über den ich vor einer gefühlten Ewigkeit gefahren bin. Und vor mir die Keys – ich habe es geschafft!

BY THE WAY — DIE FLORIDA KEYS
Key bedeutet hier nicht »Schlüssel«. kommt vom spanischen Wort cay und bezeichnet eine Sandinsel auf einem Korallenriff. Die

Keys sind eine Kette von über 200 Inseln, die 290 Kilometer weit in den Golf von Mexiko reichen. Rund 73.000 Menschen leben auf den 42 bewohnten Inseln.

Bis 1935 waren die Florida Keys nur mit der Bahn zu erreichen, dann zerstörte ein Wirbelsturm die lange Eisenbahnbrücke. Ihre Reste verrotten noch immer pittoresk im Wasser.

Schwebend erreiche ich Key Largo, die erste Insel. Hoffentlich finde ich hier einen netten Platz! Bald sehe ich einige Vorgärten, die nur aus gemähtem Rasen bestehen. Die haben auf mich gewartet! Als ich aus einem der Häuser Frauenstimmen höre, rufe ich einfach hinein und mache so die Bekanntschaft von Sue und ihrer Freundin Kat. Die Sektgläser in ihren Händen lassen auf einen Mädelsabend schließen, beide sind entsprechend vergnügt. Natürlich darf ich in Sues Garten campen, und kaum steht das Zelt, bringt Kat mir eine Flasche Wein für den Abend heraus. Wie entzückend! Der wollte eindeutig zu mir. Ich schlafe bei lauschigen 16 Grad ein – Florida will mir den Abschied schwer machen.

Am Vormittag fahre ich weiter. Links und rechts liegen kleine Inseln mit Mangrovenwäldchen und Luxusresorts im türkis leuchtenden Wasser. Die meisten Inseln, über die ich fahre, sind lang und schmal, der Highway führt längs hindurch. An vielen Stellen sind der Golf von Mexiko und der Atlantik nur einen Steinwurf weit voneinander entfernt. Sue und Kat haben mir gestern Abend erzählt, die meisten Touristen würden einfach durch Key Largo und die anderen Inseln durchrauschen, da fast alle nach Key West, ans Ende der Inselkette, wollten. Mich reizt Key West gar nicht; ich vermute dort vor allem Touristen und den dazugehörigen künstlichen Rummel.

Zudem ist ein anderes Thema viel präsenter: Nur zehn Wochen zuvor fegte Hurrikan Irma über die Inselkette und das Festland von Florida hinweg.

BY THE WAY — HURRIKAN IRMA

Der Wirbelsturm der Kategorie 5 war der schwerste Sturm, der je in den USA auf Land getroffen ist. Mit Windgeschwindigkeiten von bis zu 300 km/h und einem Durchmesser der Größe Deutschlands stand er fast eineinhalb Tage lang über Südflorida. Flutwellen setzten die Florida Keys drei bis vier Meter unter Wasser, 90 Prozent der Gebäude wurden zerstört, außerdem die Infrastruktur und fast alle Boote. Für eine Region, die von Tourismus und Fischerei lebt, ist das fatal.

Key West, die äußerste bewohnte Insel, war komplett isoliert. Das Haus, in dem Ernest Hemingway in den 1930er Jahren lebte und schrieb, blieb jedoch weitestgehend unversehrt – ebenso die derzeit 54 Nachfahren seiner Katze Snowball, die auf dem Gelände leben dürfen. Die meisten von ihnen haben, ebenso wie Snowball damals, sechs Zehen, was aber nicht auf Inzest, sondern auf die Genmutation Polydaktylie zurückzuführen ist. Katzen mit dieser Mutation werden inzwischen weltweit auch »Hemingway-Katzen« genannt.

Ich kann kaum glauben, was ich links und rechts der Straße sehe, und muss immer wieder anhalten, um alles aufzunehmen. Die US 1 selbst ist an den Rändern weggebrochen, lange Risse ziehen sich durch den Asphalt, kaum ein Straßenschild steht noch. Soweit das Auge reicht, säumen Müllberge die Straßenränder; Holz- und Steinplatten türmen sich mit zerbrochenen Plastikstühlen, Sofas, Möbelteilen, Planen und sogar Booten zu meterhohen Bergen auf. Zäune sind unter umgestürzten Bäumen verbogen, Bootsstege halten sich ohne Verbindung zum Ufer im Wasser, und Motorboote liegen an Orten, zu denen sie nur der Hurrikan gebracht haben kann. An einer Stelle hat sich der Boden unter einem Haus geöffnet und es zerrissen; durch die glaslosen und verzogenen Fenster kann ich direkt ins Wohnzimmer schauen, in dem modriges Wasser steht. Und vom ursprünglich hoffnungsvollen »NOW OPEN« auf einer riesigen Werbetafel hängen nur noch die Buchstaben »N...W OP...«. Die Zerstörung ist so allgegenwärtig, dass der Anblick schmerzt. Gleichzeitig ist es ruhig, friedlich und – wie fast immer am Meer – schön.

Ich beschließe, erst einmal etwas zu essen und die Eindrücke zu sortieren. In einer Sportsbar auf Vaca Key bestelle ich mir Nachos und ein Glas Rotwein. Wie es sich wohl anfühlt, hier zu leben, wo man ständig von Hochwasser und Stürmen bedroht ist? Man muss wohl immer auf Hurrikans vorbereitet sein, darf seine Lebensgrundlage nicht zu sehr vom eigenen Boot oder von Touristen abhängig machen (Aber wovon dann?) und sich nicht zu sehr mit seinem Haus und seiner Insel verbunden fühlen. Man muss Geld für den nächsten schweren Sturm beiseitelegen und jederzeit bereit sein zu gehen, ohne zu wissen, ob es das Zuhause bei der Rückkehr noch geben wird. Doch wie lebt man mit einem solchen emotionalen Sicherheitsabstand zum eigenen Leben? Ist das der Preis für ein Leben im Paradies? Für viele Bewohner der Florida Keys ist dieser Preis nicht zu hoch; sie haben sich dafür entschieden, die wiederkehrenden Stürme, die Verwüstungen sowie die teuren und kräftezehrenden Phasen des Wiederaufbaus in Kauf zu nehmen. Mit dem Klimawandel werden sich all diese Probleme verstärken. Erklärt das, warum viele Menschen hier im Süden diesen so vehement leugnen? Wissen sie im Grunde, dass sie einen höheren Preis nicht mehr zahlen könnten?

BY THE WAY — KLIMAWANDEL AUF DEN FLORIDA KEYS
Weltweit steigt der Meeresspiegel, und Inseln wie die Florida Keys mit einer Durchschnittshöhe von etwa einem Meter spüren es als erstes. Manche Messungen legen nahe, dass das Wasser in Florida wegen einer Abschwächung des Golfstroms schneller steigt als global. Viele Strandgrundstücke stünden schon bei einem Anstieg des Meeresspiegels um 30 Zentimeter dauerhaft unter Wasser, Key Largo wäre komplett verschwunden. Sogar optimistische Prognosen sehen weite Teile der Keys bis Ende des Jahrhunderts vollständig unter Wasser.

Viele Bewohner verdrängen die Realität des Klimawandels. Dabei sind deutliche Anzeichen dafür vorhanden. King Tides, also besonders heftige Fluten, und Hurrikans gab es zwar schon immer mehrere Male im Jahr. Aber Häufigkeit, Dauer und Ausmaß der Fluten verändern sich dramatisch; bereits im Jahr 2045 soll es mit der Flut fast täglich Überschwemmungen geben.

Trotzdem wollen immer mehr Menschen auf den Keys leben, die Preise für Wohnraum, insbesondere für die Grundstücke am Wasser, gehen durch die Decke. Zuzug ist kaum noch möglich: Laut Notfallplan können nicht mehr als 80.000 Menschen über die einzige Ausfallstraße in Sicherheit gebracht werden.

Gegenüber der Sportsbar führt ein Trampelpfad durch hohe Sträucher zum Atlantik. Über drei Meter hoch war die Sturmflut, die hier durchgerauscht ist – hunderte Plastiktüten, zerrissene Fischernetze und sonstiger Müll haben sich um die Stämme gewickelt und hängen in den Ästen. Wer soll das alles aufräumen?

Ich erreiche das Wasser und betrete ein offensichtlich privates, menschenleeres Grundstück. Vom Haus stehen bisher nur das Betonfundament und Pfeiler. Der Vorgarten geht in den Strand über, aber eigentlich sind beide Begriffe hier fehl am Platz. Bis zum Wasser hin ist der Boden übersät mit zerbrochenen Steinplatten, Plastikmüll, Netzen und Tauen, Holzplanken, kaputten Krabbenfallen, Bootsteilen, Ölfässern, Gartengeräten, kaputtem Spielzeug, Getränkedosen und Pillenfläschchen – ich kann gar nicht alles erfassen, was dort herumliegt.

Am Grundstücksrand liegt ein Motorboot, das Wasser hat die ALL ABOUT ME gegen Baumstämme gepresst und zerstört. Ich steige über das Durcheinander und bahne mir einen Weg zu dem, was einmal ein Haus werden sollte. Das Wasser ist ungehindert durch die Betonpfeiler hindurchgeströmt. Bei seinem Rückzug hinterließ es einen dicken Teppich aus Algen und Müll, der sich auf die beiden dort geparkten Autos gelegt hat.

Für mich ist das ein Riesenglück im Riesenunglück. Zum einen, weil ich nicht während oder unmittelbar nach Hurrikan Irma hier war, zum anderen, weil die ehemals schönsten Wassergrundstücke nun einsam und verlassen sind. Ich mache das Grundstück inklusive Privatstrand für zwei Nächte zu meinem Reich. Unter einem ausladenden, aber kahlen Baum baue ich mein Zelt auf; der Plastikmüll in seinen Ästen ist eine perfekte Tarnung. Und wenn ich jetzt schon am Strand übernachte, muss ich natürlich ins Wasser. Aber so schön es auch ist, einsam und ungestört zu baden, so traurig macht der Anblick der Küste nach ein paar Schwimmzügen: überall Müll, überall Plastik. Es schwimmt im Wasser, es liegt am Ufer, es hängt in den Bäumen. Und wo sind die Grundstückseigentümer? Hatten sie vielleicht keine Versicherung und mussten deshalb alles aufgeben?

Am nächsten Tag erkunde ich weitere Inseln und hake schließlich den letzten Punkt auf meiner USA-Wunschliste ab: In Sommerkleidung und ohne Helm fahre ich über die Brücken der Keys. Seit Jahren habe ich mir vorgestellt, wie es sich wohl anfühlen mag, mit warmer Luft an der Haut, Sonne im Gesicht und dem sprichwörtlichen Wind im offenen Haar fast über das Wasser zu fliegen. Es ist ein Traum, noch viel schöner als in meiner Vorstellung. Es ist diese Unmittelbarkeit, die ich am Motorradfahren so liebe.

Trotzdem halte ich immer wieder an und versuche, das Ausmaß der Verwüstung zu begreifen. Wo die Müllberge schon abtransportiert wurden, erhalten angeknickte Palmen Stützkreuze. Die zerstörten Grundstücke wirken wegen herausgerissener Zäune und eingefallener Mauern verletzlich. Verlassenen Gebäuden und Orten konnte ich noch nie widerstehen, hier finde ich sie im Überfluss am Straßenrand. Man sieht, dass hier die Wohlhabenden wohnten. Der früher einmal erfrischende Pool enthält jetzt braunes, stinkendes Wasser, die teuren Terrassenmöbel hängen zerstört in den Bäumen. Die Szenerie deprimiert mich, und verbringe ich den Rest des Tages an »meinem« Strand.

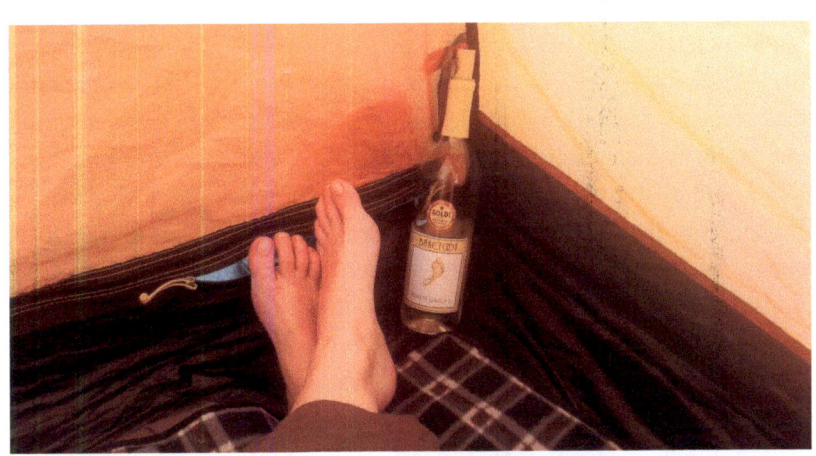

Meinen letzten Abend auf den Keys verbringe ich in der Sportsbar und erfahre, dass diejenigen Inseln am schnellsten wieder aufgeräumt und aufgebaut werden, auf denen die Touristen sich am häufigsten aufhalten, also Key Largo und natürlich Key West. Jake und Lisa, zwei Gäste, mit denen ich mich unterhalte, bestätigen meinen Verdacht in Bezug auf die beschädigten Gebäude: Viele Geschäfte und Häuser waren nicht versichert; die horrenden Beiträge, meist fünfstellige Summen pro Jahr, kann kaum jemand zahlen.

Zum Abschied vom Strand, den Keys und den USA will ich vor dem Schlafengehen noch einmal ins Wasser – Baden unter Sternen! Bis zu den Knien bin ich schon im Meer, als ein glucksendes Geräusch mich erstarren lässt. Was ist hier eigentlich mit Alligatoren? Leben die etwa auch auf der Atlantikseite der Keys? Mir fällt nichts ein, das sie davon abhalten könnte, was mich wiederum davon abhält, mein Badevorhaben fortzusetzen. Langsam und vorsichtig schleiche ich aus dem Wasser heraus, bringe mich in meinem Zelt in Sicherheit und schlafe ein letztes Mal auf den Keys ein.

Abschied

Die Zeit auf den Keys hat mich mit der bevorstehenden Abreise versöhnt. Trotzdem brauche ich für die Rückkehr viel mehr Mut als für den Aufbruch vor fünf Monaten. Ganz langsam macht sich aber eine neue Sicherheit in mir breit: Es wird sich alles finden – so wie sich auch unterwegs alles gefunden hat.

Aber erst einmal muss ich nach Hause kommen. Josi wird per Schiff mit einer Spedition von Miami nach Hamburg gebracht, ich werde fliegen. Ich wünschte, ich könnte mit ihr tauschen! Dann könnte ich zum einen die vergangenen Monate auf einer längeren Rückreise besser verdauen. Zum anderen reist sie mit einer Ladung traumhaft schöner US-Oldtimer – das hat sie sich verdient. Während ich sie in der Halle entlade, denke ich kurz darüber nach, mich über Nacht dort einschließen zu lassen, um die Wagen ein wenig zu genießen. Schließlich geht mein Flieger erst morgen Nachmittag. Die Sicherheitskameras und der Gedanke daran, dass ich die Jungs, die sich um Josi kümmern werden, besser nicht verärgern sollte, halten mich davon ab.

Schweren Herzens verabschiede ich mich von meinem wunderbaren Motorrad. Es hat mich fast 30.000 Kilometer durch die Staaten getragen, ohne sich nur einmal zu beschweren. Dafür bin ich unendlich dankbar, denn in den seltensten Fällen wäre jemand mit Schrauberkenntnissen zugegen gewesen. Obwohl – wahrscheinlich wäre doch jemand um die Ecke gebogen: Reisende haben besondere Schutzengel. Ich gebe Josi einen dicken Kuss auf den Hinterreifen, der die Keys tatsächlich noch überstanden hat. Inzwischen ist die Karkasse ganz durch; jetzt reicht es wirklich.

Am Nachmittag verlasse ich die Spedition. Mit den beiden Koffertaschen, der großen Tasche mit Zelt und Zubehör, dem Rucksack, dem Tankrucksack, dem Helm und Gynsburgh fühle ich mich an den Anfang der Reise zurückversetzt: motorradlos, voll bepackt und mit einigen Kilometern vor mir. Ich schaue auf mein Handy, es sind ganze 12,3 Kilometer bis zum Flughafen. Schön, dass ich die jetzt bei 20 Grad in Motorradstiefeln zurücklegen darf. Ein Taxi ist nicht drin, also zu Fuß. Das sollte machbar sein – schließlich habe ich auf dem spanischen Jakobsweg 14 Kilogramm stolze 974 Kilometer weit getragen!

Dass ich jetzt mehr und zudem ungünstig verteiltes Gepäck trage und auf dem Jakobsweg 20 Jahre jünger war, muss ich nach ein paar hundert Metern einsehen. So werde ich es nicht zum Flughafen schaffen. Ratlos schaue ich mich um und muss breit grinsen, als ich meine Freunde und Helfer entdecke: die Polizei. Ihr Auto wartet an einer Kreuzung auf Grün, der Blinker ist auf links gesetzt – meine Richtung. Plötzlich kann ich mit all meinem Gepäck sogar rennen, klopfe an die Beifahrerscheibe, trage meine Bitte vor und sitze auf der Rückbank, noch bevor die Ampel umschaltet. Was für eine Erleichterung! Und die cops freuen sich über die verrückte Deutsche und ihre Geschichte. Am Flughafen setzen sie mich ab.

Mit klopfendem Herzen betrete ich diese Zwischenwelt und weiß: Das ist mehr als der Übergang zwischen Abenteuerreise und Alltag. Die Freiheit der letzten Monate gebe ich nicht mehr her. Ich habe noch keine Vorstellung davon, wie ich mein Leben neu aufbauen werde, aber es wird passieren. Einatmen, ausatmen. Alles ist gut.

Mehr

Eva Strehler
- geboren 1975
- Studium der Anglistik, Romanistik, Praktische Theologie in Göttingen
- Studien- und Arbeitsaufenthalte in den USA, Großbritannien, Frankreich und Südafrika
- Berufstätigkeit im Fundraising und Marketing
- freiberufliche Autorin seit 2020

Veröffentlichungen
- »Go for it! Jupiters Fahrt – Wie die Reise begann«.
  Übersetzung von Ted Simons »Don't boil the canary« (2024)

- »Hin und weg: Blind Date mit den Karpaten« (2021)
- »Hin und weg: als Motorradvagabundin durch die USA« (2020)

Online
- eva-strehler.com
- shor.by/EvaStrehler
- facebook: evastrehler | onceuponabike
- instagram: Eva_Strehler__Once_upon_a_bike